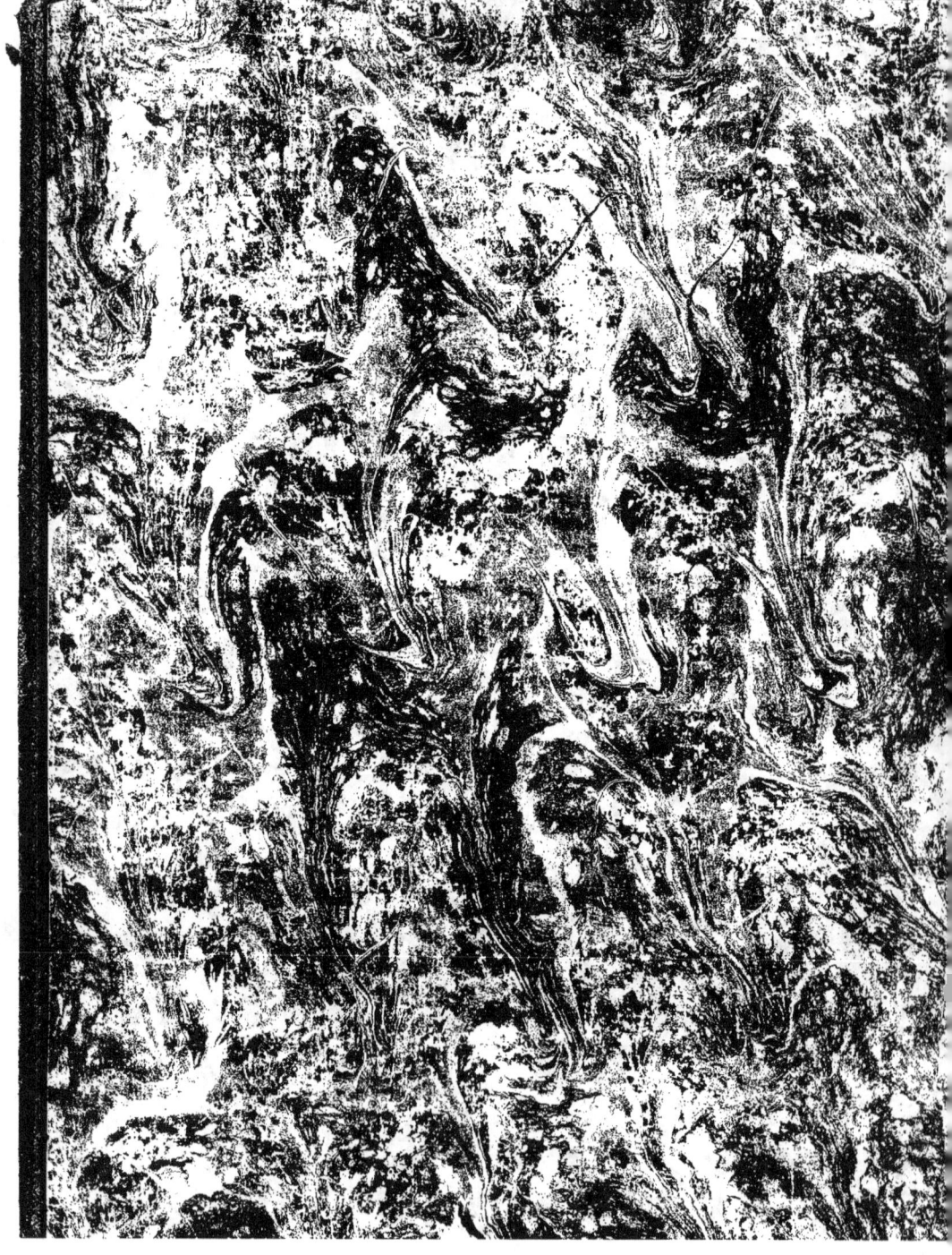

(Par Félibien)

V
C.
P. 311.

74661

Felibien

ENTRETIENS
SUR LES VIES
ET
SUR LES OUVRAGES
DES PLUS
EXCELLENS PEINTRES
ANCIENS ET MODERNES.
SECONDE PARTIE.

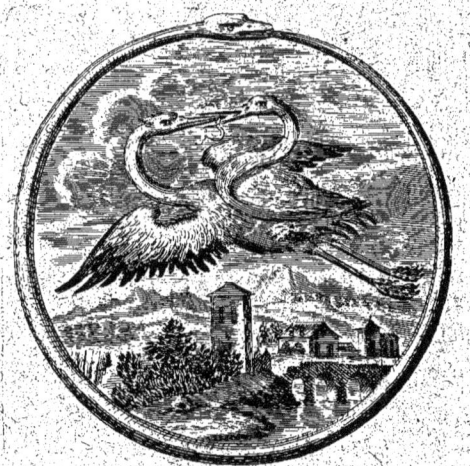

A PARIS,
Chez SEBASTIEN MABRE-CRAMOISY, Imprimeur
du Roy, ruë S. Jacques, aux Cicognes.

M. DC. LXXII.
AVEC PRIVILEGE DE SA MAIESTE'.

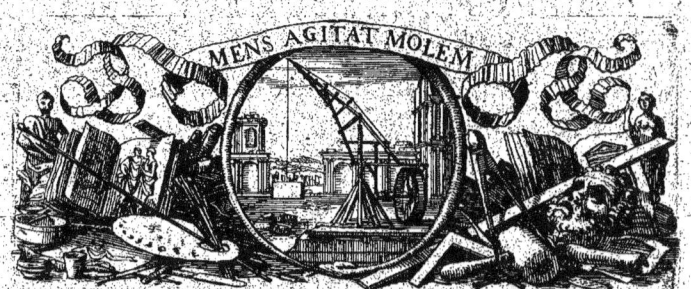

ENTRETIENS
SUR LES VIES
ET
SUR LES OUVRAGES
DES PLUS EXCELLENS PEINTRES
ANCIENS ET MODERNES.

SECONDE PARTIE.

TROISIE'ME ENTRETIEN.

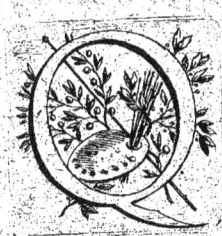

Uoi que nous euſſions réſolu Pymandre & moi de nous revoir bientoſt, pour continuer les Entretiens que nous avions commencez ſur les Vies & ſur les Ouvrages des Peintres; néantmoins Pymandre aiant eſté obligé de

A

quitter Paris pour ses affaires particuliéres, nous demeurâmes prés de six mois sans nous voir. Estant de retour de son voyage, vne des premiéres choses qu'il me demanda, ce fut en quel estat estoient les Bastimens du Louvre. Je ne puis, luy dis-je, vous en rien dire: il faut que vous aiez le plaisir de voir ce que l'on a fait aux Tuilleries pendant vostre absence; & si vous n'avez point d'affaire qui vous retienne, nous pourrons, si vous voulez, employer le reste du jour à visiter cét agréable Palais.

Je n'eus pas si-tost parlé, que me prenant la main, allons, me dit-il, ne tardons pas davantage; il y a trop long-temps que je souhaite de voir ces Bastimens, qui font aujourd'huy l'entretien de tout le monde.

Quand nous fûmes arrivez dans la Place qui est devant les Tuilleries, & que nous pûmes voir toute la face qui est depuis la grande Gallerie jusques au bout de la Sale des Machines, où l'on a déja commencé vne autre Gallerie pareille à celle qui est du costé de la riviére, nous nous arrestâmes pour considérer d'vne seule veüe tout ce grand Ouvrage. Pymandre, qui avoit toûjours esté absent pendant qu'on avoit travaillé à ce Palais, demeura surpris; & après avoir esté quelque temps à

ET LES OUVRAGES DES PEINTRES. 3
le regarder, se tournant vers moi, me dit :
Eſt-ce vn charme que ceci ? Ne ſuis-je point
dans vn lieu enchanté ? Et ce Palais peut-il
eſtre le Palais des Tuilleries, où quand je ſuis
parti de Paris il n'y avoit rien de tout ce que
je vois ? Ne m'avez-vous point conduit ſans
que je m'en ſois apperçû dans cette Sale des
machines, où les yeux & la raiſon meſme ſe
trouvent ſi fort trompez, que je pourrois bien
croire que ces baſtimens, & tout ce que je vois,
ſeroit pluſtoſt vn effet des admirables changemens qui s'y font, que de veritables édifices ?

Pymandre voiant que je ne lui répondois
rien : Hé quoi, pourſuivit-il, en regardant
autour de lui ; Où eſt cette ruë ſi eſtroite, par
où l'on venoit du quartier de S. Honoré ? Où
ſont ces grands foſſez reveſtus de pierres, qui
ſervoient autrefois de clôture au Jardin qui
accompagnoit cette Maiſon ? Qu'eſt devenuë
cette grande Place, où l'on couroit les Teſtes
il n'y a que trois ou quatre ans ? Qu'a-t-on fait
enfin de tout ce qui étoit ici il y a ſi peu de
jours, & que je n'y vois plus ? Tout cela peut-
il avoir ſi promtement changé de forme ſans
le ſecours de la magie ?

Alors ne pouvant m'empêcher de ſourire :
En effet, lui dis-je, tout ce que vous voiez

A ij

n'eſt qu'vn enchantement. Vous n'eſtes pas où vous penſiez être : Paris eſt plein de préſtiges, & l'on n'y voit plus ce qu'on y voioit autrefois.

Mais vous ferez encore bien plus eſtonné, quand vous aurez veû les dedans de ce Palais. Cependant regardez bien, je vous prie, ſa beauté exterieure ; obſervez-en toutes les parties ; & pour en mieux juger, entrez s'il ſe peut dans les mêmes conſidérations qu'on a euës de les faire de la ſorte qu'elles ſont.

Nous étant approchez de l'entrée du Veſtibule, Pymandre s'apperçût que l'ancien Eſcalier n'y eſtoit plus. Il fut ſurpris de voir, qu'au lieu de deſcendre comme on faiſoit autrefois par vn endroit aſſez difficile & aſſez obſcur, pour traverſer ce Palais, l'on trouve preſentement vn grand lieu ouvert & dégagé, d'où la veuë s'échapant par les arcades qui ſont au milieu du Veſtibule, ſe porte avec plaiſir dans le Jardin des Tuilleries, qui forme vne perſpective ſi agréable, que l'Art & la Nature n'ont jamais rien fait de plus beau ni de plus ſurprenant. Je vois bien, me dit-il, qu'on a eû raiſon d'oſter l'ancien Eſcalier, puiſque quelque excellent qu'il fût, il ne pouvoit ſubſiſter dans le lieu où il eſtoit, ſans gaſter toute

ET LES OUVRAGES DES PEINTRES 5
la symmetrie de ce Palais, qui paroist bien plus noble & plus magnifique de la sorte que je le vois.

Aprés avoir traversé le Vestibule, nous montâmes dans les appartemens d'en haut, où aiant demeuré assez long-tems pour en considérer la disposition, les ornemens, & les peintures, nous descendîmes en bas, où nous eusmes occasion de faire encore plusieurs belles remarques.

Mais ce fut dans l'antichambre de l'appartement du Roy que nous nous arrestâmes le plus, parce que nous estant mis à regarder plusieurs Statuës antiques, & tres-rares, elles nous fournirent vne agréable matiére pour nous entretenir de la beauté du Corps humain, & de quelle sorte toutes les parties en doivent estre composées pour le rendre parfait.

Parmi ces antiques l'on y voit deux belles images de la Venus de Medicis, qui est le corps le plus beau, & l'Ouvrage le plus accompli que l'Art ait jamais formé; vne femme assise, & envelopée d'vn manteau; douze busts de porphire, representans les douze Cesars; vne Pallas aussi de porphire; vne Diane, qu'on dit avoir rendu des oracles;

A iij

vne Atalante ; & plusieurs autres Figures d'vne singuliére beauté. Mais entre tous ces riches monumens de l'Antiquité, il y a vne teste d'Alexandre d'vn travail admirable.

Vous voiez bien, dis-je à Pymandre, que ceux qui peignent Alexandre ont raison d'en faire vn beau Prince, puisqu'il paroist tel par les médailles, & par tous les marbres qui nous restent de lui ; & qu'vn Peintre ne peut jamais manquer à donner de la bonne mine à ses Héros, principalement lors qu'il est engagé à des ressemblances particuliéres, & connuës de tout le monde ; parce que la beauté a beaucoup de force pour regner sur les esprits, & qu'elle releve les personnes qui la possedent.

Comme cette qualité est rare & précieuse, on a toûjours crû que ceux à qui la Nature a donné vne forme plus parfaite qu'au reste des hommes, ont aussi l'esprit plus grand, & l'ame plus noble ; chacun aiant peine à s'imaginer que dans vn beau corps il y puisse loger vne ame basse, & vn esprit grossier.

Cependant parce qu'vne belle ame & vne haute vertu se rencontrent assez souvent dans vn corps difforme, il semble que l'on supporteroit volontiers les incommoditez de plusieurs personnes malfaites, si l'on n'avoit remarqué que souvent les defauts du corps semblent être vn témoignage des vices de l'ame. Et de cette opinion qui n'est pas nouvelle, il est arrivé qu'on a crû que les Magiciens pouvoient estre reconnûs, & portoient sur leurs visages quelque chose de farouche, & d'extraordinaire. C'est pour cela, qu'en peignant vn grand personnage, s'il a quelques defauts naturels, il faut les cacher autant qu'il se peut, comme fît celui qui representa Periclés.

Crine ruber, niger ore, brevis pede, lumine luscus; Rem magnam præstas, Zoïle, si bonus es. Mart.

Plut.

Mais outre la Beauté qui vient de la juste proportion des parties, & cette Grace dont nous avons déja parlé autrefois, il y a encore d'autres qualitez, qui se remarquent dans les personnes de grande condition, comme ce que l'on nomme Majesté, qui ne paroist pas simplement sur le visage, mais qui dépend de toute la composition du corps. Ciceron, à mon avis, la distingue dans les hommes & dans les femmes par deux noms différens. La premiére se connoît dans les hommes, lors qu'ils se font voir avec vn aspect plein d'vne veritable noblesse; qu'il se trouve vn je ne sçai quoi dans leur taille, dans leur port, &

Dignitas.

sur leur visage, qui les fait réverer, & qui remplit d'admiration & de respect ceux qui les regardent. L'autre se rencontre dans les femmes, quand on y remarque vne contenance noble, & vne certaine bienseance dans tout ce qu'elles font; que la taille en est grande, bienfaite, & aisée; qu'elles portent bien le corps, & font toutes leurs actions avec grandeur; qu'elles parlent gravement; rient avec modestie; tiennent, s'il faut ainsi dire, vn certain avantage sur les autres femmes; & qu'avec tout cela on voit sur leur visage vn air plein de pudeur, & de chasteté, que Zeuxis avoit si bien representé dans vne figure de Penelope.

Venustas.

C'est encore cét air noble que l'on remarque dans les enfans bien nez, lequel non seulement resulte de cette majesté entiére de tout le corps, mais qui a particuliérement son siége sur le visage, & qui n'est autre chose, à mon avis, qu'vn certain signe, qui découvre la santé de l'ame, & la netteté de l'esprit.

Aussi lors qu'vn homme nous paroist avec vn méchant air, & vne mine funeste, c'est bien souvent la malignité de l'ame qui semble sortir au dehors, & donner des marques du
desor-

désordre ou des mauvais desseins qui se passent au dedans.

C'est donc ce bon Air qu'vn Peintre doit figurer, quand il peint des enfans ; & vous pouvez vous souvenir comment Raphaël a doctement observé cela dans ses Ouvrages, de mesme que M. Poussin a fait en diverses occasions. Car comme l'innocence de l'âge laisse aux enfans vne conscience pure, & vn esprit tranquille, l'ouvrier doit s'étudier à bien representer les effets que peuvent imprimer de si nobles causes, soit dans la vivacité des yeux, soit dans vn soûris qui se répand par tout le visage; soit dans vne fraîcheur de teint, & vn embonpoint, qui est la marque d'vne bonne nourriture ; soit enfin dans des actions aisées, & dans vne vivacité de mouvemens qui marquent vne naissance libre.

Vne des choses, dit Pymandre, qui me paroist la plus difficile, & pour laquelle neantmoins vn Peintre doit estre fort circonspect, c'est, non seulement, de representer sur le visage des jeunes gens cét air gracieux, & cette douce majesté, qui doit distinguer les enfans de qualité & bien eslevez, d'avec ceux qui ne sont pas de grande naissance ; mais encore de marquer ce qui doit paroistre plûtost

B

sur le visage des garçons que sur ceux des filles, afin qu'on les puisse connoistre. Car il y a vne si grande ressemblance entre les vns & les autres, quand ils sont jeunes, qu'il est quasi impossible de les reconnoistre. Cependant il me semble qu'il est necessaire de faire voir la difference de ces deux sexes.

Pour sçavoir, repartis-je, comme l'on y doit proceder, il faudroit examiner les Ouvrages des plus sçavans Peintres qui ont heureusement réüssi dans ces sortes d'expressions. Toutesfois je croy qu'on peut s'en aquiter dignement, en representant dans les filles plus de douceur & plus de délicatesse, puisqu'on ne reconnut le changement d'Iphis en garçon, qu'en voyant paroistre plus de force dans les traits de son visage. L'on n'y doit pourtant rien voir de trop fier; au contraire, il faut qu'il y demeure toûjours quelque chose de gracieux & de délicat. Et mesme il arrive souvent, que cette difference est si peu sensible entre les garçons & les jeunes filles, qu'on peut prendre les vns pour les autres, comme Horace rapporte d'vn certain Gygés, qui estoit d'vne beauté si délicate, qu'il eust pû passer parmy les filles sans estre reconnu pour ce qu'il estoit.

Cultus erat pueri facies, quam sive puella, sive dares puero, fieret formosus uterque.
Ovid. Metam. 69.

Hor. Car. 2. Od. 5.

ET LES OUVRAGES DES PEINTRES. 11

Si les garçons, reprit Pymande, tirent quelque avantage de la ressemblance avec les filles, je croy aussi que la beauté des filles s'augmente lors qu'il s'y rencontre quelque chose de fier, de vigoureux, & de mâle ; au moins si nous en voulons croire ceux qui nous ont fait les portraits de [a] Palestre, d'Athalante [b], & des filles [c] du Roy Lycomedes.

[a] Philost. Icon.
[b] Ovid. Metam. 8.
[c] His decor est forma species permista virili. Stat. 2. Achil.

Il faut prendre garde, luy dis-je, de ne pas tomber d'vne extrémité dans vne autre, & ne pas s'imaginer qu'vne fille soit belle quand elle a seulement quelque chose de masle ; car ce seroit vn grand defaut si elles manquoient de cette modestie, & de cette pudeur si naturelle, & si bienséante à leur sexe.

Mais si nous voulions remarquer toutes les parties qui contribuent à la perfection du corps de l'homme, il ne faudroit pas s'arrester seulement à considerer celles qui sont propres aux jeunes personnes ; il seroit besoin d'observer aussi celles des hommes & des femmes, & mesme avoir égard aux âges & aux conditions.

Hé bien, dit Pymandre, qui nous empesche d'employer vne heure de temps dans vn entretien si agréable, puisque nous sommes

B ij

dans vn lieu commode pour cela, & qu'il y a devant nous des objets tres-favorables pour vn tel dessein.

Pour ce qui regarde, repartis-je, le corps de l'homme, il faut demeurer d'accord qu'il ne merite point le nom de beau, s'il n'y a dans toutes ses parties cette juste proportion, & cette parfaite harmonie dont nous avons desja parlé, c'est à dire, si sa taille n'est plûtost grande que moyenne.

Cependant, interrompit Pymandre, l'on remarque qu'Agricola estoit vn homme bien fait, quoy qu'il ne fust pas grand, mais seulement bien composé, & semblable en cela à Vespasien, qui estoit d'vne taille que Suetone nomme quarrée, & de membres forts ; de sorte qu'il faut regarder ce qui sied le mieux. Il est vray, répondis-je ; mais cette bienséance se trouve dans vn grand homme, lors que tous ses membres sont proportionnez. Je n'ignore pas que quelques-vns veulent, qu'vn corps bien fait soit quarré, c'est à dire, d'vne grandeur moyenne, ny trop menu, ny trop gros ; parce qu'ils disent que la grande taille, qui veritablement est belle en jeunesse, se détruit par l'âge, & se courbe : mais ces considerations, qui regardent les personnes vi-

Decentior quàm sublimior fuit. Tacit.

In vita Vespas.

Cornel. Celsus. lib. 2.

vantes, & sujettes aux accidens de la vieillesse, ne sont pas pour les Peintres, qui peuvent tousjours representer leurs Heros dans l'estat le plus parfait, & choisir vne grande taille, comme la plus avantageuse & la plus convenable pour les bien figurer, pourveu toutesfois qu'elle n'ait rien d'extraordinaire, & qui ressemble vn Geant. Et mesme Aristote ne croit pas qu'vne femme puisse avoir rang parmy les belles, si elle n'est d'vne grande taille.

N'en déplaise à Aristote, & à vous aussi, reprit Pymandre, en soûriant; si c'est la proportion qui engendre la beauté, pourquoy voulez-vous qu'vn grand homme soit plus parfait qu'vn petit, ou mesme que celuy qui n'est que d'vne moyenne grandeur, s'ils sont tous également proportionnez dans les parties de leur corps?

Est-il pas vray, luy repartis-je, que quand nous voulons considerer toute la naturelle, pour en admirer la belle composition, nous regardons principalement cette admirable proportion qui est dans tous les corps, par rapport les vns aux autres, & de quelle sorte Dieu, ce suprême Artisan, a lié & a rangé toutes les parties de ses Ouvrages, pour les faire conspirer ensemble à former vne seule beauté. Or de mesme que les membres d'vn corps doivent estre correspondans les vns aux autres, pour faire vn beau tout ; il y a aussi vne autre proportion de ce corps particulier, qui est relative à tous les autres corps en general, & qui l'oblige à s'accorder harmoniquement avec eux. Ainsi vne teste qui sera accomplie dans toutes les parties qui la composent, n'empeschera pas neantmoins qu'vn corps ne soit difforme, si cette mesme teste est trop grosse, ou trop petite, & qu'elle ne soit pas proportionnée au reste des autres parties de ce mesme corps. C'est pourquoy vne personne trop petite dans son espece ne peut estre parfaitement belle, si elle est trop esloignée de la grandeur ordinaire des autres. Si toutes les femmes estoient petites, vne petite femme sans doute seroit belle, parce qu'elle se trouveroit dans l'ordre naturel à toutes celles de son sexe. Mais lors qu'elles sont au dessous de la mesure la plus grande, & la plus noble, ce leur est vn defaut, non pas par irregularité des parties, mais par la dissonance, si j'ose vser de ce terme, où elles se rencontrent à l'égard de toutes les autres femmes en general. Pour preuve de

ET LES OUVRAGES DES PEINTRES. 15
cela, c'eſt que ſi vne petite femme bien proportionnée eſt ſeule, ou avec des enfans, ſa taille paroiſtra moins difforme; mais ſi elle ſe trouve avec de plus grandes perſonnes, alors elle ſemblera vne nine.

Aprés avoir ainſi remarqué combien l'on doit faire eſtat d'vne grande taille, nous vinmes à parler de toutes les parties du corps; & conſiderant tous ces buſts & ces belles teſtes que nous avions devant nous, nous remarquâmes que la teſte, qui eſt la premiere & la plus noble de toutes les parties, doit eſtre d'vne forme preſque ronde, parce qu'il y a de la difformité en celles qui ſont trop pointuës, comme eſtoit celle de Therſite, dont Homere deſcrit les defauts: Et nous nous ſouvinmes, qu'encore que Periclés euſt le corps *Plut.* bien fait, il eſtoit neantmoins deſagréable, à cauſe qu'il avoit la teſte trop longue, & d'vne groſſeur qui n'avoit point de proportion avec le reſte du corps. Ainſi nous concluïons de ces exemples, que la teſte eſtant vne partie ſi conſiderable dans la ſtructure du corps de l'homme, les Peintres qui ne veulent rien repreſenter qui ne ſoit tres-parfait, doivent eſtre fort exacts à bien obſerver ces choſes, lorſqu'ils travaillent à imiter la belle nature,

& mesme à corriger ses defauts, quand ils en rencontrent dans les hommes qui leur servent de modeles.

C'est ce que faisoit Lysippe, cét excellent Sculpteur, qui cherchoit encore les moyens de surpasser le naturel dans ses Ouvrages. En effet, ce fut luy qui le premier observa combien les petites testes avoient meilleure grace que les grosses, & qui laissa cét enseignement aux Peintres & aux Sculpteurs, de prendre garde, aprés avoir proportionné la grandeur de leurs figures par la mesure de la teste, de diminuer ensuite la grosseur de cette mesme teste selon qu'ils jugeront estre mieux, imitant en cela l'Architecte sçavant, qui aprés avoir arresté l'ordre & les mesures de son bastiment dans son premier dessein, ne laisse pas quand il vient à l'examiner, d'en faire avancer ou retirer quelques membres, selon qu'il le juge à propos, pour le plaisir de la veuë, & la bienséance de son édifice.

Or comme la teste est composée de plusieurs parties tres-considerables, il doit estre soigneux de les estudier toutes; & il a bien falu que ces sçavans Sculpteurs de l'Antiquité ayent parfaitement connû celles qui
contribuent

ET LES OUVRAGES DES PEINTRES. 17
contribuent davantage à la beauté, & celles aussi qui rendent vne personne difforme, pour avoir fait des Ouvrages aussi parfaits que ceux qu'ils nous ont laissez.

Le front, qui est la partie la plus avancée, ne doit pas estre trop grand; au contraire, Pymandre en regardant celuy de la Statuë de Venus me fit remarquer par plusieurs passages de l'Histoire & des Poëtes anciens, que pour former le visage d'vne belle femme, il faut que le front soit petit, la chair d'vn blanc lumineux; que la forme n'en soit ny trop plate, ny trop relevée, mais qu'en s'arondissant doucement des deux costez, il paroisse vni, & sans tache; & c'est ce qu'ils appelloient serain: car c'est vn deffaut tres-grand dans cette partie, d'estre ou ridé, ou trop enflé, ou trop grand. Il faut prendre garde néantmoins, que si l'on estime quelquefois vn petit frond, ce n'est pas qu'il soit necessaire que l'espace qui est entre la racine des cheveux & les sourcils soit trop serré, mais il doit paroistre moins grand, lors qu'on y laisse tomber les cheveux.

Sur cela Pymandre me demanda, si je croyois qu'anciennement les femmes ajustassent leurs coiffures avec autant de soin com-

C

me elles font aujourd'huy, puis que nous voyons dans les bas reliefs, & dans les medailles, que leurs cheveux estoient negligemment resserrez autour de leur teste; & mesme vous voyez, me dit-il, en me montrant celle de la Venus de Medicis, combien, pour faire paroistre cette partie du col qui s'attache à la jouë au dessous de l'oreille, les Sculpteurs affectoient de retrousser les cheveux des femmes.

Il ne faut pas douter, repartis-je, qu'ils n'imitassent tout ce qu'ils voyoient de plus beau, & de plus avantageux pour l'accommodement des coiffures. Mais je sçay bien aussi que les femmes de ce temps-là se coiffoient en bien des maniéres, & qu'elles estoient aussi curieuses que celles d'à present, puis que c'est en effet le plus bel ornement que la teste puisse recevoir, & qu'Homere ne trouve pas de plus belle Epithete pour Helene, que de la nommer Helene à la belle chevelure.

Iliad.

L'on a bien raison, dit Pymandre, de faire cas des beaux cheveux; car il n'y a ny or, ny pierreries capables de reparer ce deffaut, principalement en vne femme. C'est pourquoy, repris-je, nous voyons que de tout

ET LES OUVRAGES DES PEINTRES 19
temps, & presque parmy tous les peuples, les beaux cheveux ont esté en grande estime. Vous sçavez de quelle sorte il est parlé de ceux d'Absalon dans l'Escriture Sainte; combien Scipion, ce grand Capitaine, estoit curieux d'ajuster les siens; & il faloit que cette Reine d'Egypte, qui offrit sa chevelure dans le Temple de Venus pour le retour de son mary, n'en fist pas peu de cas, puis qu'elle la donna comme la chose la plus précieuse qu'elle eust. En effet, elle estoit vn ornement si necessaire à sa beauté, que Ptolomée estant de retour, les Mages ne trouvérent point de meilleur moyen pour le consoler de l'estat où il trouva sa femme, qu'en luy persuadant que les cheveux de la Reine avoient esté si estimez des Dieux, qu'ils les avoient enlevez du Temple, pour les placer dans le Ciel, & changez en ces sept estoilles, qui paroissent à la queuë du Lion, & qu'ils appellérent depuis la chevelure de Berénice.

Dans cét entretien nous ne nous contentions pas de dire combien l'on a toûjours fait cas des beaux cheveux; mais parce que dans les chambres où nous avions esté, il y a des figures, dont les airs de teste, & les coiffu-

C ij

res estoient assez differentes, la variété de ces agréables Peintures nous donna encore plus d'occasion de nous étendre davantage sur cette matiére, & de raporter de quelle façon les hommes & les femmes portoient anciennement leurs cheveux, & quels estoient ceux qu'on prisoit davantage : car il est certain qu'il y a differens gousts, selon les differens Païs. En France l'on aime les blonds, quoy que les noirs n'y soient pas méprisez. Les femmes d'Italie font ce qu'elles peuvent, pour paroistre d'vn blond doré ; & il y a des lieux où l'on porte les cheveux plus grands qu'en d'autres. C'est pourquoy, aprés avoir examiné ces differences, nous remarquâmes premiérement, que pour estre bien arrangez, ils doivent paroistre aux hommes vn peu sur le front. Il ne faut pas qu'ils descendent si bas, qu'ils le cachent entiérement ; mais ils doivent estre de cette belle maniére, dont Philostrate represente ceux de Patrocle ; & que Calistrate dépeint ceux de Cupidon & de Narcisse, qui brilloient, dit-il, comme de l'or, & qui tombant sur le haut du visage, estoient bouclez, & faits par petits anneaux. C'est pour cela que Lucien voulant represenfer les cheveux d'vne laide femme, remarque

In Heroïcis.
In 2. Prax. Cup. descrip.

Dialog. Merer.

ET LES OUVRAGES DES PEINTRES. 21

qu'ils eſtoient courts, plats, & comme collez deſagréablement ſur ſon front. Et Anacréon parlant de ces vieilles qui n'ont point de cheveux, dit qu'elles ont le front nud.

Ainſi la chevelure épaiſſe a toûjours eſté fort recommandable; & les femmes portoient d'ordinaire les cheveux ſeparez par le milieu, & renverſez de part & d'autre. Quand l'on conſidere bien toutes les ſtatuës, les bas reliefs antiques, & les peintures des plus grands Maiſtres, on y voit des exemples de toutes ces differentes maniéres. *Spiſſa te nitidum coma. Puro te ſimilem Telepho veſpero.* Horat. Car. l. 3. Od. 19. *Ecce Corinna venit,* &c. Ovid. Am. l. 1. El. 5.

Pour ce qui regarde leur couleur, il eſt certain que les Anciens ont toûjours eſtimé davantage les blonds, & les attribuoient à Bacchus, à Venus, & à Apollon; & à meſure qu'ils tiroient ſur le noir, ſur le chaſtain, ou ſur le roux, ils leur donnoient des noms particuliers, pour en marquer la difference. Ovid. Am. l. El. 14.

Ce n'eſt pas vne choſe qui ſoit peu neceſſaire aux Peintres, d'étudier dans les Poëtes de quelle ſorte de cheveux ils ont repreſenté les divinitez, & les perſonnes les plus conſiderables, dont ils ont décrit les actions, afin de les peindre de meſme. Car la faute ne ſeroit pas petite, ce me ſemble, de peindre Apollon & l'Aurore avec des cheveux noirs,

C iij

puis qu'ils sont toûjours descrits par les Poëtes avec vne chevelure blonde, aussi bien qu'Achiles [a], Atalante [b], Aléxandre [c], Ptolomée Philadelphe [d], Ariadne [e], Europe [f], Didon [g], Lucrece [h] & Oenone [i]; si on les representoit d'vne autre façon, ceux qui sont sçavans dans la fable & dans l'histoire ne les connoistroient pas.

Il y a des personnes qui s'imaginent, que quand les Peintres & les Poëtes parlent d'vn jaune doré, c'est vne couleur rousse, pour laquelle tout le monde a de l'aversion; mais il y a bien de la difference entre ces deux sortes de cheveux: Car nous entendons par ce beau jaune vne couleur, ou plus forte, ou plus pasle, qui se fait en diminuant, ou en augmentant la blancheur. Quand Ovide dit que la chevelure de Phaeton estoit d'vn jaune *brillant, c'est d'vn jaune plus vif, à cause de la lumière qu'il répand, mais ce n'est pas ce roux dont parle Martial. Néantmoins encore que les Poëtes tiennent ordinairement les cheveux blonds pour les plus agréables, les noirs ne laissent pas d'avoir leur beauté, & de convenir parfaitement bien, non seulement aux hommes, mais encore aux femmes. Leda & Panthée, qui n'estoient pas des moindres

[a] Iliad.
[b] Ælian, Var. Hist. 13. 1.
[c] Idem 12. 14.
[d] Theocr. Id. 17.
[e] Ovid. de Art.
[f] Id. Fast. 5.
[g] Virg. Æn. 4.
[h] Ovid. Fast. 2.
[i] Id Heroï. Ep. 5.

2. Metam.

* Rutilli Capilli.

Crine ruber.

Ovid. Am. l. 2. El. 4. Philost.

beautez de leur temps, avoient les cheveux noirs. Et ils sont quelquesfois d'autant plus avantageux, qu'ils font paroistre la blancheur du col, parce que les couleurs claires ont meilleure grace auprés celles qui sont plus obscures, ce contraste des vnes & des autres donnant d'ordinaire vn merveilleux éclat à vn beau visage.

Sur cela je fis remarquer à Pymandre, que les Peintres évitent souvent de faire des cheveux trop noirs dans leurs Tableaux, disant qu'il y a certains sujets où il ne faut pas mettre le noir prés du blanc, parce qu'estant opposez l'vn à l'autre, ce sont deux couleurs qui en certaines rencontres tranchent trop, & font comme des piéces détachées. Or dans la Peinture il faut que les choses se nouënt, & se joignent l'vne à l'autre insensiblement, & non pas qu'elles se separent tout d'vn coup; & mesme vous remarquerez qu'vne femme blonde a quelque chose de plus doux à la veuë, à cause que le blanc & le blond s'vnissent tendrement ensemble. Ce n'est pas que je n'approuvasse le sentiment de Pymandre, qui rapporta que si les noires n'ont ni tant de douceur, ni tant de délicatesse, elles ont plus de force, & plus de fierté,

& qu'on ne puisse dire, que si les vnes nous attirent avec douceur, les autres nous forcent avec empire à les aimer. Cependant, parce qu'il faut varier les cheuelures aussi bien que les airs de teste, les Peintres se servent bien souvent d'vne couleur qui est moyenne, comme est celle des cheveux que nous appellons cendrez & chastains, qui font vn assez bel effet dans les Tableaux, & que les anciens mesmes estimoient beaucoup. Les Poëtes Latins nomment cette couleur *Mirrheus* & *Mirtheus*, que les Commentateurs interpretent, pour ce qui est entre le noir & le blond. Elle estoit si estimée anciennement, que les femmes, pour la donner à leurs cheveux, se servoient d'vne teinture faite avec des noix encore vertes.

<small>Hor. Car. 3. Od. 14.</small>

<small>Ælian. Varon. Plin. Mart.</small>

Aprés avoir examiné ce qui regarde les cheveux, nous vinmes à discourir des parties du visage; & Pymandre prenant presque toûjours pour modelle cette belle figure de Venus : J'admire, dit-il, avec combien de science & de beauté le Sculpteur a fini cét Ouvrage. Voyez ces yeux à couvert du front & des sourcils, mais si bien placez à fleur de teste, & si bien fendus, qu'on ne peut rien imaginer de plus beau.

Aussi

ET LES OUVRAGES DES PEINTRES. 25

Aussi est-il tres-certain, luy répondis-je, que l'œil est la partie la plus précieuse de tout le corps, puis que par sa lumiére il met la difference entre la vie & la mort. Du moins, repartit Pymandre, c'est dans les yeux que consiste le plus grand éclat de la beauté; & que paroissent aussi quelquefois, repris-je, les plus grandes taches de la laideur. Il y a bien des choses qui les rendent difformes ; & pour ne pas tomber dans ces deffauts, il est necessaire que les Peintres & les Sculpteurs sçachent quelle en doit estre la grandeur & la couleur.

Pour ce qui est de la grandeur, repliqua Pymandre, je sçay bien que si les Peintres sont du sentiment des Poëtes, ils n'estimeront pas les petits yeux ; car Homere * voulant montrer que Junon les avoit beaux, dit qu'elle a des yeux de bœuf ; & Panthée *, & Aspasie *, ont esté loüées, à cause de la grandeur de leurs yeux.

Ce sont aussi, continuay-je, les grands yeux qui sont les plus parfaits. Si vous regardez toutes les Statuës antiques, & les Tableaux des plus excellens Maistres, vous n'en verrez point d'autres ; & si vous lisez la sixiéme Satyre de Juvenal, vous pourez remarquer combien il

DES YEUX.

*Libavius in Progym.
* Philostr. Icon. l. 2.
* Ælian, Var. Hist. l. 12. 1.

D

méprife les petits yeux. Quant à la forme, elle dépend du deffein, & de la belle proportion; mais pour la couleur, il y a diverses chofes à obferver. Philoftrate en remarque trois principales. La premiére eft celle qui tire fur vn jaune verdaftre, ou tané. La feconde eft celle qui rend les yeux gris, pers, ou bleûs; & la troifiéme eft noire. Pour bien comprendre la nature de ces trois couleurs, il faut fe fouvenir que dans le Latin *Ravus color* eft vne couleur rouffe, & tanée; & que *Cafius* dans les Poëtes fe prend diverfement pour vn bleu de la couleur du Ciel, pour celuy que l'on nomme pers, & pour celuy qui tire vn peu fur le vert. Car Homere * appelle Minerve aux yeux verts; & * Ciceron qui luy donne vne Epithete, qui a la mefme fignification, dit que Neptune a les yeux bleus. Or *Cafius*, à l'égard de Minerve, fe prend pour verts, quoy qu'il fignifie auffi bleu; & cette forte de vert, felon mon avis, eft ce que nous appellons pers, qui eft vn bleu paffe, & vn peu verdaftre. Les Poëtes appellent encore cette couleur *Flavus color*, qui fignifie blond. Il faut donc remarquer, que les yeux qui font d'vn bleu foible font beaux; mais ceux qui font d'vn bleu trop fort & trop azuré, font

In Proem. Icon.

* Iliad.
* lib. 1. de Natura Deor.
Cafios oculos Minervæ, Cæruleos Neptuni.

toûjours difformes ; c'eſt ce que les Poëtes appellent *Ravidus color.*

Les yeux noirs ſont fort agréables, & d'ordinaire les plus vifs. Homere en parle ſouvent comme d'vne beauté; & Philoſtrate les attribuë à Patrocle, de meſme qu'Anacréon à ſon Bathille, & Horace à Lycus. Mais ce n'eſt pas aſſez que la couleur des yeux ſoit agréable, il faut encore qu'ils ſoient clairs & nets, & qu'il y ait vn brillant, qui témoigne de la vivacité. Auguſte les avoit ſi clairs & ſi beaux, qu'il eſtoit bienaiſe qu'on les crûſt remplis d'vne force toute divine; & il prenoit plaiſir lors qu'on le regardoit, comme ſi l'on ſe fuſt expoſé, en conſiderant ſes yeux, à ſouſtenir l'éclat des rayons du Soleil. *Iliad.*

Il y a des yeux, dit Pymandre, que vous n'approuverez pas, qui ſont d'vn blanc verdaſtre, & que les Latins appellent *Herbei.* *Quis hic eſt homo cum collativa ventre atque oculis herbeis?*

Pour ces yeux-là, luy répondis-je, je croy qu'ils ne ſeroient pas trop beaux à peindre: Car ce qui donne de la force & de la vivacité à l'œil, c'eſt quand l'orbe principal eſt d'vn blanc tirant vn peu ſur le gris-de-lin, mais ſi peu, que cela ne paroiſt preſque pas; que le milieu de la prunelle eſt noir & lui- *Plaut. Curcul. act. 1. ſc. 1.*

D ij

fant ; ce petit contraſte de clair & d'obſcur, eſtant la ſeule cauſe de ce brillant & de cette grace, qui ſe trouve dans les plus beaux yeux. Outre la force & la netteté qui doit eſtre dans cette partie, il me ſemble qu'on y peut encore deſirer vne certaine joye, & vne gayeté pour les rendre accomplis ; mais cependant c'eſt vne choſe à quoy le Peintre doit bien prendre garde, & qu'il doit meſnager avec beaucoup de diſcretion. Car en penſant donner cette gayeté, il y en a qui bien ſouvent repreſentent ſur le viſage des femmes trop de hardieſſe, pour ne pas dire effronterie, & qui font paroiſtre les hommes trop effeminez, par l'affeterie & la douceur des yeux. Enfin pour les faire beaux, il faut qu'ils ſoient vifs, doux, brillans, & couverts

Des Sourcils. d'vn ſourcil, qui commençant auprés du nez, vienne à ſe courber doucement en forme d'vn demy cercle, juſqu'à l'angle exterieur de l'œil ; car la defformité des ſourcils arrive ſouvent de ce qu'ils ſont de travers. Les noirs ont beaucoup de grace ſur vn front blanc ; c'eſt pourquoy Homere dépeint Jupiter de la ſorte. Pour les ſourcils roux ils ne ſont pas mieux reçûs que les cheveux qui ſont de cette couleur. Il faut prendre garde auſſi qu'ils ne soient pas rangez comme ceux de ces femmes qui se les rasent, mais qu'ils soient plus épais sur le milieu, venant à diminuer aux deux extrémitez ; car il n'y a point de si petite partie dans le visage, qui ne doive estre considerée exactement.

Les joües contiennent vn espace si ample, Des Joves. qu'il s'y trouve mille differentes beautez; & si nous en croyons Philostrate, elles doivent Icon. l. 2. estre estimées lors qu'elles sont convenablement pleines d'embonpoint ; qu'vne fermeté délicate s'y rencontre ; que le rouge & le blanc y sont bien meslez, & qu'il s'y remarque vne gayeté admirable, jointe à vn certain éclat, qui procede de la blancheur & de la fraischeur du teint : Car la blancheur est vne qualité qui les rend si recommandables, que les Peintres ne doivent non plus obmettre à la bien representer, que les Historiens sont exacts à la bien décrire. Il me souvient qu'Heliodore parlant de Théagene, qui estoit tout couvert de sang, dit que la blancheur de son visage en recevoit vn plus grand éclat. Je voudrois que nous pûssions voir l'original de ce Tableau du Titien ; où il a peint cette belle femme qui dort. J'ay appris de plusieurs sçavans hommes, que tout ce qu'on a écrit de

D iij

la beauté d'Aspasie *, ni ce qu'on a pris plaisir de dire des joües de la belle Ismenie *, n'approche point de ce que Titien a representé dans cette belle dormeuse. C'est sur son visage qu'on peut remarquer ce beau meslange de blanc & d'incarnat, qu'Ovide compare aux pommes & aux raisins qui commencent à meurir.

* Ælian Var. Hist. 12. I.
* Euft. l. 3. de Amor. Ism. & Ism.
Metam. 3.

Pour moy, dit Pymandre, je ne sçay si je me trompe; mais il me semble que ce sont les joües qui forment ce beau tour, si agreable dans la composition du visage. Je croy mesme que les Peintres, qui découvrent d'ordinaire les oreilles, y trouvent quelque chose qui ne doit pas estre caché.

Des Oreilles.

Puisque Suetone, repartis-je, a remarqué la beauté de celles d'Auguste, il faut bien qu'elles causent vn ornement à la teste, quand elles sont bien faites, comme d'avoir vne grandeur mediocre avec tous ces petits tours & replis colorez d'vn vermeil agreable, principalement sur ce qui est le plus relevé. Ælian décrivant la beauté d'Aspasie, dit qu'elle avoit les oreilles courtes; & Martial met au nombre des difformitez celles qui sont trop grandes.

Var. hift. lib. 12. I.
Mart. ɛ. 9.

Je voy bien, dit alors Pymandre en soûriant, que nous ferons icy l'anatomie de toutes les parties du corps ; mais puisque nous avons si bien commencé, & que nous en sommes venus si avant, il faut vn peu examiner la beauté du nez, ce n'est pas, comme vous sçavez, ce qui paroist le moins. Et il est vray qu'vn vilain nez est capable de rendre vne personne tres difforme, encore qu'il y ait dans son visage d'autres parties qui ne soient pas laides. C'est pourquoy Catule voulant parler de la laideur d'vne fille, commence par son nez. *Ista turpiculo puella naso.* Cat.

Il faut remarquer, luy dis-je, que les anciens avoient beaucoup d'aversion pour les petits nez, & ne trouvoient jamais difformes les grands nez, que quand il y avoit de l'excés. Mais ils estimoient sur tous vn nez aquilin, que [a] Platon nomme par excellence vn nez royal. C'est ainsi que Martial [b] represente aussi celuy d'vn beau garçon ; & qu'on a dépeint celuy d'Aspasie [c], ceux d'Achiles & de Paris [d]. Les Perses mesme avoient vne estime particuliere pour ceux dont le nez estoit aquilin, à cause que Cyrus [e] l'avoit de la sorte. [a] Lib. 5. Polit. [b] Lib. 4. Epig. 42. [c] Ælian. Var. Hist. 12. 1. [d] Philost. in Her. [e] Plut. in Apopf. Reg.

Cependant, reprit Pymandre, si vous avez pris garde dans Plaute, il y a vn endroit où il blâme ces sortes de nez. Heaut. Act. 5. sc. 5.

Cela est bon, repliquay-je, quand ils se courbent tout d'vn coup, & avec difformité, alors on les appelle des nez de Perroquet; mais les autres font des nez d'Aigle, qui font doucement courbez, non pas tout d'vn coup, mais par vn doux, & presque insensible penchement. Cependant vn nez droit & quarré est tenu pour le plus parfait, lors que divisant le visage en deux parties égales, l'on voit les yeux posez dans vne juste distance, & qu'il est taillé en sorte, que s'élevant vn peu sur le milieu, il donne vne certaine grace, que je ne vous puis bien dire, mais que vous pouvez voir en cette statuë de Venus, & que l'on reconnoist dans les belles Antiques, & dans les beaux Tableaux, où les Ouvriers ont pris plaisir à bien exprimer la noblesse de cette partie.

Pollux Onomast. l. 2.

Il me souvient, reprit Pymandre, que Platon, & plusieurs autres Escrivains ne méprisent pas les nez camus, & qu'ils les appellent gracieux.

Quelqu'autorité, répondis-je, que ces Messieurs ayent parmy les personnes doctes, les Peintres vous diront qu'ils ne peuvent souffrir cette sorte de nez dans la composition d'vne beauté parfaite. Ils ne s'en servent

que

ET LES OUVRAGES DES PEINTRES.

que pour representer des Satyres, ou des Faunes.

Une partie, dit Pymandre, qui accompa- DE LA
gne bien le nez, c'est la bouche. Confidé- BOVCHE.
rez donc, luy dis-je, combien celle de cette
Venus est agréable. Vous voyez que pour
estre belle, elle ne doit pas estre grande;
mais aussi il ne faut pas qu'elle soit trop petite. Il doit y avoir vne proportion entre la
grandeur de son ouverture, & la forme des
lévres, qui doivent estre bien tournées, petites, délicates, & teintes d'vne couleur vive. On remarque assez la difformité de la
bouche, quand elle est trop grande, & que
les lévres sont trop petites, trop grosses, ou
pasles. L'on compare vne belle bouche à vne
rose qui commence à s'épanouïr; & lors
qu'en s'ouvrant on y apperçoit des dents fort
blanches, on peut dire qu'elle est d'vne beauté achevée.

Il me semble, dit Pymandre, que dans les DES
ouvrages de la Peinture, il arrive rarement DENTS.
qu'on represente les dents. Cela s'observe,
repartis-je, dans des figures dont les actions
sont extraordinaires, comme quand des soldats crient avec effort, ou bien lors qu'on
represente des personnes mortes; car les nerfs

E

venant à se retirer, les lévres se retirent aussi, & laissent les dents découvertes : ce qui arrive encore, & presque toûjours à ceux qui rient. Lucien faisant le portrait de Panthée, dit que lors qu'elle se mettoit à rire, elle découvroit des dents extrêmement blanches, mais sur tout si bien faites, & d'vne grandeur si égale, qu'elles ressembloient à vn rang de perles, dont le lustre tiroit vn grand avantage du vermeil de ses lévres : Et sans doute que la beauté des dents n'est pas vn ornement qui soit peu considérable dans les belles personnes, puisqu'encore qu'on n'éxamine guere ces sortes de choses dans les hommes, qui se rendent recommandables par des qualitez plus excellentes, on n'a pas laissé de remarquer qu'Auguste avoit les dents tres-desagréables, en ce qu'elles estoient éloignées les vnes des autres, trop petites, inégales, & raboteuses.

Ce n'est pas encore vn petit deffaut de les avoir noires ou jaunes, d'en avoir de manque, ou de les avoir trop grandes : Mais il est vray qu'on ne particularise ces choses-là que tres-rarement, comme dans des combats, où l'on represente des soldats, qui, comme je viens de dire, crient, & ouvrent la bouche en mourant, & encore dans quelques autres occasions, où la laideur est vne beauté dans la composition d'vn Ouvrage.

En effet, dit Pymandre, je croy qu'il n'est pas necessaire que les Peintres & les Sculpteurs s'estudient si fort pour bien representer les dents, & qu'ils doivent encore moins, continua-t-il en riant, se mettre en peine de mettre vne langue dans la bouche de leurs figures, puisque cette partie-là n'est souvent que trop incommode en plusieurs femmes.

Je ne sçaurois souffrir, interrompis-je, que vous maltraitiez ainsi vn sexe si doux, & si paisible. Quel sujet avez-vous d'en dire du mal ? A-t-on jamais reconnu que cette Venus, ny la Flore ayent fait autant de bruit que Pasquin, & Marfore ? Cependant il me semble qu'elles auroient meilleure grace à parler que ces miserables estropiez, qui tout mutilez, & contrefaits, se font souvent entendre de toutes parts, & sont cause de mille querelles.

Pymandre me regardant, Je voy bien, dit-il, qu'il n'est pas necessaire que les Sculpteurs se mettent trop en peine de faire vne langue à aucune de leurs statuës, puis qu'elles sont si enclines à causer. Mais aymez vous

E ij

mieux qu'ils apprennent à bien faire la barbe; car si nous voyons des figures qui ont de grandes barbes, comme le Moïse de Michel-Ange, il y en a aussi plusieurs autres qui n'en ont point du tout.

DE LA BARBE. Ne pensez pas vous railler, luy repartis-je; ils doivent en cela surpasser les meilleurs Barbiers : car il faut qu'ils sçachent de quelle sorte les hommes de toutes les nations portoient leurs barbes & leurs cheveux. C'est vne faute dont l'on reprend Albert Dure, qui dans toutes ses Histoires representoit les hommes avec des moustaches de Suisse, n'ayant pas pensé qu'vn Peintre qui entreprend de traiter vn sujet, doit observer la condition, le Païs, & les coustumes de ceux qu'il figure.

Considerez, je vous prie, ces testes antiques, vous verrez qu'elles sont toutes differentes les vnes des autres. Celle d'Aristote, que voila devant nous, represente ce Philosophe avec vne barbe, telle que les Sages de ce temps-là affectoient d'en porter. Vous pouvez voir encore dans ces Empereurs, qu'il y en a quelques-vns qui ne paroissent qu'avec vn peu de coton aux joües, & dont la pluspart sont rasez. Regardez, je vous prie,

ET LES OUVRAGES DES PEINTRES. 37

de quelle sorte les Ouvriers ont travaillé à faire le menton. C'est vne partie qui est considérable, pour former vn beau visage. Si vous prenez bien garde à ceux des hommes, des femmes, & des enfans qui sont bien faits, vous verrez qu'ils sont d'vne grandeur mediocre, d'vne chair délicate & blanche, d'vne forme ronde, & non pas pointuë, ny quarrée. *Dv Menton.*

Pour ce qui est du col, dit Pymandre, pourveû qu'il soit bien droit, & bien blanc, je pense que c'est tout ce qu'on peut souhaiter. *Dv Col.*

Il faut encore ajoûter à cela, luy dis-je, qu'il ne doit estre ny court, ny de travers ; ny roide, comme estoit celuy de * Tibere ; ny trop gras, comme celuy de * Caïus Cesar, dont vous voyez icy les images ; ny enflé, comme celuy de * Vatinius. Un homme bien fait le doit avoir nerveux, plein de chair, droit, & facile à se mouvoir : plustost long que court, principalement aux femmes ; car outre que la blancheur & la délicatesse du col leur est tres-recommandable, il leur sied bien quand il est vn peu long. Helene l'avoit de la sorte ; & c'est à quoy on a dit assez plaisamment, que l'on voyoit bien qu'elle estoit fille d'vn Cigne. Ne vous souvient-il *Suet. *Id. *Cic. in Vat. *Intonsi crines longa cervice fluebant. Tibul.*

E iij

pas que je vous fis remarquer vn jour cette beauté dans la Danaé du Titien qui est à Farnese ?

Il m'en souvient fort bien, dit Pymandre, & je vous avouë que je n'ay jamais rien veû de si beau, ny de si naturel. Je ne m'estonne pas si les Peintres retroussent presque toûjours les cheveux, pour découvrir cette partie qui est si agréable.

Puisque vous jugez si à propos, continuai-je, que nous examinions toutes les parties du corps ; il faut donc que je vous die encore, que pour connoistre si vn col est parfaitement beau, il doit estre plus menu auprés de la teste, & s'élargir doucement vers les épaules, & ne pas sortir du corps tout droit comme vn pieu, ce qui est tres-desagréable.

La blancheur & la délicatesse du col se doit estendre particuliérement à la gorge, & aux épaules, où l'on commence à juger de la beauté de tout le reste du corps.

Je voy, dit Pymandre, des Tableaux, où il y a tant de sortes de koloris, & des carnations si différentes, que je n'oserois quelquefois dire lesquelles sont les plus belles, de crainte de me méprendre. Il y a des corps

ET LES OUVRAGES DES PEINTRES. 39
qui font fort blancs; il y en a d'autres d'vne couleur plus rouge; quelques-vns font olivaſtres; d'autres font encore plus bruns; & enfin il s'en trouve qui font preſque noirs. Ce qui m'embaraſſe eſt, que je voy des amateurs de Peinture, qui eſtiment davantage les Tableaux, dont les figures font d'vne couleur brune, que ceux où il y en a qui font blanches, leſquels cependant plaiſent bien plus au reſte des hommes.

La plus grande perfection dans la Peinture, luy repartis-je, c'eſt de faire que toutes les qualitez du corps conviennent à la perſonne qu'on veut repreſenter, ſoit dans la force des membres, ſoit dans la couleur de la chair. Par exemple, vne belle femme, ou vn jeune homme de condition, doivent avoir le corps blanc, délicat, & gratieux, comme dans le Tableau du Corege, dont je vous ay déja parlé, où il y a vn Saint Jean tout nud, qui s'enfuit du Jardin des Olives; & dans celuy du Titien, qui eſt à l'Hoſtel de Sourdis, où Venus retient Adonis. Car ſi vous remarquez le Coloris de cette Déeſſe, vous y verrez vne grande tendreſſe, & dans celuy du Chaſſeur vous y connoiſtrez comme vn homme moins délicat, & qui s'adonne aux exercices penibles, doit avoir la chair plus haute en couleur : Mais vn vieillard qui sera representé plus maigre, & plus décharné, doit avoir la chair plus basannée, & plus brune, de mesme qu'vn Soldat, & vn Marinier, qui sont ordinairement dans le travail, & qui ont le corps nud, & exposé à l'air, & au Soleil : Ce que l'on peut remarquer dans les personnes qui se plongent souvent dans la mer, & qui mesme, selon Pline, ont la peau si seche, & si dure, qu'elle semble de la corne, à cause du sel, & du Soleil qui l'endurcit.

Plin. l. 31. c. 9.

Apulée a bien exprimé vn beau corps, quand il a dit que la peau en estoit comme de plume & de lait, c'est à dire, blanche, & douïllette, parmy laquelle doit paroistre vn peu de rouge. Mais, comme je viens de dire, ce qui doit marquer vne grande différence entre les conditions des hommes & des femmes, est la force, la douceur, ou la grace, qui se trouve dans les membres du corps. La taille d'vn homme bien fait consiste principalement dans les épaules, ainsi que Virgile l'a dignement exprimé en parlant d'Enée. Homere remarque comme vn grand deffaut, que Thersiste avoit les épaules courbées, & l'on

Metam. 3.

1. Æn.

Iliad.

représente Apollon * & Diane * avec de belles épaules. Pour estre parfaites, il faut qu'elles soient blanches, & larges. Les hommes les doivent avoir encore plus larges, & plus marquées ; & pour bien connoistre la difference qui s'y trouve, il ne faut que regarder à present celles de cette Venus, & quelque jour vous remarquerez encore celles de l'Hercule, de l'Antin, & de l'Apollon, qui sont les plus beaux modelles qu'on vous puisse donner. C'est dans toutes ces figures que vous pourrez voir comme les bras, pour estre bien composez, doivent estre nerveux, principalement dans la partie qui est entre l'épaule, & le coude, qu'on appelle le petit bras, & l'endroit que les Latins nomment *Lacerti*.

*Valer. Flac. l. 2. Arg.

*Claud. de Nup. 3. & Mar.

DES ES-PAVLES.

DES BRAS.

Le Sculpteur qui a fait l'Hercule de Farnese, dit Pymandre, ne pouvoit manquer d'en representer la force par cette partie, puisque c'est dont les Poëtes l'ont toûjours loüé, & que c'estoit vn homme d'vne force extraordinaire. Mais vn Peintre ne commettroit-il pas vne faute, s'il representoit cette mesme force de bras dans vn corps plus délicat ?

Il n'y en a point, répondis-je, où cette partie que je viens de marquer ne doive

F

<small>Senec in Hyp.</small>

estre puissante. Elle l'estoit dans Hypolite, bien qu'il fust jeune, & délicat. Et pour mieux connoistre cela par l'exemple des plus excellens Peintres, il ne faut que vous souvenir de ce que Raphaël a fait à Ghise, où il a peint Mercure, Ganimede, & Cupidon; & qu'elle difference il y a entre ces figures & celles de Jupiter, de Neptune, & des autres Divinitez, qui sont dans la voûte de cette loge. Si vous considerez bien encore la Nature, vous verrez comme dans les jeunes gens la force des bras paroist principalement, par la fermeté d'vne chair délicate; & aux hommes plus forts & plus vigoureux, par l'apparence des nerfs & des muscles, qui pourtant doivent toûjours estre marquez tendrement. Quand aux bras des femmes, ils sont beaux lors qu'ils sont ronds, fermes, blancs, & couverts d'vne peau déliée, particuliérement depuis le coude jusques à la main, qui doit se joindre insensiblement au bras : & elle est bien faite, lors qu'elle est semblable à celles de cette Venus.

Alors Pymandre se levant de son siége, Approchons-nous, dit-il, de cette figure, afin d'en remarquer mieux toutes les belles parties.

ET LES OUVRAGES DES PEINTRES. 43

M'eſtant auſſi levé, pour conſiderer avec luy cette ſtatuë: Voyez-vous, luy dis-je, combien le Sculpteur, pour rendre ſon ouvrage accompli, a eſté ſoigneux de ne rien oublier de toutes les choſes qui peuvent ſervir à former de belles mains? Regardez, je vous prie, comme elles ſont longues & délicates. Conſiderez-les tant qu'il vous plaira, vous n'y trouverez nulle apparence de ſechereſſe, ny de dureté, ſoit au lieu où ſont les nerfs, ſoit dans les jointures, ſoit aux endroits où paroiſſent ordinairement les veines. Il ſemble qu'elles ſont couvertes d'vne chair tres-blanche, & tres-délicate. Eſt-il pas vray que s'il y avoit vn peu de rouge mêlé parmi la blancheur de ce marbre, elles paroiſtroient de veritables mains? Car il faut, comme vous ſçavez, que cette blancheur ſoit relevée d'vne couleur vermeille, principalement dans le creux de la main, & au bout des doigts. C'eſt pourquoy Homere appelle l'Aurore aux doigts de roſe. Pour eſtre beaux, ils doivent donc eſtre vn peu rouges, longs, de forme ronde, & couverts de chair, en ſorte qu'ils ne ſoient ny trop gras, ny trop ſecs; menus par le bout, & dont les ongles vn peu longs couvrent agréablement la chair.

Des Mains.

Iliad.

Des Doigts.

Ovid. 3. De Art.

F ij

Comme j'eûs ceſſé de parler, nous demeurâmes quelque temps ſans rien dire. Mais enſuite, reprenant la parole: Une des grandes differences, dis-je alors, qui ſe trouve entre le corps de l'homme & celuy de la femme, c'eſt dans l'eſtomac. Il faut que celuy de l'homme ſoit large, & qu'il avance vn peu plus que le ventre. L'on repreſente toûjours Mars & Hercule avec vne poitrine fort large ; & meſme à cauſe que Pallas eſt d'vne nature guerriere, & plus robuſte que les autres femmes, les Poëtes ont dit qu'elle avoit la poitrine large. Mais le plus grand avantage que les femmes reçoivent de cette partie, & qui rend leur forme plus recommandable, c'eſt à cauſe qu'elle eſt le lieu où paroiſt la beauté de leur ſein, qu'on peut nommer en elles le charme des yeux.

Vous avez raiſon, dit Pymandre, de dire que cette partie eſt le charme des yeux, puis que Phryné eſtant accuſé d'impiété devant le Sénat d'Athenes, Hyperide qui la deffendoit voyant que ny la force de ſes raiſonnemens, ny tout ce que l'art de bien dire a de plus touchant, ne pouvoit émouvoir ſes Juges, il ordonna à cette fameuſe Courtiſane de découvrir ſa gorge : ce qu'elle fit avec vn

ET LES OUVRAGES DES PEINTRES. 45
succés si favorable, que ceux qui avoient resisté à l'éloquence de ce celebre Orateur, & aux larmes de cette belle suppliante, se trouvérent charmez par la beauté de son sein, & tellement épris, qu'ils luy donnérent la vie, & l'envoyérent absoute du crime dont elle estoit accusée.

Une gorge, repris-je, est parfaitement belle, lors que les deux principales parties qui la forment sont égales en rondeur, en blancheur, & en fermeté ; qu'elles ne sont ny trop hautes, ny trop basses; qu'elles s'élevent insensiblement comme deux petites colines, qui sont separées d'vn espace considerable, qui les empesche de se toucher; enfin qu'elles sont semblables à ce que vous voyez dans cette admirable figure de Venus, & à ce que Raphaël à peint dans sa Galathée, où toutes les parties du corps d'vne belle femme sont dignement exprimées.

C'est dans ces Ouvrages que l'on peut voir ce que les Poëtes ont tant estimé dans les belles femmes, & qui sert si fort à former vne belle taille, à sçavoir les costez longs & amples. Les femmes ont d'ordinaire les hanches vn peu plus larges que les épaules, au contraire des hommes, qui ont les épau-

Des Costez.
Fœmina per longum conspicienda latus.
Ovid. 3. de Art.

F iij

les plus larges que les hanches. Mais si vous prenez bien garde à ces statuës, & aux peintures dont je vous parle, vous verrez com-
Des Cvisses. me les cuisses paroissent fermes, & pleines de chair, diminuans peu à peu lors qu'elles viennent s'attacher au genoüil. Il y a de la rondeur, & de la délicatesse. On y voit vn jaret tendu, vn genoüil vni, & bien tourné, des jambes proportionnées au corps. Elles sont
Des Jambes. rondes & blanches ; & le molet qui est vn peu enflé, empesche qu'elles ne paroissent trop droites, & la rendent d'vne forme tres-agréable. Ces qualitez qui sont essentielles à la beauté du corps d'vne femme, ne conviennent pas toutes aux hommes. Il n'est pas necessaire que dans leurs cuisses & dans leurs jambes il y paroisse tant de rondeur & de délicatesse. Il faut y voir des muscles & des nerfs, qui marquent de la force & de la vigueur. Cependant n'admirez-vous point, que pour soustenir le corps de l'homme, ce bel ouvrage de la nature, où tant de parties sont necessaires à sa composition, il faut que le pied soit petit, si l'on veut garder vne juste simmetrie, & faire vne beauté parfaite.

Des Pieds. L'on n'a, interrompit Pymandre, qu'à regarder les pieds de cette Venus, pour juger combien ils font beaux lors qu'ils font petits, & fe fouvenir de ce que dit Ovide, parlant d'vne belle fille. Et pour témoigner encore que la blancheur n'eft pas moins recommandable dans les pieds que dans les mains, c'eft qu'Homere nomme Thetis aux pieds d'argent.

Pes erat exiguus. Amor. lib. 3. ep. 5.

Enfin, luy dis-je, il n'y a rien qui ne foit merveilleux dans la ftructure de l'homme. Il n'eft pas jufques aux doigts des pieds qui ne meritent d'eftre confidérez. L'arangement en eft fi admirable, qu'eftans joints les vns aux autres, & diminuans peu à peu de grandeur, on voit qu'ils ont efté ordonnez de la forte par le fouverain Artifan, tant pour la beauté du pied, que pour la commodité de marcher : Car encore qu'il ne femble pas neceffaire que le doigt qui eft le plus grand foit différend des autres ; néanmoins fi l'on examine la compofition de tous les doigts enfemble, on la trouvera fi belle, & fi vtile, qu'on jugera aifément, que la maniére avec laquelle ils font rangez ne fert pas d'vn petit fecours à l'action que font les pieds, quand ils cheminent; puifqu'il eft impoffible de courir, fi auparavant les doigts ne preffent la terre, & en faifant violence contre elle, ne font qu'on s'élance avec quelque forte d'effort. Cependant, comme j'ay dit affez de fois, il faut en toutes chofes confidérer la condition, l'âge, & le fexe des perfonnes que l'on veut peindre : Car en reprefentant des gens forts, & ruftiques, on ne doit pas les figurer dans cette grande délicateffe, mais obferver vn caractere qui convienne à leur employ.

Comme j'eûs ceffé de parler : Enfin, dit Pymandre, c'eft qu'il y a tant de parties neceffaires à former vne beauté parfaite, & tant de chofes à eftudier pour eftre fçavant, qu'il ne faut pas s'eftonner s'il y a fi peu de beaux Ouvrages, puifque la Nature mefme ne produit que rarement des corps qui foient accomplis.

Aprés cela nous fortîmes du lieu où nous eftions; & ayant traverfé la falle des Gardes, & les Veftibules qui la feparent de l'Efcalier, nous allâmes dans le Jardin, à deffein de nous y promener, & d'y paffer vne partie du jour.

Comme nous fumes fur cette grande Terraffe, qui contient toute la face du Baftiment, Pymandre, qui vit des baffins de fontaines, des routes & des allées nouvelles, fut tout furpris de ces grands changemens. Et
aprés

aprés avoir esté quelque temps sans parler, il se tourna vers moy, & me dit:

*Je suis hors de moy-mesme, & mes sens
  éperdus,
Par tant de grands sujets se trouvent con-
  fondus:
Je ne puis concevoir que les lieux où nous
  sommes,
    Si beaux & si délicieux,
Soient bastis de la main des hommes,
  Et non pas de la main des Dieux.*

Quoy, dis-je, en le regardant, quel feu divin vous inspire? Vous croyez donc aussi n'estre plus parmy les mortels, & devoir parler le langage des Divinitez?

Pymandre, en souriant, Que voulez-vous, me repliqua-t-il; il faut des termes extraordinairement forts, pour exprimer ce qu'on ressent à la veuë de tant de grandes choses. Quand je pense à ces murs abbatus, à ces chemins changez; & quand je considere ces grands Edifices élevez si promptement, je défie Apollon & Neptune, qui bastirent Troye, de faire de pareils Ouvrages en aussi peu de temps. Je leur donnerois bien encore Mercure & Vulcain pour les servir, & qui plus est, le Dieu des richesses, dont le secours n'est pas moins necessaire pour bastir, que l'eau & le beau temps, dont Neptune & Apollon disposent comme il leur plaist.

Mais quel Jardinier assez adroit a sceû si bien caresser la Nature, pour l'obliger à faire en sa faveur les miracles que je voy? Quoy, des Jardins tous neufs, dont les arbres cependant semblent y avoir toûjours esté!

Pymandre se retournant du costé du Palais, & voulant s'arrester à le considerer: Ce n'est pas d'icy, luy dis-je, qu'il faut regarder vn Ouvrage d'vne si grande estenduë. En disant cela nous descendîmes six marches, pour entrer dans le Parterre; & comme je l'eûs conduit jusques au de-là des quatre grands quarrez, & à l'endroit où le Jardinier industrieux a formé comme vn demy cercle, dans vne distance commode, pour bien considerer toute la face de ce superbe Edifice: C'est de-là, luy dis-je, l'ayant fait retourner, que vous devez regarder le Chasteau des Thuilleries; & quand vous l'aurez bien consideré, vous me direz si vous avez rien veû de plus grand, & de plus magnifique.

Alors Pymandre s'estant arresté, & aprés avoir demeuré quelque temps sans rien dire:

Où estes-vous, s'écria-t-il, Catherine de Medicis? Où estes-vous son célébre Architecte, qui pensiez avoir fait des Ouvrages d'vne grandeur, & d'vne beauté si extraordinaire, que ceux qui viendroient aprés vous se contenteroient de les admirer, sans jamais y toucher, ny oser entreprendre d'y faire le moindre changement?

Vous voyez bien, luy repartis-je, qu'ils n'auroient pas sujet de se plaindre, puisque bien loin de changer ce qu'ils ont fait, on y a seulement ajoûté des beautez & des ornemens, qui font voir l'estime qu'on en fait, & luy donnent vn nouvel éclat.

Je voy bien, repliqua Pymandre, que les Colonnes qui font le premier ordre du Dôme du milieu, & celles des Galleries, sont les mesmes que j'y ay veuës autrefois; & je m'estonne de ce qu'on ne les a pas ostées, pour en mettre qui fussent pareilles à ces autres Colonnes canelées, qui me semblent beaucoup plus agréables. Car quelque habile que fust l'Architecte qui les a fait faire, je pense néantmoins que son goust n'estoit pas des plus exquis, & qu'il ne possedoit pas vne assez parfaite connoissance de cette beauté, qu'on voit dans les Ouvrages d'Italie.

Sans doute, repartis-je, vous trouvez à redire de ce que les grosses Colonnes du Portail, & celles des Galleries sont ornées de bandes.

C'est en effet, répondit Pymandre, que cét ornement ne me paroist pas ordinaire, & je n'en ay point veû de semblable dans les bastimens anciens.

Ne reconnoissez vous pas, luy dis-je, que ces Colonnes ont esté faites ainsi, parce qu'estant les premières, & ayant à porter vn plus grand fardeau, elles doivent estre plus fortes.

Mais on pouvoit, répondit Pymandre, leur donner plus de force, sans leur donner cette figure, qui me paroist bizarre.

Si les Anciens, continuay-je, ont trouvé les ordres de l'Architecture par la lumière de la raison, qui ensuite les a conduits dans la parfaite connoissance de cét Art, & qui leur a enseigné à se servir d'ornemens convenables à chaque chose : Ne demeurerez vous pas d'accord, que tout ce qui est fait par le secours de cette mesme raison, doit estre bien ; & que ne nous estant pas moins favorable aujourd'huy, qu'elle l'a esté à nos prédecesseurs, nous ne pouvons faillir, quand, à

ET LES OUVRAGES DES PEINTRES. 53
leur imitation, nous la prendrons pour nostre guide?

C'est, me repartit aussi-tost Pymandre, vne chose dont personne ne peut douter.

Si cela est ainsi, repris-je, & qu'on vous fasse voir que le premier Architecte de ce Palais n'a rien fait sans la consulter; vous avoüerez donc qu'il n'y a point de deffaut dans ses Ouvrages, & que quand il auroit changé, ou adjousté quelque chose à la maniere des Anciens, il n'est tombé pour cela dans aucune faute. Les Grecs, à qui l'on attribuë l'invention de la belle Architecture, ne l'ont pas mise tout d'vn coup dans l'estat de perfection. D'vn ordre grossier ils ont passé à vn ordre plus poli. Ils ont trouvé l'ordre Dorique; ensuite ils ont inventé l'Ionique, pour des Ouvrages plus délicats; & pour ceux où ils ont voulu encore plus de beauté, ils ont formé le Corinthien. Les Romains mesme ne se contentans pas d'imiter les Grecs, de tous leurs ordres en ont composé vn, pour adjouster encore plus de richesse & de magnificence à leurs Edifices.

Je ne m'arreste pas à vous rapporter les diverses raisons, que les vns & les autres ont euës dans l'institution de ces ordres differens;

G iij

des mesures qu'ils leur ont données, ny des rapports qui s'y rencontrent. Vous en avez entendu parler; & il me semble qu'assez souvent nous avons eû occasion d'en faire des remarques, pour connoistre qu'ils ne faisoient rien au hazard. Mais ce que je veux dire maintenant est, que si ces Anciens ont eû la liberté de choisir, & d'accommoder les choses comme ils ont voulu, lors que la raison ne s'y opposoit point ; Pourquoy serions-nous aujourd'huy si esclaves de leurs sentimens, que de ne rien faire de nous-mesmes, si nous avons aussi bien qu'eux des lumiéres qui nous empeschent de faillir ; & que la raison, bien loin de condamner nos pensées, approuve nos nouvelles inventions ?

Or jugez, si vous plaist, si l'Architecte, qui a le premier basti ce Palais, a manqué en quelque chose, pour avoir fait ces Colonnes de la sorte que vous les voyez ? N'ayant point icy de marbre comme en Grece & en Italie, il a esté obligé de se servir de la pierre du Païs : Mais parce que plusieurs des Colonnes sont d'vne piéce, il ne s'en trouve pas d'assez grande, qui soit taillée sur son lit, sans quoy elle n'a pas assez de force, & est sujette à se fendre ; il a falu faire ces Colonnes de plu-

ET LES OUVRAGES DES PEINTRES.

sieurs morceaux ; & c'est dont il y a lieu de loüer l'industrie de l'Ouvrier : Car comme il est difficile d'empescher que les joints ne paroissent, ce qui rend vn Ouvrage pauvre & desagréable, il a crû avec raison qu'en garnissant les Colonnes avec ces sortes de bandes si artistement gravées, non seulement il en repareroit tous les deffauts, mais qu'il en rendroit encore l'invention plus riche. En effet, si vous voulez vous dépoüiller de toute préoccupation, vous verrez que cette composition de Colonnes si legeres & si aigaïées, est belle, & agréable ; & que les ornemens qu'on a taillez, tant sur le plein que sur les bandes, & qui sont faits avec soin & avec amour, leur donnent beaucoup de grace.

Si les premiers Architectes, au rapport de Vitruve, ont tiré de la nature des choses toutes les raisons des divers membres de l'Architecture, en supposant que les Colonnes representent les troncs des arbres, dont les premiers hommes soustenoient leurs maisons; que l'Architrave figure ces piéces de bois qui portent les solives; que les modillons sont comme les bouts des chevrons, & ainsi des autres choses qui ont rapport aux piéces de charpenterie, dont l'Architecte, en les imitant en quelque sorte, compose la beauté de ses ordres ; & mesme que la base des Colonnes, & le dessous de leurs Chapiteaux, où l'on voit des ornemens ronds, que ceux de l'art appellent astragales & tores, sont mis là pour representer les anneaux & les cercles de fer dont on fortifioit les extrémitez de ces troncs d'arbres, de crainte qu'ils ne vinssent à se fendre : Ne peut-on pas encore aujourd'huy en supposer d'autres dans le milieu des grosses Colonnes, pour leur donner plus de force, principalement quand cela se fait avec tant de jugement & de bienséance, qu'au lieu d'y causer de la difformité, on les embellit davantage, & on les rend plus magnifiques ?

Aussi, quoy que les Anciens ne se soient pas ordinairement servis de Colonnes tout-à-fait semblables à celles-cy, parce, comme je vous ay dit, qu'ils avoient le marbre, dont ils les faisoient d'vne seule piéce ; toutefois il s'en trouve en Italie qui en approchent, & qui sont si belles, & si excellentes, qu'elles pourroient servir d'excuse à Philbert de Lorme, s'il en avoit besoin, aussi bien que d'exemple à d'autres Architectes, pour en faire de pareilles. Car il y a plusieurs
Portes

ET LES OUVRAGES DES PEINTRES. 57
Portes dans Rome, où non seulement l'ordre Dorique est joint avec le rustique, mais encore l'ordre Ionique. Il ne faut que voir celles de la Vigne Farnese, qui sont de Michel-Ange: Et Jule Romain, qui a soigneusement imité tout ce qu'il y a de plus grand & de plus noble parmy les Bastimens antiques, en a aussi fait à Rome, & à Mantouë, où les Colonnes sont fortifiées de diverses bandes, qui tiennent au corps du Bastiment, pour mieux joindre le tout ensemble.

Il ne sert de rien de dire qu'ils ont pratiqué cette maniére en des Ouvrages, où il est necessaire que les choses soient fortes & solides, puisque, si l'on fait voir qu'ils ont joint les ordres les plus délicats avec le rustique, cela suffit pour mettre Philbert de Lorme à couvert du blâme qu'il pourroit recevoir, si en cela la nouveauté estoit blâmable. Ayant besoin de Colonnes puissantes dans le bas de ce Dôme, & dans ces Galleries, il remedia au deffaut de la pierre, par la forme qu'il leur a donnée; & mesme il satisfit par ce moyen en peu de temps à l'intention de la Reine qui le pressoit de travailler, & qui l'obligea de faire ces Colonnes beaucoup plus riches que n'estoient celles

H

qu'il avoit marquées dans son premier dessein.

Je vous prie donc de considérer, que nostre Architecte François n'estoit pas si peu entendu dans son Art, que quelques-vns ont voulu faire croire : Mais comme les François ont naturellement cette coûtume, de n'estimer pas assez les hommes sçavans qui naissent parmi eux, & d'estimer trop ce qui vient des Païs estrangers, plusieurs croyent qu'ils ne paroistroient pas habiles connoisseux, s'ils ne trouvoient à redire à ce que l'on fait icy : Et pour donner des marques qu'ils ont beaucoup de discernement, & de connoissance des bonnes choses, ils sacrifient volontiers l'honneur de leur Païs, pour priser davantage les Ouvrages de leurs voisins.

Cependant je voudrois que ces Critiques me fissent voir ailleurs vn Palais aussi accompli que celuy-cy. De la maniére que le Roy entreprend les grandes choses, & qu'il est servy par Celuy qui s'applique avec tant de succés à faire exécuter ses volontez, j'espere que bien-tost, non seulement nous guerirons ces personnes-là d'vn mal qui dure il y a trop long-temps parmy eux, mais que reconnoissant de bonne foy les avantages que nous

ET LES OUVRAGES DES PEINTRES 59
avons sur tous les autres peuples, ils ne seront plus si injustes à leur patrie, de croire que les François soient incapables de faire de grandes choses, & de se passer des autres nations dans toutes sortes d'Arts.

Ne diriez-vous pas que de Lorme, en bâtissant ce Palais, fut heureusement inspiré de le faire d'ordre Ionique, comme s'il eust prévû que le Roy y devoit loger, & qu'vn jour l'image du Soleil y estant representée de toutes parts, cette Maison seroit comme le Palais d'Apollon, à qui l'ordre Ionique estoit autrefois particuliérement dédié?

Ce fut, dit Pymandre, la Reine Catherine qui connut cela, puisqu'on dit qu'elle donna les desseins de cette Maison. Il est vray, repartis-je, que de Lorme a écrit luy-mesme qu'elle en fut le principal Architecte, soit qu'il vouluft alors la flater de cét honneur, soit peut-estre qu'il ait voulu l'écrire, pour empescher qu'on ne luy imputast les deffauts qu'on auroit pû remarquer dans la distribution des appartemens, & dans l'élevation de l'édifice : Car il dit qu'elle ne luy avoit donné que la conduite de ce qui regarde l'ordre & la beauté de l'Architecture, & la convenance des ornemens, ausquels on ne peut pas

H ij

trouver à redire. Aussi n'ignoroit-il rien de toutes les choses qu'vn veritable Architecte doit sçavoir. Et si nous considérons ce que Serlio a fait à Fontainebleau dans la Cour de l'Ovale, & au vieux Chasteau de Saint Germain en Laye, nous pourrons faire avoüer que les Italiens n'estoient pas plus sçavans que les François : Car c'estoit en ce temps-là que la belle Architecture commençoit à paroistre de nouveau ; & de Lorme a esté le premier des François qui luy a osté son habit Gottique, s'il faut ainsi dire, & qui nous l'a fait voir vestuë à la Grecque, & à la Romaine. Il avoit fait vne longue étude de cét Art ; il avoit veû en Italie ce qui reste de plus beau des anciens Edifices ; il en avoit observé toutes les proportions, & mesuré exactement les parties ; il possedoit vne parfaite connoissance de la Géometrie ; & le trait qu'il avoit donné pour l'Escalier qui estoit icy ; ce qu'il a basti a Villers-Cotrets, à Anet, & en plusieurs autres endroits, fait bien voir qu'il a égalé les plus habiles de son temps, qu'il a peut-estre mesme surpassé les Anciens, dans ce qui regarde la coupe des pierres, & dans l'art de bien faire les Voûtes.

Il paroist qu'il estoit sçavant dans l'Optique ;

ET LES OUVRAGES DES PEINTRES. 61
qu'il n'ignoroit pas de quelle maniére il faut donner les proportions aux divers membres d'Architecture : l'on voit mesme qu'il a observé de ne pas mettre ensemble dans vne mesme Corniche des modillons, & des denticules, bien qu'ils se trouvent en beaucoup d'anciens bastimens de Rome, où les Ouvriers commençoient à s'éloigner des régles des premiers Maistres, & de ce que Vitruve enseigne. Que s'il n'a pas eû cette grande délicatesse, & ce beau choix des parties qui perfectionne entierement vn ouvrage, il ne faut pas s'en étonner, sortant comme il faisoit d'vn siécle, où la maniére de bastir estoit si differente de la belle Architecture. Il y a mesme dans cét Art, comme dans la Peinture, ce qu'on appelle goust; & chaque Ouvrier a le sien. C'est vne disposition de l'esprit, qui, selon sa force, & la netteté de ses pensées, regarde les choses d'vne telle maniére, qu'il en voit toûjours le plus beau, & donne vn tour agréable à tout ce qu'il veut faire. Ainsi il arrivera que de deux hommes qui tailleront, si vous voulez, deux Colonnes, bien qu'ils travaillent sur vne mesme mesure, & sur vne mesme matiere; toutefois l'Ouvrage de l'vn aura beaucoup plus de grace que celuy

H iij

de l'autre : mais ce qu'vn excellent Architecte est indispensablement obligé de sçavoir, est l'effet que chaque chose doit faire selon le lieu où elle est posée, par les regles de l'Optique, & par les raisons naturelles ; comme de connoistre que les colonnes Isolées, & qui sont à l'air, doivent estre vn peu plus grosses & plus renflées que celles qui sont contre vne muraille, par ce que l'air qui les environne diminuë toûjours de leur grosseur ; qu'il faut avoir égard au poids qu'elles portent, à leur élevataion, à la distance d'où elles sont veuës, & faire toûjours que celles des extrémitez soient vn peu plus grosses que les autres, estans plus éloignées du point de l'œil, & diminuées par l'air qui les termine.

Ces differences ont esté la cause de tant de mesures diverses, que les Architectes modernes ont trouvées dans les ordres, & ce qui embarasse si souvent ceux qui ne travaillent que de pratique. Aussi l'on me disoit il y a quelque temps, qu'il y avoit vne personne qui s'étonnoit, de ce que parmy ces Colonnes Ioniques que vous voyez, il s'en rencontre vne plus belle que les autres, veû qu'aprés l'avoir mesurée, il n'avoit pas trouvé qu'elle eust les proportions qu'elle devoit avoir.

Si cette personne eust bien sçû les raisons de l'Art, il eust regardé d'abord quelles proportions elle avoit ; & de là il eust conclu que ces proportions estoient celles qui luy estoient necessaires, & qui luy estoient propres dans le lieu où elle estoit placée, puisqu'elle y paroissoit avec plus de beauté que les autres.

D'où vient, interrompit Pymandre, que cette Colonne est singuliére en beauté, puisqu'elle est parmy celles qui composent ce Bâtiment, qui vraysemblablement sont toutes d'vne mesme mesure ?

C'est, repartis-je, qu'il y a, comme je viens de vous dire, des Ouvriers qui travaillent avec plus d'art, & de lumiére les vns que les autres. L'Architecte, peut-estre, avoit donné vn dessein général des Colonnes qui devoient paroistre à la face de son Bastiment. Il se rencontra vn Ouvrier, qui ayant consideré l'endroit où l'on devoit placer la Colonne qu'il tailloit, connut l'effet qu'elle y devoit faire. Pour cela il luy donna vn peu plus ou moins de grosseur dans les parties qu'il jugea necessaires, & c'est ce qui la renduë plus gracieuse que les autres : Car comme dans la Peinture le mélange des couleurs s'y doit faire avec tant de discrétion, qu'vn peu plus de clair, ou vn peu plus d'obscur, fait differents effets; & que dans la Musique vn ton, ou vn demi ton plus haut ou plus bas cause vne dissonance capable de gaster tout vn concert ; de mesme dans l'Architecture, vn peu plus de grosseur à vne Colonne, plus de saillie à vne Corniche, plus de hauteur à vne Frise, engendre beaucoup de grace, ou apporte beaucoup de difformité. Mais il est vray que tous ceux qui sont employez à tailler la pierre ne sçavent pas ces regles ; & les Architectes ne prennent pas toûjours la peine d'avoir l'œil sur eux, & de regarder exactement ce qu'ils font.

Il faloit, dit Pymandre, que ce Tailleur de pierre en sçût plus que les autres. Il y a bien apparence, repliquay-je; & peut-estre que c'estoit quelque homme hors du commun, qui voulut laisser icy des preuves de sa science. Car on remarqua dés lors qu'il ne fist que cette seule piéce, & qu'aprés l'avoir finie, on ne le vit plus. Quelques-vns croyent pourtant qu'elle est de la main de Jean Gougeon, ce celebre Sculpteur, qui a fait la Fontaine de S. Innocent.

Ayant cessé de parler, nous demeurâmes encore quelque temps à considérer ce Palais, sans

ET LES OUVRAGES DES PEINTRES. 65
sans rien dire. Enfin Pymandre se tournant
tout d'vn coup vers moy, me dit: C'est trop
long-temps regarder ces belles choses, qui
ont cela de commun avec la lumiére, qu'enfin on en demeure ébloüi. Entrons, je vous
prie, dans ces allées couvertes, où, si vous le
voulez bien, nous acheverons la journée
d'vne maniére convenable à ce que nous
avons fait jusques à cette heure.

Ce ne sera pas, luy dis-je, en examinant
des Bastimens & des Figures; car l'on n'a pas
encore eû le temps d'embellir ces promenoirs
de toutes les Fontaines, & de toutes les Statuës qui les doivent rendre vn jour encore
plus beaux & plus charmans.

Si nous ne voyons pas, dit Pymandre, des
Edifices, ny des Figures de marbre, nous
pourrons, si vous voulez, y voir, au moins en
idée, des Tableaux qui ne laisseront pas de
nous remplir agréablement l'esprit. Et pour
cela vous n'avez qu'à continuer les remarques sur les ouvrages des Peintres anciens,
dont vous vous engageastes de rapporter la
suite, lors que vous eustes achevé ce qui regarde André del Sarte.

Il ne faut pas, continua-t-il, voyant que je
le regardois, que cela vous surprenne, puis-

I

que vous me l'avez promis, & qu'il y a long-temps que j'attens cette occasion pour nous en entretenir ensemble. Comme vous estes toûjours assez préparé sur cette matiére, je croy que nous ne pouvons prendre vne heure, ny vn lieu plus favorable pour cela.

Ayant témoigné à Pymandre que j'estois disposé à faire tout ce qu'il desiroit, nous cherchâmes vn endroit pour nous retirer à l'écart; & nous estans assis au bout d'vne allée, je repris ainsi le discours que j'avois quitté autrefois.

Encore que le sujet que vous venez de me proposer, soit assez capable de fournir à nostre conversation, toutefois ne croyez pas, s'il vous plaist, qu'ayant encore à vous parler d'vne infinité de Peintres qui ont vescu jusques à ce jour, & d'vne tres-grande quantité d'ouvrages qu'ils ont faits, j'aye la memoire assez heureuse, ny l'esprit assez present, pour vous les rapporter avec tout l'ordre que vous pourriez desirer. Quand mesme je me serois préparé pour cela, il me seroit assez difficile de vous satisfaire, puisque je dois remarquer plusieurs personnes qui ont vescu en mesme temps, & en differents lieux. Mais ce que je tâcheray de faire, ce sera de garder vne certaine conduite, où en vous nommant les Peintres de chaque Païs vous puissiez voir aussi dans quel temps ils ont vescu, sans estre trop exact à parler de tous, mais seulement des plus fameux.

Pendant qu'André del Sarte travailloit à Florence avec beaucoup de reputation, LE DOSSE, dont je vous ay déja dit quelque chose, estoit en crédit auprés d'Alfonse Duc de Ferrare. Il avoit vn frere nommé Baptiste ; & s'estans tous les deux adonnez à la Peinture dans le mesme temps que l'Arioste estoit en grande estime parmi les Poëtes, on peut dire qu'ils contribuérent tous à rendre le lieu de leur naissance encore plus considerable par l'excellence de leurs Ouvrages.

<small>LES DOSSES.</small>

Bien que ces deux Peintres entreprissent toutes sortes de travaux, la partie néanmoins dans laquelle ils excelloient estoit le Païsage ; & j'en ay veû de leur façon dans la Vigne Aldobrandine, d'vne maniére si belle, qu'ils approchoient fort de ceux du Titien.

Cependant ils ne s'arresterent pas à faire ce qu'ils sçavoient le mieux : Car lors que François Maria Duc d'Urbin fit bastir son Palais

I ij

LES DOSSES.

de l'*Imperiale*, ils furent employez avec plusieurs autres Peintres, à travailler dans les appartemens de cette Maison. Le Genga estoit celuy qui en conduisoit l'Architecture, & qui ordonnoit de tous les ornemens, dont on devoit l'embellir. Les Dosses ne furent pas pluftost arrivez à l'*Imperiale*, qu'ils commencerent à blasmer la plus grande partie des choses qu'on avoit déja faites, & ne manquerent point de promettre au Duc de faire des Ouvrages beaucoup plus excellens que tout ce qu'on voyoit. Le Genga, qui estoit habile & discret, ne dit rien à cela; & jugeant bien de ce qui arriveroit, il leur donna vn appartement particulier, où s'estans mis à peindre, ils employerent toute leur industrie, pour faire voir ce qu'ils sçavoient. Mais soit qu'ils eussent formé vn dessein beaucoup au dessus de leurs forces, & que leur ambition, & le desir de paroistre, leur eust fait entreprendre vn trop grand travail, soit que pour vne juste punition du mépris qu'ils avoient fait des autres, ils se fussent eux-mesmes aveuglez, il est certain que cét Ouvrage parut le moindre de ceux qu'ils avoient faits. Et le Duc d'Urbin en fut si mal satisfait, que les ayant renvoiez honteu-

ET LES OUVRAGES DES PEINTRES. 69
sement, il fit effacer ce qu'ils avoient peint, &commanda au Genga de faire des desseins pour d'autres Tableaux que l'on mit à la place. [marginal: LES DOSSES.]

Laisné des Dosses ne laissa pas de conserver les bonnes graces du Duc de Ferrare, qui luy donnoit vne pension considerable. Il demeura toûjours à Ferrare, où il mourut fort vieil. Et Baptiste, qui luy survescut, fit encore plusieurs Ouvrages depuis la mort de son frere. L'on ne voit pas en France beaucoup de leurs Tableaux. Il y en a vn néanmoins dans le Cabinet du Roy, representant la Nativité de Nostre Seigneur. Il a quatre pieds & demy de haut, sur sept pieds de large. J'en ay veû encore vn autre, presque de pareille grandeur, chez Monsieur le Président Ardier.

Il y avoit dans ce mesme temps vn BERNAZZANO de Milan, excellent Païsagiste, & qui faisoit fort bien les Animaux: Mais parce qu'il ne pouvoit desseigner de Figures, il s'estoit associé avec vn certain César da Sesto, qui travailloit d'vne maniére assez agréable. L'on dit que Bernazzano imitoit si bien des fruits, qu'ayant peint quelques Païsages à fraisque contre vne muraille, où [marginal: BERNAZZANO.]

I iij

il avoit aussi representé des fraises, les vnes meures, & les autres encore en fleur, il y eût des Paons, qui trompez par l'apparence de ces fruits, allerent si souvent les bequeter, qu'enfin ils rompirent la muraille.

Mais comme nous avons lieu de remarquer de plus grandes beautez dans les autres Ouvrages de ce temps-là, & qu'il y avoit des Peintres plus considerables, dont nous pouvons parler, je ne m'aresteray pas à ceux dont le nom à peine est venu jusques à nous.

Je ne vous diray donc rien d'vn JEAN MARTIN da Udine, ny de PELEGRIN DA SAN DANIELO, tous deux disciples de Jean Belin, & qui imiterent beaucoup sa maniére de peindre, ny de quelques autres qui ont esté leurs disciples. Mais je n'oublieray pas vn Peintre qui a travaillé avec reputation dans plusieurs lieux d'Italie, particuliérement à Venise, où mesme il prétendoit aller d'égal avec le fameux Titien. C'est Jean Antoine Regillo, dit LICINIO DE PORDENONE, à cause d'vn Bourg ainsi appellé, où il estoit né, & qui est dans le Frioul, à huit lieuës d'Udine. Quelques-vns disent qu'il estoit de la famille des Sacchi, encore qu'on l'appellast Licinio, & mesme quelquefois

Cuticello, n'ayant pris le nom de Regillo, PORDE-
que quand l'Empereur l'honora du titre de NONE.
Chevalier, renonçant à celuy de sa famille,
par la haine qu'il portoit à vn de ses freres,
qui avoit voulu l'assassiner d'vn coup d'ar-
quebuse, dont il fut blessé à la main.

Il commença à desseigner d'aprés les Tableaux que Pelegrin da San Danielo avoit
faits dans l'Eglise Cathedrale d'Udine ; mais
ensuite il alla à Venise, où il estudia sous
Giorgion, & y prit vne bonne maniére de
peindre. A quelque temps de là estant retourné en son Païs, il fit plusieurs Ouvrages
à fraisque & à huile. Il alla à Trevigi, où
il peignit la Tribune de la grande Eglise.

Ensuite le Cardinal Marino Grimani
l'ayant engagé à travailler à Ceneda, il y fit
dans le lieu où l'on plaide trois Tableaux à
fraisque, dans lesquels il representa trois ju-
gemens memorables. Le premier est celuy
de Daniel, lors qu'il sauva Suzane de la faus-
se accusation des deux vieillards.

Le second represente Trajan, qui donne
son fils à vne femme, qui tient entre ses bras
le corps mort de son enfant. Et il fit cela
sur ce que quelques-vns ont écrit, que lors
que cét Empereur faisoit la guerre aux Da-

ces, son fils ayant de son cheval malheureusement tué le fils vnique d'vne pauvre veuve, cette mere affligée vint se jetter aux pieds de Trajan, & luy demander justice. Que ce Prince mit pied à terre pour l'écouter, & fut si touché de ses larmes, que ne sçachant de quelle sorte reparer assez son malheur, aprés luy avoir accordé tout ce qu'elle demandoit, luy donna encore son propre fils, pour prendre la place de celuy qu'elle avoit perdu.

Dans le troisiéme Tableau, le Pordenone, en représentant le jugement de Salomon, fit voir les differentes actions, qui vraysemblablement parurent dans cette occasion.

Ce Peintre travailla long-temps en divers endroits du Frioul. Mais enfin Martin d'Anna, qui estoit vn riche Marchand natif de Flandre, & qui demeuroit à Venise, l'ayant mené chez luy, il peignit d'abord la Façade de sa Maison. Ce fut cét Ouvrage qui commença à donner à Pordenone vne grande reputation dans Venise; & Michel-Ange en ayant ouï parler comme d'vne chose extraordinaire, fut exprés le voir, & reconnut qu'en effet ce qu'on luy en avoit dit d'avantageux, n'estoit point vne exageration.

Le

Le Pordenone avoit vne maniére de pein-dre tres-agréable, de sorte que par la beauté de ses couleurs, il charma les yeux de beaucoup de personnes, qui devenus ses amis, & ses protecteurs, luy procurerent de l'employ dans les meilleures maisons de la ville. Je serois trop long, si je rapportois tous les Ouvrages qu'il fit à Venise. Les plus considerables furent douze Tableaux à fraisque, qu'il peignit dans le Cloistre de S. Estienne. C'estoit en ce temps-là que le Titien & luy, travailloient à l'envi l'vn de l'autre ; & mesme l'on dit que leur jalousie estoit telle, que le Pordenone, craignant quelque insulte de la part du Titien, se tenoit toûjours sur ses gardes ; & que pendant qu'il travailloit à S. Estienne, il avoit l'épée au costé, & vn rondache auprés de luy.

Ces deux sçavans Peintres firent deux Tableaux dans l'Eglise de Saint Jean *de Rialto*. Le Pordenone representa Sainte Catherine, Saint Sebastien, & Saint Roch; mais quoy que son travail fust jugé tres-excellent, il ne diminua rien de la haute estime que l'on eut pour celuy du Titien, qui peignit Saint Jean l'Aumônier. Le Senat ayant arresté que l'on acheveroit de peindre les sales du Palais de la Republique, le Pordenone eut en partage le Lambris du lieu qu'ils appellent *Scrutinio*.

Aprés avoir travaillé à Venise, il alla à Cremone, où il fit plusieurs Tableaux dans l'Eglise Cathedrale. Il passa ensuite à Mantouë, & y laissa des marques de son sçavoir. De là il se rendit à Gênes, où il peignit encore pour le Prince Doria. Ensuite estant allé à Plaisance, il y fit plusieurs Ouvrages. Mais enfin las de courir de Ville en Ville, il retourna à Venise, où entre autres choses il fit pour Hercules II. Duc de Ferrare, des desseins de tapisseries, dans lesquels il representa les Travaux d'Ulisse. Et comme il n'avoit pas dans Venise tout le temps necessaire à finir ses desseins, le Duc l'obligea d'aller à Ferrare, pour les achever: mais à peine y fut-il arrivé, qu'il y demeura malade, & mourut avant que d'avoir fini son Ouvrage. Quelques-vns ont crû qu'il avoit esté empoisonné par des personnes jalouses des graces que le Duc luy faisoit. Quoy qu'il en soit, estant mort âgé de cinquante-six ans, le Duc luy fit faire de somptueuses funerailles. La pluspart de ses Tableaux ne se voient qu'en Italie. Il y en a pourtant vn dans le Cabinet du

ET LES OUVRAGES DES PEINTRES. 75
Roy, repreſentant vn Saint Pierre à demy corps.

Il eut pour diſciple POMPONIO AMAL- TEO, qui eſtoit ſon gendre ; & pour imitateurs vn BERNARDINO LICINIO, & quelques autres qui ont peint dans le Frioul. <small>AMALTEO. BERNARDINO LICINIO.</small>

C'eſtoit preſque dans ce meſme temps que JEAN ANTOINE SOLIANI Florentin travailloit auſſi à Gênes pour le Prince Doria. Je ne diray rien de tout ce qu'il a fait à Gênes, à Piſe, & en d'autres endroits d'Italie. Il ſuffit de remarquer, qu'aprés avoir demeuré vingt-quatre ans avec Lorenzo di Credi, il fut employé à des Ouvrages conſiderables, & qu'il eut pour diſciple vn certain BENEDETTO, qui vint en France avec ANTOINE MIMI diſciple de Michel-Ange. <small>SOLIANI. BENEDETTO, MIMI.</small>

Comme il y avoit vne infinité de Peintres en Italie, pluſieurs d'entre eux paſſoient en France, en Allemagne, & en divers autres lieux. JEROSME DE TREVISI, aprés avoir long-temps travaillé en ſon Païs & à Veniſe, fut enfin conduit en Angleterre par quelques-vns de ſes amis, qui le preſenterent au Roy. Ce fut là qu'il fit pluſieurs Tableaux; qu'il s'appliqua à l'Architecture civile & militaire ; & qu'aprés avoir baſti quelques mai- <small>TREVISE HENRY VIII.</small>

K ij

76 ENTRETIENS SUR LES VIES

TREVISI. sons en Angleterre, il fut employé comme Ingenieur dans l'armée du Roy. Il n'exerça pas long-temps cette Charge, car les Anglois ayant assiégé Boulogne en Picardie, il y fut tué d'vn coup de Canon, l'an 1544. en la 36. année de son âge.

Mais sans nous arrester davantage à des Peintres, qui bien que recommandables, se trouvent neantmoins comme obscurcis par de plus grandes lumiéres, il vaut mieux que je vous parle à present de deux hommes qui ont paru dans Rome, avec d'autant plus d'éclat, qu'ils s'y sont élevez d'vne maniére toute surprenante. C'est de POLIDORE de Caravaggio en Lombardie, & de MATHURIN natif de Florence. L'on peut dire du premier, que les longues estudes n'ont point eû de part dans les belles choses qu'il a faites: & que la Nature seule a montré, combien, quand elle veut, elle est capable de faire des miracles en vn moment. Polidore vint à Rome, pendant que le Pape Léon X. faisoit travailler au Vatican, & lors que Raphaël avoit l'intendance de ses Bastimens. Il n'estoit alors qu'vn simple Manœuvre, qui portoit le mortier aux Massons, & qui les servit dans ce penible mestier jusques

POLIDORE & MATHURIN.

ET LES OUVRAGES DES PEINTRES. 77
à l'âge de dix-huit ans. Mais s'eſtant rencontré que Jean da Udiné peignoit alors à fraiſque ; Polidore à qui la nature avoit donné toutes les diſpoſitions neceſſaires pour la Peinture, commença à conſiderer attentivement ſes Ouvrages, parce qu'il le connoiſſoit particuliérement ; & en meſme temps fit amitié avec tous les jeunes gens qui travailloient au Vatican, afin d'avoir occaſion de les voir peindre, & d'apprendre d'eux les regles de l'Art. Entre ceux qu'il hantoit, il choiſit pour ſon camarade Mathurin, qui peignoit dans la Chapelle du Pape, & qui eſtoit en reputation de bien imiter les choſes antiques. Communiquant ſouvent avec luy, il devint ſi paſſionné pour la Peinture, & ſe mit à travailler avec vne ſi grande application, qu'en peu de mois il fit des choſes qui ſurprirent tout le monde ; particuliérement ceux, qui peu de temps auparavant l'avoient veû dans vn employ ſi bas, & ſi éloigné d'vn Art ſi noble & ſi relevé. Il travailla aux loges du Vatican ; mais en meſme temps ſe rendit ſi ſçavant, que ce grand Ouvrage eſtant fini, il remporta la gloire d'eſtre vn des plus forts & des plus beaux genies de tous ceux qui avoient contribué à l'achever.

Cette haute estime qu'on eut pour Polidore fit aussi que l'amitié que Mathurin avoit pour luy augmenta davantage ; & comme Polidore de son costé répondoit à l'affection de son camarade, ils resolurent de vivre doresnavant comme deux freres, sans jamais se separer. Pour cét effet, ayant mis ensemble tout ce qu'ils possedoient, & n'ayant plus qu'vne mesme volonté, ils entreprirent plusieurs Ouvrages. Et parce qu'alors il y avoit à Rome beaucoup de Peintres, qui avoient aquis de la reputation, & dont les Tableaux estoient recherchez pour la beauté du coloris, & qui avoient en effet des graces que les leur ne possedoient pas, ils penserent qu'ils devoient s'attacher entiérement à ce qui regarde la grandeur du dessein. Baltazar Peruzzi avoit déja peint de clair & d'obscur quelques Façades de maisons en plusieurs endroits de Rome ; de sorte que trouvant cette maniére de peindre en vsage, ils resolurent de l'imiter. Ils commencerent d'en faire l'épreuve proche Saint Sylvestre à Monte-Caval ; & ce premier essay qu'ils firent, conjointement avec Pelegrin de Modene, leur reüssit si bien, qu'il leur donna plus de hardiesse pour d'autres entreprises. Ayant donc enſuite achevé pluſieurs Ouvrages, POLIDORE & MA-THURIN. voyant l'eſtime qu'on en faiſoit, ils penſerent que pour ſe rendre encore plus conſiderables en cette ſorte de travail, dont l'excellence conſiſtoit dans la force du deſſein, & dans la belle expreſſion des ſujets, ils devoient faire vne eſtude tres-exacte de toute l'antiquité. Ils recherchérent ce qu'il y avoit dans Rome de plus beau & de plus ancien, ſoit dans les bas reliefs, ſoit dans les ſtatuës, ſoit dans les médalles, à quoy ils s'appliquerent ſi fort, qu'il n'y avoit ny colonne, ny ſtatuë, ny meſme pas vn vaſe antique qu'ils ne deſſeignaſſent avec vn ſoin tout particulier. Auſſi c'eſt dans leurs Ouvrages qu'on peut remarquer quantité d'armes, de veſtemens, & d'autres choſes qu'ils ont tirées des monumens les plus anciens, & qui meſme rendent ce qu'ils ont fait conſidérable, par la belle repreſentation de beaucoup d'ornemens & d'habits, dont nous ſçavons les noms, mais dont l'on auroit peine à connoiſtre la forme & l'vſage, s'ils n'en avoient laiſſé des marques dans ces belles Friſes qu'il ont peintes.

Leur eſtude n'eſtoit pas ſeulement de remettre au jour des choſes qui eſtoient à demi enſevelies dans les ruines des anciens Edifices ;

POLIDORE & MATHURIN. ils se formoient tellement l'esprit sur l'idée de ces belles statuës & de ces bas reliefs antiques, qu'on voit vne force, vne grandeur, & vne majesté si bien exprimée dans leurs figures, qu'il ne semble pas qu'ils ayent travaillé aprés les excellens Sculpteurs, qui ont autrefois taillé ces rares Ouvrages; mais on diroit plûtost qu'ils estoient de ce temps-là, & qu'vn mesme esprit les a également conduits dans toutes les choses que les vns & les autres ont mises au jour.

Bien que Mathurin ne fust pas si avantageusement pourvû des dons de la nature que Polidore ; estant néanmoins toûjours ensemble, ils se conformoient tellement l'vn à l'autre dans vne semblable maniére de peindre, qu'il semble que leurs Ouvrages sortent d'vne mesme main, y ayant si peu de différence dans leur travail, qu'on ne s'en apperçoit pas.

Vous vous souvenez bien de ces belles Frises que nous avons veuës autrefois dans Rome, & qui ne sont que les restes de tant d'autres Ouvrages qu'ils ont faits. Le ravissement des Sabines, l'histoire de Porcena, celle d'Ancus Martius, & tant d'autres, dont il y en a plusieurs de gravées, sont encore aujourd'huy d'excellens modelles pour ceux qui veulent estudier

estudier ce qu'il y a de plus particulier dans les choses antiques. Combien de beautez dans l'histoire de Niobé, où l'on voit non seulement vne curieuse recherche de Vases, & d'autres ornemens antiques, mais encore d'admirables expressions de tristesse & de douleur? Je vous ennüirois, si je voulois faire vn détail de ces belles choses, dont il est vray que j'ay l'esprit encore plus rempli, que de beaucoup d'autres que j'ay veuës à Rome, à cause de tant de grandes & nobles parties qu'on y voit, qui plaisent à l'imagination, & qui ne s'effacent que difficilement de la memoire, lors qu'vne fois elles y ont fait impression.

POLIDORE & MATHURIN.

Comme il n'y a rien, interrompit Pymandre, qui nous donne vne plus belle idée du merite des grands hommes, & qui nous entretienne plus agréablement, que la lecture de leurs histoires; il n'y a rien aussi qui nous represente si bien les siécles passez, & qui nous mette mieux devant les yeux les grandes actions qui s'y sont faites, que ces excellentes Peintures, & ces restes de l'Antiquité.

C'est pour cela, luy repartis-je, que je prens vn plaisir singulier, à repasser dans mon esprit les Triomphes que ces deux sçavans

Peintres ont reprefentez, parce qu'en effet il y a des beautez de l'art qui font incomparables, & de certaines chofes qui ne fe voient point ailleurs : Mais, outre cela, je fens que ces images me donnent vne haute idée de la grandeur de l'Empire Romain, parce qu'elles forment dans l'imagination d'autres figures encore plus veritables, & qui me reprefentent ce que j'aurois veû, fi j'avois vefcu du temps de Paul Emile, ou de Camille. Je me figure ces deux grands Capitaines, avec le mefme air de vifage qu'ils avoient au milieu de cette grande foule de gens qui les accompagnoit ; & j'y vois ces anciens & genéreux Romains, dont le courage fubjuguoit tous les autres Peuples. Si vous avez quelque fouvenir de ces Peintures dont je parle, il me femble que vous pouvez vous en divertir encore prefentement.

Je ne l'ay pas fi bien confervé que vous, me repliqua Pymandre, mais neantmoins pour peu que vous m'aidiez, je pourray me les remettre comme devant les yeux ; & j'ay vne fi grande eftime pour tout ce qui fe faifoit autrefois dans Rome, que je n'ay pas moins de joye que vous lors que j'y penfe.

Allons y donc en efprit, luy repartis-je, pour y revoir ces belles Frifes de Poli-

ET LES OUVRAGES DES PEINTRES. 83

dore; mais en confiderant ces Triomphes qu'il a fi bien peints, faifons encore quelque chofe de plus. Rappelons les fiécles paffez, & figurons-nous de voir ces vaillans Hommes, qui aprés avoir vaincu leurs ennemis, entrent dans la Ville, précedez & fuivis de tout ce grand cortege, qui faifoit la magnificence de leur Triomphe.

Il me fouvient qu'vn jour, eftant avec deux de mes amis, au logis du Cavalier del Pozzo, dont vous avez connu la perfonne & le merite, entre vne infinité de rares deffeins qu'il nous fit voir, & dont il avoit fait vne recherche toute particuliére, il nous en montra plufieurs de Polidore & de Mathurin faits à la plume, & lavez avec vne netteté admirable. Il y avoit des vafes, des trophées, & particuliérement tout ce qui regarde les Triomphes. Et comme les perfonnes avec qui j'eftois, prenoient vn tres-grand plaifir à examiner toutes ces chofes, pour y confiderer ce que les Hiftoriens en ont efcrit, & aufquelles ils ont donné des noms fi differens, que cela ne fert bien fouvent qu'à embarraffer l'efprit, & confondre les idées qu'on en peut avoir: le Cavalier del Pozzo, qui en avoit fait vne eftude particuliére, en conferant ce que

POLIDO-
RE & MA-
THURIN.

L ij

les Auteurs en ont dit, avec les medailles & les bas reliefs, nous donnoit là-dessus tous les éclaircissemens que nous pouvions souhaiter. Car sur les figures mesmes il nous rapportoit les differens noms que les anciens donnoient, soit à leurs vases, soit à leurs armes, soit à leurs vestemens; mais ce qui fut de plus curieux, & de plus particulier dans cette rencontre, c'est qu'il nous montra dans vne longue suite des desseins faits & lavez par ces deux excellens Peintres dont je parle, l'ordre qui s'observoit anciennement dans les Triomphes. De sorte que depuis ce jour-là il m'en est demeuré vne image si vive dans l'esprit, qu'il me semble voir Rome dans sa splendeur, & mesme y voir entrer ces Conquerans dans l'estat pompeux & magnifique où ils paroissoient alors.

Comme je n'estois pas vn de ceux, dit Pymandre, qui vous accompagnerent dans cette visite, vous pouvez me faire part du plaisir que vous y receustes; & le recit que vous en ferez aujourd'huy, ne me sera pas moins agréable & avantageux que si j'y eusse esté alors.

D'abord, repris-je, il nous mit devant les yeux plusieurs desseins de Trophées antiques,

ET LES OUVRAGES DES PEINTRES. 85
où l'on voyoit des cottes d'armes, des caſ- POLIDO-
ques, & de ces grands boucliers à huit pans, THURIN.
tout cela deſſeigné d'vne maniére admirable.
Mais il nous fit remarquer en meſme temps
l'origine des Trophées, & comme quoy les
Grecs commencerent à s'en ſervir, pour honorer leurs Capitaines, lors qu'ils avoient mis
en fuite leurs ennemis. Car oſtant les branches du premier arbre qu'ils rencontroient
dans le lieu où la déroute eſtoit arrivée, &
ne laiſſant que le tronc, ils y attachoient les
boucliers, les caſques, les cuiraſſes, & les autres ſortes d'armes que l'ennemy avoit aban-
données en s'enfuiant, de meſme qu'Enée Æn. 12.
arbora les dépoüilles de Meſence à vn cheſ-
ne. Or ces armes ainſi appenduës, & qui
eſtoient vn témoignage de la honte du vaincu, & de la gloire du victorieux, demeuroient là l'eſpace de quelques jours, juſques à ce que les deux partis ſe fuſſent ac-
cordez : Car alors on oſtoit ce Trophée,
pour ne pas laiſſer plus long-temps cette
marque de la confuſion de ſon ennemy, qui
n'auroit fait qu'entretenir la guerre. C'eſt
pourquoy Plutarque blâme les Grecs, qui les
premiers changerent cét vſage, pour élever
des Trophées de marbre & de bronze, qui

L iij

demeurant toûjours en eſtat, ne ſervent qu'à nourrir vn deſir de vengeance, par le reſſouvenir des maux ſoufferts, & des injures qu'on a receuës.

Cependant les Romains, imitant ces derniers Grecs, en élevoient de ſemblables, comme on peut voir par les reſtes de ceux de Marius, que Sylla avoit fait abbatre, mais que Ceſar fit redreſſer.

Le Cavalier del Pozzo nous en ayant fait voir vn deſſein fort net, il nous montra enſuite des Triomphes, & nous fit obſerver, qu'il y en a eû de deux ſortes; le petit, & le grand Triomphe. Le premier s'appelloit Ovation; c'eſt dont ils honoroient ceux qui avoient remporté la victoire ſur des Eſclaves ou des Corſaires, ou bien ſur des ennemis lâches, qui ne s'eſtoient pas défendus. Le Genéral qui jouïſſoit de ce Triomphe, entroit à pied dans la Ville, la teſte couronnée de Myrthe, & ſeulement accompagné du Senat, qui marchoit aprés. Ce que l'on nous fit bien remarquer, parce qu'il y en a qui ont écrit, qu'il entroit à cheval, ſuivi de ſon armée, qui l'accompagnoit juſques au Capitole, où l'on immoloit vne brebis, à la difference du grand Triomphe, où l'on ſacrifioit vn taureau.

ET LES OUVRAGES DES PEINTRES. 87

Il me semble, interompit Pymandre, que Pline rapporte, que Posthume Tuberte fut le premier qui receût dans Rome l'honneur du petit Triomphe, aprés avoir vaincu les Sabins : Que M. Marcellus receût le mesme honneur à son retour de Syracuse ; & qu'Auguste triompha deux fois de la mesme maniére. Mais laissant à part cette façon particuliére de triompher chez les Romains, voyons, je vous prie, ce que vous remarquastes touchant le Triomphe en general, & l'ordre qu'on y observoit. {.POLIDORE & MATHURIN. Liv. 15. c. 9.} {.Suet.}

Vous sçavez, repartis-je, que pour son origine elle est fort ancienne, si nous en croyons plusieurs Auteurs, puis qu'ils disent que ce fut Bacchus qui en fut l'inventeur, & que depuis il y eut plusieurs Princes qui le voulurent imiter, comme fit Alexandre, qui à son retour des Indes, ordonna à ses Soldats de se couvrir la teste de couronnes de lierre, ainsi que Bacchus avoit fait. Nous voyons aussi que l'vsage de triompher a esté pratiqué en Europe, en Asie, & en Afrique, puisqu'Adrusbal avoit triomphé quatre fois dans Carthage lors qu'il mourut. Mais comme il n'y a point eû de Nation si florissante, & qui ait estendu son Empire aussi loin que les Romains ; {.Plin. liv. 7. Diod. 5. Solin in Polib.} {.Just. l. 9.}

88 ENTRETIENS SUR LES VIES

{Polidore & Mathurin.} ils ont esté de tous les Peuples ceux qui ont le plus triomphé, & avec davantage de magnificence.

{Denis Dalicar, l. 2.} Le Fondateur de Rome fut le premier qui joüit de la gloire du Triomphe; car Romulus, aprés avoir vaincu Acron Roy des Ceniniens, rentra dans la Ville sur vn chariot tiré par quatre chevaux avec vne couronne de laurier sur la teste.

Il est vray que comme nous parlions de toutes ces choses, il y eut vne personne de la compagnie, qui soutint que Titus Tatius triompha le premier; & vn autre encore rapporta quelques autoritez, pour prouver que {Eutropius liv. 1.} ce fut le premier Tarquin, aprés avoir vaincu les Sabins. Mais soit que Romulus ait triomphé le premier, ou Tatius, ou Tarquin, il est certain que depuis ce dernier jusques à ce que les Romains eussent chassé leurs Roys, il n'y eut point de Triomphe dans Rome, & que Valerius Publicola Consul, fut le premier qui receut cét honneur de la Republique. On remarqua mesme que dans les commencemens ils n'accordoient le Triomphe qu'à ceux qui estoient déja dans les Charges de Dictateur, de Consul, ou de Préteur. Mais comme nostre intention estoit principalement

ET LES OUVRAGES DES PEINTRES. 89

ment de voir par ces desseins tirez la plufpart des bas reliefs antiques, de quelle manière les victorieux triomphoient : nous apprîmes que ceux qui entroient en Triomphe estoient assis sur vn chariot à deux rouës; ce que nous remarquâmes par plusieurs medailles, & comme on le peut voir encore dans l'arc de Tite, où le chariot de cét Empereur est tiré par quatre chevaux. POLIDORE & MA-THURIN.

Si nous voulons en croire Plutarque, Camille fut le premier qui triompha de la sorte, aprés avoir vaincu Vejus. Il y en eut aussi aprés luy, qui au lieu de chevaux se firent tirer par des Taureaux blancs; & d'autres qui se servirent d'Elephans, comme fit Pompée à son retour d'Afrique; & C. Cesar, qui monta de nuit au Capitole, à la lumiére des flambeaux, que portoient quarante Elephans. Aurelian triompha dans vn chariot tiré par deux Cerfs. In vit. Camil.
T. Liv. l. 5.
Suet.

La suite de ces Triomphes estoit quelquefois si grande, qu'on y employoit plusieurs journées, comme il arriva à ceux de T. Quintius Flaminius, de C. Cesar, & d'Auguste. Quelquefois aussi les enfans du Triomphant estoient avec luy dans son chariot, comme l'on vit ceux de Paul Emile.

M

Pline rapporte, que les premiers qui triompherent dans Rome avoient vn anneau de fer au doigt, & qu'à la mode des Toscans ils estoient couronnez d'vne couronne d'or, soûtenuë par vn esclave, qui estoit derriére eux. Ce que nous remarquâmes sur cela par les médailles & les bas reliefs, c'est qu'on represente toûjoûrs vne figure, ayant des ailes au dos, qui d'vne main tient vne couronne d'olivier, & de l'autre vne branche de laurier. Et l'opinion commune est que cette figure estoit faite exprés, & de Sculpture au derriére du chariot, pour representer la Victoire. Cependant vous pouvez voir dans le cabinet du Roy vn tableau de Jule Romain, où Vespasien & Tite estant peints triomphans dans vn mesme chariot, la figure qui est derriére eux, & qui les couronne, est representée au naturel, quoy qu'elle ait des ailes au dos. Ce que les Peintres & les Sculpteurs ont pû faire, pour donner plus de grace à leurs Ouvrages, & peut-estre mesme qu'anciennement cela se pratiquoit de la sorte, attachant au dos de leurs esclaves des ailes postiches.

Il me seroit malaisé de vous rapporter tout ce qui fut dit alors, pour marquer la suite de tant de Triomphes qui ont paru dans Rome, & dont la magnificence augmentoit, à mesure que la Republique se rendoit plus puissante. Ces ceremonies devinrent si considérables parmi eux, que les jours qu'on y employoit paroissoient plustost des festes solennelles, où l'on adoroit des Dieux, que de simples réjouïssances publiques destinées à recevoir des hommes.

Le Triomphe de Camille que Polidore a peint, n'a pas esté vn des plus considérables pour la magnificence. Mais cette Peinture est digne de remarque, pour les belles expressions qu'on y voit. Celuy de Papirius Cursor parut quelques années aprés avec plus d'éclat, à cause de la beauté des écus dorez, que les soldats Romains avoient remportez sur leurs ennemis.

L'on vit ensuite en divers temps ceux de Q. Fabius, & de Papirius Cursor, Consul, fils de cét autre Papirius Dictateur. Ce dernier fut le plus celebre, tant par les dépouïlles des ennemis, que par vn grand nombre de prisonniers, entre lesquels il y en avoit de tres-grande qualité. Il y eut aussi beaucoup de richesses, & de couronnes murales & civiles, qui furent distribuées aux soldats.

Je ne vous parleray pas des autres ; je vous diray seulement que celuy de T. Quintius Flaminius dura trois jours, & qu'on vit passer devant son chariot parmi les prisonniers Demetrius fils du Roy Philippes, & Armene fils de Nabite tyran de Lacedemone. Cornelius Nasica triompha aussi par aprés ; mais son triomphe ne fut pas vn des plus considérez. Celuy de M. Fulvius parut bien autrement ; car outre la grande quantité d'or & d'argent, qu'il rapportoit de l'Etolie, & de Cephalonie, il fit montre de deux cens quatre-vingts-cinq Statuës de bronze, de deux cens trente figures de marbre, & d'vne grande quantité d'armes, & de machines de guerre. Cn. Manlius Volsonius triompha aussi des Gaulois qui estoient dans l'Asie ; & ce fut luy qui répandit dans Rome les premiéres semences de tout le luxe, & de la dissolution qui s'y accrût bientost aprés, parce qu'il apporta d'Asie ces beaux lits garnis de bronze, ces grands tapis en broderie, ces tables de marqueterie, ces vases, où l'art surpassoit encore de beaucoup le prix de la matiére, quoy que tres-riches, & vne infinité d'autres choses précieuses, qu'on n'avoit point encore vûës à Rome, & qui n'é-

ET LES OUVRAGES DES PEINTRES. 93

toient en vſage que parmi les peuples les plus mols, & les plus effeminez. Il fut meſme le premier, qui, à l'exemple des peuples d'Orient, commença de ſe faire ſervir dans les feſtins par de jeunes filles, qui par le ſon de divers inſtrumens, & par des chanſons laſſives, divertiſſoient la compagnie. Tous ces Triomphes eſtoient d'agreables ſpectacles, mais pourtant ce n'eſtoit encore rien au prix de ceux qui ſuivirent.

Il me ſemble, interrompit Pymandre, que vous en parlez vn peu trop ſuccinctement. Eſt-ce que vous craignez de me faire part de ce que vous remarquiez de ſingulier dans ces agreables ſpectacles?

Je ne vous ay pas voulu particulariſer toutes ces choſes, répondis-je, croyant qu'il ſeroit trop ennüieux de s'y arreſter. Mais ſi vous le deſirez, je vous diray plus amplement ce qui ſe paſſa au Triomphe de Paul Emile, duquel je voulois vous parler, quand vous m'avez interrompu; & vous verrez comme alors la Republique Romaine eſtoit dans vne telle opulence, qu'encore que Paul Emile fuſt le plus modeſte de tous les hommes, & le moins deſireux d'honneurs & de richeſſes, neantmoins cette action parut vne des plus écla-

M iij

tantes, & des plus magnifiques qui se soit veuë.

Mais pour en faire vn recit qui vous puisse plaire, permettez-moy de me servir de ce que je remarqué alors parmy tous les desseins du Cavalier del Pozzo, & de tout ce que j'entendis dire à ceux avec qui j'estois, afin que faisant vn amas de toutes ces choses, je puisse vous en former vne image d'autant plus agréable, qu'elle sera fidellement tirée sur de bons originaux.

Imaginez-vous donc de voir, non pas vn dessein fait à la plume, ou vne de ces grandes Frises faites par vn des plus excellens Peintres, mais plustost la Ville de Rome mesme bastie comme elle estoit avant que ces superbes Edifices, dont nous avons tant de fois admiré les ruines, fussent abbatus, & à demy enterrez comme ils sont aujourd'huy. Representez-vous tout le peuple Romain paré de ses plus riches habits, s'assembler en foule dans les places où la ceremonie devoit passer. Figurez-vous les fenestres des Palais remplies de monde, les Temples ornez de festons, & fumans de parfums. Et afin que la multitude du peuple ne cause pas de confusion, imaginez-vous plusieurs Officiers, qui le baston

ET LES OUVRAGES DES PEINTRES. 95

doré à la main font ranger le peuple, & mettent l'ordre par tout. Mais difpofez-vous à regarder pendant trois jours entiers toutes les richeffes que le victorieux fait porter devant luy. Durant la premiére journée il ne paroiftra que des chariots chargez d'vne infinité de rares Statuës, & d'excellens Tableaux que l'on a conquis, & que l'on portera au Capitole. Le fecond jour vous verrez fur d'autres chariots les belles armes des Macedoniens difpofées d'vne maniére negligée, mais pourtant il y a de la beauté dans cette confufion. Enfuite trois cens hommes feront chargez de fept cens cinquante Vafes remplis de l'argent monnoyé, & qui pefent chacun trois talens. Il y en a qui porteront de riches coupes, & d'autres vaiffeaux tres-agréables & tres-précieux.

Le troifiéme jour, avant que le Soleil foit levé, les trompettes & les autres joüeurs d'inftrumens commenceront à cheminer vers le Capitole, faifant retentir l'air d'vn bruit, non pas femblable à celuy des fanfares douces & agréables qui marquent les actions de joye & de divertiffement, mais au bruit éclatant & terrible qui anime les Soldats au plus fort du combat, ou lors qu'on donne l'affaut à

Polidore & Mathurin.

quelque Place. Derriére eux marcheront six-vingts Bœufs blancs, ayant les cornes dorées, & d'où pendent des voiles de lin, & des guirlandes de fleurs. Ils seront conduits par de jeunes hommes bienfaits, & qui estant préposez pour les sacrifier, auront devant eux des tabliers faits à l'éguille. Plusieurs autres jeunes garçons, qui les doivent accompagner, porteront les haches d'or servans au sacrifice.

Ensuite vous allez voir passer ceux qui portent l'or monnoyé dans 77. grands vases, pesans trois talens chacun. Aprés cela cette grande coupe sacrée, que Paul Emile fit faire, d'or massif, enrichie de pierres précieuses, & du poids de dix talens, pour en faire vne offrande aux Dieux.

Imaginez-vous encore de voir ceux qui portent les vases d'or de Persée, d'Antigone, & de Seleucus, suivis du char de Persée, dans lequel sont ses armes & son diadême. Les Enfans de ce malheureux Prince vont aprés, accompagnez de leurs Gouverneurs, & de leurs Officiers.

Bien que la magnificence de ce Triomphe donnast en ce temps-là beaucoup de joye aux Spectateurs, la veuë neantmoins de ces Princes

ces infortunez, & d'vne infinité de jeunes enfans, compagnons de leur malheur, ne laiſſoit pas de faire naître dans le cœur des honneſtes gens des ſentimens de compaſſion.

Aprés eux doit ſuivre Perſée, veſtu de noir, couleur lugubre, & répondant à l'eſtat preſent de ſa mauvaiſe fortune; & derriére luy, vn grand nombre de ſes amis, qui pleurent leur eſclavage.

Vous allez voir paroiſtre quatre cens couronnes d'or, dont les Villes de Grece avoient honoré Paul Emile, à cauſe de ſes grandes vertus; & enſuite ce vaillant Capitaine, infiniment plus conſidérable par le ſeul merite de ſa perſonne, que par la richeſſe de ſes ornemens. Il eſt dans vn char d'vn ouvrage précieux. Son manteau eſt tiſſu d'or, & de pourpre; & de la main droite il tient vne branche de laurier. Les ſoldats qui le ſuivent portent auſſi chacun vne branche de laurier, & en marchant, chantent pluſieurs ſortes de chanſons.

Par ce que je viens de vous dire, vous pouvez juger de tous les autres Triomphes, qui n'eſtoient differens que par la diverſité des conqueſtes. Car l'ors qu'on avoit

Polidore & Mathurin.

subjugué des Provinces remplies de plus grandes richesses, & de quelques raretez particuliéres, le spectacle en estoit plus ou moins magnifique. Ainsi les Triomphes de Pompée eurent quelque chose d'extraordinaire, puisque aprés avoir vaincu Mytridate, il entra dans vn char tiré par quatre Elephans. On vit la Statuë de Pharnaces toute d'argent. On y vit des chariots d'argent ; & sur des tables d'or trente-trois couronnes de perles, avec vn nombre infini d'autres raretez d'vn prix inestimable.

Le Triomphe de Cesar ne parut pas moins grand, aprés qu'il eut vaincu les Gaulois. Il alla au Capitole, à la lumiére des flambeaux, qui estoient portez par quarante Elephans. Cependant, si nous en voulons croire Joseph, le Triomphe de Vespasien & de Tite surpassa encore tous ceux-là. Celuy d'Aurelian parut long-temps aprés. Il y avoit vingt Elephans qui marchoient les premiers, & deux cens animaux feroces amenez de Lybie, & de la Palestine, lesquels estoient apprivoisez. Il y avoit quatre Tigres, des Camelopards, & quantité d'autres bestes sauvages que l'on conduisoit avec vn ordre merveilleux. On y vit six cens Gladiateurs, & vne

ET LES OUVRAGES DES PEINTRES. 99

infinité d'Esclaves de toutes Nations. Aprés cela suivoient trois chariots, dont deux luy avoient esté donnez par Odenat, & par le Roy de Perse. Ils estoient d'or & d'argent, enrichis de pierres précieuses. Le troisiéme estoit le char que Zenobie avoit fait faire, à dessein de s'en servir pour aller à Rome, ce qui luy arriva en effet, mais Esclave, & non pas Triomphante, comme elle avoit pensé. Il y avoit vn autre char tiré par quatre Cerfs, qui estoit le char du Roy des Goths, & dans lequel Aurelian monta au Capitole, pour y sacrifier les Cerfs à Jupiter.

Parmi le grand nombre de prisonniers qui parurent à ce Triomphe, on vit des femmes vestuës en hommes, lesquelles avoient esté prises combatant genéreusement parmi les Goths. Tetricus leur Roy y estoit couvert d'vn manteau d'écarlate, & d'vne espece de haut de chausse à la mode de son Païs. Il estoit accompagné de son fils, qu'il avoit vn peu auparavant déclaré Empereur. Mais ce qui attiroit davantage les yeux de tout le monde, estoit la Reine Zenobie. Elle estoit richement vestuë, & chargée de chaînes d'or, qu'elle s'estoit fait elle-mesme.

POLIDORE & MATHURIN.

L'an 274.

N ij

[marginal: POLIDORE & MATHURIN.]

Ce Triomphe fut suivi les jours d'aprés de chasses, de comedies, de combats de gladiateurs, de combats sur l'eau, & d'autres jeus publics.

De tous les Empereurs qui triompherent dans Rome, Probus fut le dernier. Je ne me souviens pas à present des particularitez de son Triomphe, & je ne croy pas mesme qu'il soit necessaire de vous arrester davantage sur cette matiére, où je ne me suis déja que trop estendu. Mais comme je ne la croy pas inutile à ceux qui sont curieux de l'antiquité, & particuliérement lors qu'on veut voir avec plaisir les bas reliefs, & les peintures qui en representent quelques-vns, je n'ay pas fait difficulté de vous en parler, parce qu'en voyant quelques desseins de ces anciennes Cerémonies, cela vous les fera observer plus exactement : Car pour moy je vous avouë que je prens vn grand plaisir à voir dans ce qui se trouve de gravé, ou de peint, la longue suite de gens qui accompagnoit ces Empereurs. Jule Romain, qui a fait les desseins de cette belle Tapisserie du Roy, où l'on voit le Triomphe de Scipion, n'a pas manqué de representer ce qui se passoit dans ces occasions. Vous y pou-

ET LES OUVRAGES DES PEINTRES. 101
vez remarquer le mesme ordre, & les mes- POLIDORE & MATHU-
mes ajustemens dont je vous ay parlé. RIN.

Comme ces Triomphes, dit alors Pymandre, faisoient vne Feste publique, & tres-solennelle dans toute la Ville, vous pourriez bien dire encore ce que la Ville faisoit de son costé, pour témoigner sa joye, & sa reconnoissance à l'Empereur ; car cela estant assez considérable, je m'imagine que vous en avez fait des remarques.

Il est vray, luy dis-je, qu'il se faisoit des sacrifices, dont je ne vous ay rien dit, quoy que cette Cerémonie soit representée dans les bas reliefs, dans les medailles, & dans plusieurs excellens desseins que nous vismes. Outre cela, le Senat, & le Peuple contribuoient beaucoup à la grandeur du spectacle. Et puisque vous ne vous enn ü iez pas d'vn si long recit, je vous en representeray encore quelque chose, le plus brévement que je pourray.

Le jour du Triomphe arrivé, l'Empereur se rendoit hors de Rome, proche le Temple d'Isis. Toutes les Compagnies estant en bon ordre, le Triomphant faisoit vn Sacrifice, la teste couverte. Le Sacrifice achevé, l'ordre des Prestres commençoit à marcher, faisant porter devant eux les Images de leurs Divi-

N iij

nitez. Aprés cela suivoient les Tenses, ou Chariots à deux rouës, qui estoient d'argent, & sur lesquels estoient les Ancilles, ou petits boucliers, le Palladium, & les autres choses sacrées. Les Prestres Saliens marchoient les premiers devant les Tenses. C'estoient des personnes vénérables, & des principaux de la Ville. Leurs habits estoient de grands manteaux tombans jusques à terre, de soye bleuë, avec de petites raies blanches. Ils portoient chacun vne ancille au bras, comme s'ils eussent esté au combat. Trois ou quatre de ces Saliens se détachoient du rang des autres, & se mettant au milieu de tous, faisoient des sauts en dansant & en chantant certains vers rudes & mal faits, ausquels tout le reste de la troupe répondoit. Ces actions, qui devoient paroistre ridicules en des personnes si graves, n'avoient rien néanmoins de messéant en cette occasion ; au contraire, il estoit glorieux de bien sauter, & de bien danser. Les plus serieux se piquoient d'y paroistre dispos, & de belle humeur : Et Fabius, ce grand personnage, à l'âge de quatre-vingts ans, se vantoit de surpasser encore les plus jeunes de son Collége à bien danser, & à bien sauter.

ET LES OUVRAGES DES PEINTRES. 103

Il me seroit difficile de vous rapporter tous ceux qui suivoient les Saliens. Je me contenteray de dire, que tous les Temples de Rome ayant leurs Prestres, il y en avoit vne grande quantité, qui augmentoient l'assemblée, & qui marchoient en chantant d'vne maniére toute extraordinaire. Mais ce qui est de plus remarquable, c'est que chaque ordre de Prestre, & ceux qui conduisoient les chariots chargez de Tableaux & de Statuës, avoient leurs Basteleurs, leurs Musiciens, leurs *Pantomimi* ou Farceurs, qui les separoient les vns des autres, & en marquoient la difference. Parmy les vns on voyoit cette sorte de bouffons, qu'ils nommoient *Petreia* ou Mimes, qui representoient de vieilles femmes yvres. Il y avoit des ordres de Prestres des plus riches, qui pour rendre la pompe de leur College plus agréable, faisoient aller devant eux certains Bouffons, dont la teste paroissoit d'vne grosseur prodigieuse. Ils avoient des masques, dont les jouës estoient fort enflées, & les dents d'vne grandeur extraordinaire. Avec ces dents ils faisoient vn bruit estrange, & en ouvrant la bouche feignoient d'avaler plusieurs sortes de choses; ce qui servoit fort à divertir le peuple, & à faire fuir les enfans.

<small>POLIDORE & MATHURIN.</small>

<small>Les Italiens les nomment *Manduchi*.</small>

POLIDORE & MATHURIN.

Dans cette Pompe l'on voyoit encore des hommes vestus en femmes, mais qui avoient des testes postiches, & fort disproportionnées au reste du corps ; toutefois il sembloit que les paroles qu'ils prononçoient sortoient de leurs feintes bouches, tant elles estoient bien articulées. Ils alloient de costé & d'autre railler vn chacun, & dire quelques paroles piquantes, de mesme que l'on fait encore à Rome aux jours de Carnaval. Dans cette Pompe l'on voyoit vne troupe de Sonneurs de cornet & d'autres instrumens, lesquels ils nommoient Lydiens. Ils estoient vestus de soye & d'or, avec des couronnes sur la teste. Parmy ceux-cy il y en avoit d'autres qui chantoient, & dansoient tout ensemble ; & au milieu de tous vn Basteleur, qui faisoit mille tours de soupplesse. Il estoit vestu d'vne longue robbe, bordée d'vne bande en broderie d'or, qui traînoit jusqu'à terre.

Les Vestales mesmes se trouvoient à cette Cerémonie, accompagnées de femmes qui ne marchoient qu'en sautant, & en contrefaisant les foles.

Les Bacchantes, qui suivoient les Prestres de Bacchus, faisoient des actions encore plus estranges ; car elles avoient les cheveux épars,

les

ET LES OUVRAGES DES PEINTRES. 105
les épaules découvertes, & n'allant que par
bonds, & par saults, sembloient marcher
moins à terre qu'en l'air.

POLIDORE
& MA-
THURIN.

Enfin, c'estoit à qui feroit le plus d'actions extravagantes, & ridicules; toute cette feste ne consistant qu'en vne vraye mascarade, où le Peuple témoignoit sa joye, & contribuoit à la solennité du Triomphe.

Mais il est temps de finir ces remarques, où je me suis peut-estre vn peu beaucoup aresté, par le plaisir que je sens encore, en pensant aux agréables momens, que j'ay autrefois passez chez les curieux de ces belles choses, & particuliérement dans le cabinet de ce digne amateur des beaux Arts, le Cavalier del Pozzo.

Pour revenir donc à ces deux amis, Polydore & Mathurin, vous sçaurez qu'apres avoir demeuré assez long-temps ensemble, ils furent contraints de se separer, lors qu'en l'an 1527. l'armée de l'Empereur, commandée par le Duc de Bourbon, mit le siége devant Rome. Mathurin s'estant retiré d'vn costé, pour éviter les desordres de la guerre, fut attaqué de la peste, dont il mourut. Quant à Polydore, il prit le chemin de Naples, où il trouva si peu de personnes cu-

O

rieuses de la Peinture, qu'il pensa y mourir de faim. Il fut obligé de travailler pour des Peintres de la Ville, afin d'avoir seulement dequoy subsister. Neantmoins, aprés avoir demeuré chez eux quelque temps, & s'estre fait connoistre, il fit des Tableaux d'Eglise ; mais comme il n'y avoit pas dequoy l'employer, & qu'il voyoit que toute la Noblesse du Païs estoit alors portée à monter à cheval, & ne faisoit pas grand cas de la Peinture, il s'en alla en Sicile, où ayant esté mieux receû, il prit aussi plus de plaisir à travailler. Ce fut là qu'il fit plusieurs Ouvrages, qui en suite se sont répandus en divers endroits de l'Europe.

Comme il estoit sçavant dans l'Architecture, il fut employé à dresser des Arcs de Triomphe, lors que l'Empereur Charles-Quint passa à Messine, à son retour de Thunis.

Son dernier Tableau fut vn Christ qui porte sa Croix. Il y representa vne multitude de Figures si bien peintes, & dans vne disposition si admirable, qu'il sembloit alors que la nature eust fait en luy vn dernier effort, pour montrer ce qu'elle estoit capable de produire. Desirant retourner à Rome, & n'estant aresté que par les careſſes d'vne femme qu'il aimoit, il retira l'argent qu'il avoit à la banque, & ſe mit en eſtat de partir : Mais ſon valet voyant tout cét argent amaſſé, fut tenté de s'en ſaiſir ; & ne pouvant reſiſter à ſa tentation, ni exécuter luy ſeul le deſſein qu'il avoit formé de voler ſon Maiſtre, il chercha des gens auſſi méchans que luy, avec leſquels s'eſtant aſſocié, ils reſolurent enſemble de tuer Polydore, pendant qu'il dormiroit ; ce qu'ils effectuerent bien-toſt : Car dés la nuit ſuivante l'ayant ſurpris dans ſon lit, ils l'étranglerent avec vne ſerviette, & le percerent de coups de poignard. Aprés avoir commis cét horrible aſſaſſinat, ils porterent le corps de Polydore proche la porte de la femme qu'il aimoit, pour faire croire que les parens de cette femme, ou quelques autres de ſes rivaux l'avoient tué dans ſa maiſon. Cependant leur deſſein ne réüſſit pas de la ſorte qu'ils l'avoient projetté, & le crime de ce miſerable valet ne demeura pas caché long-temps. Ayant eſté pris par la Juſtice, il avoüa de quelle ſorte la choſe s'étoit paſſée, & reçût la punition deüë à vne action ſi énorme. Polydore fut regretté de toute la Ville, & enterré dans l'Egliſe Cathedrale de Messine, l'an mil cinq cens quarante-trois.

Entre les Peintres qui estoient dans Rome, lors que la Ville fut saccagée par l'armée de l'Empereur Charles-Quint, il s'en rencontra vn, dont vous avez assez ouï parler, & que l'on appelloit en France Maistre ROUX.

Me Roux.

Voulez-vous parler, dit Pymandre, de celuy qui a travaillé à Fontainebleau ?

C'est de luy-mesme, repartis-je. Il estoit natif de Florence, bien fait de corps, & agréable dans la conversation. Il sçavoit la Musique, estoit assez bon Philosophe; & ce qui est plus necessaire à vn Peintre, il estoit fecond dans l'invention, & desseignoit facilement. Dans sa jeunesse il étudia seulement aprés les Cartons de Michel-Ange, & ne voulut point d'autre maistre pour le conduire que son seul genie. Aussi avoit-il vne maniére toute particuliére, & qu'il n'avoit empruntée d'aucun autre. Il estoit, comme je viens de remarquer, abondant en inventions, & representoit aisément ses pensées. Mais aussi l'on peut dire de luy, qu'il y a plus d'imagination, & de feu dans ce qu'il a fait, que de vraysemblance, travaillant

beaucoup plus de caprice que de jugement. M.ʳ Roux.
La grande facilité qu'il avoit à deſſeigner
eſtoit cauſe qu'il n'eſtudioit pas aſſez l'antique
& le naturel. Auſſi toutes ſes Figures ſont,
pour vſer des termes de l'Art, maniérées, &
ne ſont pas naturelles. Il travailla beaucoup
à Rome du temps de Raphaël, & meſme il
a fait quelques Ouvrages dans l'Egliſe de la
Paix, qui ſont les moindres que l'on voye
de luy. Ayant eſté pris, lors que les troupes de l'Empereur entrerent dans la Ville,
il fut aſſez maltraité par les Allemans, qui
non contens de l'avoir mis tout nud, s'en
ſervirent encore, & luy firent porter les
meubles qu'ils enlevoient de differens lieux.
S'eſtant échapé d'eux, il ſe tetira à Pe-
rouſe, & y fut favorablement reçû d'vn
Peintre nommé Dominique de Paris. Il travailla enſuite en pluſieurs endroits d'Italie;
mais ayant deſſein de paſſer en France, où il
eſperoit trouver vne meilleure fortune qu'en
ſon Païs, ce qui eſt ordinaire à ceux de ſa Nation, qui ont toûjours eſté bien reçûs des
François, il eut vn démeſlé qui luy fit haſter
ſon voyage. De ſorte qu'eſtant allé à Veniſe,
& aprés y avoir deſſeigné pour l'Aretin, l'Hiſtoire de Mars, & de Venus, dont l'on voit

les Estampes, il vint ensuite en France, où il trouva plusieurs Peintres Florentins.

Il fit d'abord pour François I. quelques Tableaux, qui luy pleurent fort, & luy-mesme se rendit agréable à ce grand Prince. Car outre qu'il estoit, comme je vous ay dit, bien fait de corps, il avoit vn air noble, parloit bien, & conduisoit ses actions avec plus de grace & de jugement que ses Ouvrages. De sorte que le Roy luy donna vne pension considérable, avec la direction de tous les ouvrages de peintures, que l'on faisoit alors à Fontainebleau, où il avoit son logement. Il y fit beaucoup de choses qui ne se voient plus, parce qu'aprés sa mort le Primatice les fit abbatre, pour en mettre d'autres à la place. Cependant il en reste assez pour juger du merite de ce Peintre. Lors que l'Empereur Charles-Quint vint en France, en l'année 1540. le Roy, pour honorer son entrée, fit dresser quantité d'Arcs de Triomphe, & décorer les ruës de Paris par où il devoit passer. Roux & le Primatice en eurent toute la conduite, & s'en aquiterent dignement.

Le Roy, qui prenoit plaisir à recompenser les personnes de merite, particuliérement ceux qui estoient attachez à son service, luy donna

ET LES OUVRAGES DES PEINTRES. 111
vne Chanoinie de la Sainte Chapelle, & avec M.ʳ Roux.
cela il jouïssoit de ses pensions, & de tant
d'autres bienfaits, qu'il menoit vne vie tres-
douce.

Il avoit sous luy plusieurs personnes, dont
les vns travailloient aux ornemens de Stuc,
& les autres exécutoient en peinture tous
ses desseins. Les plus remarquables furent
vn Lorenzo Naldino Florentin, François
d'Orleans, Simon & Claude, qui estoient
de Paris, Laurent natif de Picardie. Mais les
plus sçavans de tous, estoient Dominique
del Barbieri Peintre, & excellent Stucateur,
lequel desseignoit fort bien, comme on peut
voir, par ce qu'il a gravé; Luca Penni, frere
de Jean Francesque surnommé *Il fattore*,
qui fut disciple de Raphaël, & dont je croy
vous avoir parlé; vn Flamand nommé Leonard, qui exécutoit en couleurs les desseins
de Roux, & quelques autres encore, dont
il se servit pendant que le Primatice alla à
Rome par l'ordre du Roy, pour faire mouler
le Laocoon, l'Apollon, & plusieurs autres
Statuës antiques, qu'on devoit jetter en
bronze.

Outre les grands Ouvrages que Roux à
faits à Fontainebleau, & dont je ne vous fe-

Mr Rous. ray point le détail, il fit plusieurs Tableaux particuliers, entre lesquels il y en eut vn representant vn Christ mort, qu'il peignit pour mettre à Equan, dans le Chasteau du Connestable de Montmorancy.

Il fit aussi pour le Roy plusieurs Ouvrages de Miniature, & outre cela quantité de desseins pour des Vases, des Bassins, & d'autres piéces d'Orfevrerie, ausquelles on travailloit alors.

Enfin, ce Peintre, qui estoit dans vne grande réputation, fort aimé du Roy, possedant beaucoup de bien, jouïssant d'vne santé vigoureuse, se priva luy-mesme de tous les avantages qui rendent aux hommes la vie si douce, & si agréable. La cause ne vous en paroistra pas considérable, mais la maniére vous en semblera horrible. Ayant esté volé d'vne somme assez notable, il crût que ce ne pouvoit estre autre qu'vn Florentin de ses plus intimes amis, nommé François Pellegrin, qui estoit souvent chez luy. Sur ce soupçon il fut arresté, & mis à la question : mais l'accusé qui fit voir son innocence, fut delivré incontinent aprés ; & pour se venger de celuy qui l'avoit traité si cruellement, publia contre luy vn libelle,

dont

ET LES OUVRAGES DES PEINTRES. 113
dont Mr Roux fut si touché, & d'autant M'Roux.
plus encore, qu'il sçavoit avoir donné vn juste sujet à son ami de le traiter de la sorte,
que desesperé de pouvoir jamais reparer le
mal qu'il luy avoit fait, ny oster de l'esprit
de tout le monde la mauvaise estime qu'on
pouvoit avoir conceuë de luy, il resolut de
s'empoisonner. Pour cét effet, ayant envoyé
à Paris prendre des drogues propres à composer vn venin fort subtil, sous prétexte de
faire quelque vernix, il exécuta son mauvais
dessein à Fontainebleau, où il mourut mise-
rablement l'an 1541. Mais ne nous arrestons
pas davantage à parler de la mort de ce
Peintre, puisqu'elle a deshonoré sa vie. Le
Roy fit achever ce qu'il avoit commencé
par le Primatice, qui estoit desja en grande
consideration. Nous parlerons de luy en son
lieu. Retournons en Italie, afin de n'interrompre la suite des temps que le moins qu'il
nous sera possible.

Il y avoit quantité de Peintres, dont je
ne vous diray rien. Leurs Ouvrages sont si
peu recherchez, qu'il ne nous serviroit de
guere d'en faire des remarques, n'ayant pas
dessein de parler d'vne infinité de gens presque inconnus, s'il n'y a quelque chose digne

P

114 ENTRETIENS SUR LES VIES
d'estre observé dans leur vie, ou dans leurs tableaux.

Laissons donc là vn BARTOLOMEO da Bagnacavallo Romain, qui a peint du temps de Raphael; vn FRANCIA BIGIO Florentin, concurrent d'André del Sarte; vn MORTO DA FELTRO, qui rechercha curieusement parmy les antiquitez d'Italie, tout ce qu'il y avoit de plus beau: Car bien qu'il ait eû vn talent particulier, pour ce qui regarde les ornemens & les grotesques, il me semble que nous ne devons pas nous y arrester, puisque nous avons des choses plus importantes à observer.

Je viens de vous dire, que quand l'armée de l'Empereur Charles V. saccagea la Ville de Rome, il s'y rencontra plusieurs Peintres, qui eurent part aux maux que les habitans souffrirent dans cette occasion. FRANÇOIS MAZZUOLI Parmesan fut vn de ceux là. Il n'estoit alors âgé que de 23. ans, & neantmoins ayant déja donné des marques de son excellent genie, il avoit esté introduit par vn de ses Oncles auprés du Pape Clement VII. pour faire plusieurs Tableaux.

Lorsque les Troupes de l'Empereur entrerent dans la Ville, & que les Soldats se jet-

[MAZZUOLI.]

ET LES OUVRAGES DES PEINTRES. 115
roient confusément dans les Palais, & dans MAZZUO-
les maisons particulieres pour y piller, ce LI.
Peintre, sans s'estonner du bruit & du desordre
qu'ils faisoient, demeura dans sa chambre,
où les Alemans le trouverent, qui à
l'exemple de cét ancien Peintre de Grece, Protoge-
travailloit avec toute la tranquillité possible ne.
à finir vn tableau ; de sorte qu'ils furent eux-
mesmes surpris. Ils regarderent son Ouvrage ;
& au lieu de le prendre prisonnier, le laisserent
achever, & mesme le protegerent, &
firent en sorte qu'il n'eut aucun mal. Il paya
seulement cette courtoisie avec quelques desseins
qu'ils luy firent faire, s'en estant rencontré
parmy eux qui avoient de l'estime
pour cét Art. Néantmoins comme l'on changea
la garnison, il fut pris par d'autres Soldats,
ausquels il fut obligé de donner le peu
d'argent qu'il avoit, pour se tirer de leurs
mains.

Son Oncle le voyant dans vn si fâcheux
estat, & considerant encore celuy où la
Ville estoit reduite, & le Pape mesme prisonnier
des Espagnols, le renvoya à Parme,
où il se disposa de faire graver par vn certain
Antonio da Trento plusieurs pieces en
taille de bois, de clair obscur. Il n'exécuta

P ij

MAZZUO- pas néantmoins alors son dessein, ayant esté
LI.   obligé de faire quelques Tableaux qu'on luy
         demanda.

　　　　 Lors que Charles V. fut à Bologne, où
         Clement VII. le couronna, François Maz-
En 1530. zuoli ne manqua pas de se trouver à cette
         Cerémonie ; & vn jour il observa si bien
         l'Empereur, pendant qu'il dînoit, qu'estant
         de retour chez luy, il en fit vn Portrait par-
         faitement ressemblant. Il accompagna la fi-
         gure de l'Empereur d'vne Renommée, qui
         luy mettoit vne Couronne de laurier sur la
         teste, & d'vn jeune enfant, en forme d'vn
         petit Hercule, qui luy presentoit vne Boule,
         comme s'il luy eust offert toute la terre à
         gouverner. Ce Tableau ne fut pas sitost fini,
         qu'il le fit voir au Pape, qui envoya son Da-
         taire, l'Evesque de Vasona, vers l'Empereur,
         pour luy presenter l'Ouvrage & le Peintre
         tout ensemble. Ce Prince le reçut fort-bien ;
         & voulant garder le Tableau, le Mazzuoli
         fut si mal conseillé, que de luy dire qu'il
         n'estoit pas achevé ; & ainsi l'ayant remporté,
         il perdit la recompense qu'il en eust receuë
         de l'Empereur. Ce Portrait tomba ensuite en-
         tre les mains du Cardinal Hypolite de Medi-
         cis, qui le donna au Cardinal de Mantouë.

Mazzuoli, aprés avoir travaillé en plusieurs lieux d'Italie, se retira en son Païs avec beaucoup d'honneur, mais peu de bien. Et comme il avoit autrefois leû quelque chose de Chimie, il voulut en faire des espreuves, & ensuite négligea si fort la Peinture, que ne s'occupant presque plus à autre chose qu'à des fourneaux, il y consomma le peu d'argent qu'il avoit, & passa ainsi le reste de ses jours, qui ne furent pas longs, car il mourut l'an 1540. âgé seulement de 36. ans.

Ce que je vous puis dire de ses ouvrages, c'est qu'il y paroist beaucoup de grace & de facilité : Et quoy que dans sa maniére de peindre, il ait toûjours suivi la maxime des Lombards, & qu'il se soit attaché à la partie du coloris plus qu'à toute autre, il n'a pas néantmoins negligé celle du dessein, ayant d'abord beaucoup consideré les Tableaux de Michel Ange, & particuliérement ceux de Raphael, dont il tâchoit d'imiter cette agréable expression, qui les rend si recommandables. Il se trouve peu de Tableaux de ce Peintre en France ; néantmoins vous en pouvez voir dans le cabinet du Roy : & comme il y a beaucoup d'estampes gravées d'aprés ses desseins, vous pouvez bien juger en les voyant qu'il a esté vn des plus gracieux Peintres de toute la Lombardie. Il eut vn cousin nommé JEROSME MAZZUOLI, qui imita beaucoup sa maniére. S'il ne donna pas vn air aussi agréable à ses Figures ; il ne laissa pas pourtant d'estre fort estimé, & de faire beaucoup d'Ouvrages.

Mais vn de ceux qui a peint dans ces temps-là avec plus de force, de dessein, & d'vne plus grande beauté de couleurs, fut JACQUES PALME, qu'on nomme d'ordinaire le Vieux Palme. Dés ces premiéres années il s'adonna à la Peinture ; & ayant fait connoissance avec le Titien, il reçût de luy des enseignemens, dont il ne tira pas vn petit avantage. D'abord il fit paroistre dans ses Ouvrages tout ce qu'il avoit reçû de la Nature, & ce qu'il avoit acquis par son travail. Comme il mourut à quarante-huit ans, & lors qu'il estoit dans vne haute reputation, l'on peut croire qu'il se fust perfectionné encore beaucoup davantage.

Un des plus beaux Tableaux que vous puissiez voir icy de la main de ce Peintre, est dans le Cabinet des Tableaux du Roy : c'est vne Vierge, avec plusieurs autres Figures, qui l'accompagnent, entre lesquelles il y a vn S.

ET LES OUVRAGES DES PEINTRES. 119
François fort bien peint. Ce Tableau estoit
autrefois au Cardinal Mazarin. Il y en a encore vn autre dans le mesme lieu, qui a esté à
M. Jabac, où est representé le corps de Nostre
Seigneur, que l'on porte au tombeau.

Le Vieux Palme.

Lors que M. du Houssay Ambassadeur à
Venise, & depuis Evesque de Tarbe, revint de son Ambassade, il apporta deux Tableaux de ce Peintre. Il y a en a aussi vn à
l'Hostel de Condé, representant la Vierge,
le petit Christ, & Saint Joseph, avec vn Païsage, lequel estoit autrefois dans le cabinet
de M. Lope.

Dans ce mesme temps vivoit encore LORENZO LOTTO, qui ayant imité d'abord la maniére de Jean Belin, s'arresta en
suite à celle de Georgion. Il travailla beaucoup à Venise, lors qu'vn nommé Rondinello, aussi disciple de Jean Belin, y estoit en
quelque sorte de consideration.

Lotto.

L'Italie estoit si fertile alors en sçavans Ouvriers, qu'il n'y avoit point de Ville qui n'en
eust de recommandables. Il sortit de Veronne vn nommé JOCONDE, qui fut si vniversel, & d'vn esprit si excellent, qu'il merite bien qu'on fasse mention de luy, encore
que ses Tableaux n'ayent pas rang parmy

F. Joconde.

ceux des plus grands Peintres. S'étant fait Religieux de l'Ordre de Saint Dominique, où il porta toûjours le nom de Frere Jean Joconde, il s'appliqua à l'eſtude de la Philoſophie, & de la Theologie, & ſur tout il apprit la Langue Greque, qu'il ſçût en perfection : ce qui alors eſtoit d'autant plus rare & plus eſtimable, que les belles Lettres ne commençoient qu'à renaiſtre en Italie. Lors qu'il fut à Rome, il y fit vne recherche tres-particuliere de toutes les antiquitez, non ſeulement pour ce qui regarde l'Architecture, & la Sculpture, mais auſſi pour les inſcriptions, dont il compoſa vn Livre, qu'il envoya à Laurent de Medicis. Il écrivit auſſi ſur les Commentaires de Ceſar certaines obſervations qui ſont imprimées, & fut le premier qui deſſeigna le Pont que cét Empereur fit faire ſur le Roſne, & dont la deſcription ſe voit dans ſes Commentaires.

Comme il eſtoit ſçavant Architecte, l'Empereur Maximilien le retint à ſa Cour ; & pendant le temps qu'il y demeura, il enſeigna les Langues Latines & Greques au ſçavant Scaliger. Budée reconnoiſt auſſi qu'il fut ſon Maiſtre dans l'Architecture ; qu'il luy expliqua les Livres de Vitruve, où il luy fit
remarquer

ET LES OUVRAGES DES PEINTRES. 121
remarquer plusieurs fautes, que sa grande F. IOCON-
connoissance dans le Latin, & dans le Grec, DE.
luy avoit fait découvrir. Que ce fut par son
moyen, qu'on trouva dans vne ancienne
Biblioteque de Paris la plus grande partie
des Epistres de Pline, qui furent depuis imprimées par Alde Manuce, estant alors au
service du Roy Louïs XII. Il bastit le Pont
Nostre-Dame, & celuy qu'on appelle le
Petit-pont, où l'on voit encore écrit sur vne
table de marbre ce distique, que Sanazar fit
à son honneur.

*Jocondus geminum imposuit tibi Sequana
pontem,*
Hunc tu jure potes dicere Pontificem.

Il fit outre cela quelques autres ouvrages
pour le Roy. S'estant rencontré à Rome,
lorsque Bramante mourut, on luy donna la
conduite de S. Pierre conjointement avec Raphael d'Urbin, & Julien da san Gallo, avec vn
ordre particulier, pour faire achever ce que
Bramante avoit commencé. Ceux de Venise se
servirent aussi de ses desseins, & de ses conseils
en plusieurs rencontres fort considerables. Je
ne puis vous dire quand il mourut, mais il
vescut long temps, & en reputation d'vn
tres-bon Religieux. Il eut pour amis Paul

Emile, Sanazar, Alde Manuce, Budée, & tous les sçavans hommes de ce temps-là, & pour son disciple Jules Cesar Scaliger.

<small>F. IOCON-DE.</small>

Verone est vne des plus agréables Villes d'Italie, & qui dans sa situation & dans ses coustumes ressemble beaucoup à Florence. Aussi dans le mesme temps qu'il paroissoit beaucoup d'excellens Peintres dans celle-cy, il s'en élevoit dans l'autre plusieurs, qui n'ont pas eû vne mediocre reputation; & l'on peut dire, que non seulement en Peinture, mais dans toutes sortes d'autres professions, il en est sorti des hommes tres-sçavans. Cependant, comme nous n'avons à present dessein que de parler des plus grands Peintres, je ne m'arresterai pas sur d'autres sujets. Vous sçaurez donc que dans ce temps-là il y avoit encore à Verone vn Peintre, appelé LIBERALE, qui imita la manière de Jacques Belin; JEAN FRANCESCO CARATO; FRANCESCO TORBIDO, dit le MORE, dont je vous ai déja parlé, qui suivit de fort prés la manière de Georgion; FRANCESCO MONSIGNORI, qui peignit beaucoup à Mantouë, & qui a fait quantité de Portraits fort estimez; & plusieurs autres Peintres, dont quelques-vns travaillerent parfaitement bien de Miniature.

<small>LIBERALE.</small>
<small>CARATO.</small>
<small>LE MORE.</small>
<small>MONSIGNORI.</small>

Lors que le Pape Leon X. alla à Florence, *En 1503.* il y avoit vn Peintre nommé GRANACCI, GRANACCI. qui fut employé aux décorations que l'on fit pour son entrée ; mais sur tout il estoit ingenieux à bien ordonner des sortes de Mascarades, qui estoient alors en vsage à Florence aux jours de Carnaval. Il en composa vne par l'ordre de Laurent de Medicis, qui fut le premier Inventeur de celles où l'on represente des actions heroïques & serieuses ; ce que ceux de Florence nommoient *Canti*. Le Triomphe de Paul Emile luy servit de sujet ; & bien qu'il fust encore fort jeune, neantmoins il y conduisit toutes choses avec tant d'esprit & de jugement, qu'il en receût beaucoup de loüange.

Alors Pymandre m'interrompant, Je m'imagine, dit-il, que cette Mascarade estoit plus agreable que celle dont vous me parliez il y a quelque temps, où l'on ne voioit que des morts, & des objets lugubres.

Il n'en faut pas douter, luy repartis-je ; car estant vne imitation de ce qui se pratiquoit autrefois dans les Triomphes, l'on n'y voyoit rien que de fort divertissant. Mais ce qu'il fit pendant que Leon X. demeura à Florence, surpassoit encore les autres choses qu'on

GRANAC-CI. avoit veuës de luy. Il fit vne repréſentation du Triomphe de Camille ; & Jacques Nardi, homme docte, & qui avoit part à la conduite de toutes ces magnificences, compoſa vne chanſon, qui commençoit :

Contemplà in quanta gloria ſei ſalita
Felice alma Fiorenza,
Poi che dal Ciel diſceſa. &c.

Ce Granacci travailla ſous Michel Ange à ſes cartons, & mourut l'an 1543.

L'Art de peindre eſt vn champ ouvert à toutes ſortes de perſonnes ; & bien qu'elles n'y remportent pas vn ſemblable honneur, ou vne pareille recompenſe, ceux neantmoins qui ont aſſez de courage pour entrer en lice, ne laiſſent pas d'éterniſer leur nom. Entre les Ouvriers qui ont tâché d'acquerir vn honneur qui duraſt long-temps, je n'en voy point qui ayent mieux réüſſy dans leur deſſein, que ceux qui jugeant bien n'avoir pas aſſez de force pour devancer tous les autres dans cette carriére, ſe ſont contentez de ſuivre les plus habiles, & de ſe mettre comme ſous leur protection, pour avoir part dans leurs avantures. J'appelle ainſi vne infinité d'excellens Graveurs, qui n'ayant pas reçû de la nature aſſez de talens pour produire, comme ils eussent bien voulu, de nobles idées, & de belles inventions, ont mieux aimé mettre au jour celles de ces grands hommes qu'ils voyoient plus favorisez du Ciel, parce qu'en travaillant à multiplier leurs Ouvrages dans le monde, ils se sont rendus en quelque sorte compagnons de leur gloire. Car c'est par vne infinité d'Estampes faites aprés les desseins de Raphaël, de Jules Romain, de Michel Ange, & de tous les plus sçavans Peintres, que quantité de Graveurs se sont faits connoître, & ont trouvé le moyen d'éterniser leur memoire, en mettant leur nom au bas des Ouvrages de ces excellens hommes.

Comme l'invention de la Graveure a suivi celle de la Peinture à huile, & a paru quelque temps aprés, peut-estre ne serez-vous pas fâché que je vous marque son commencement, & que je vous dise ceux qui ont les premiers contribué à cette découverte, & à qui on a l'obligation de tant de belles choses que nous possedons.

Il est certain, que comme les Grecs ont travaillé de Sculpture d'vne maniére qu'on peut presque dire inimitable, puisque jusques à present l'on n'a rien fait qui égale leurs Ouvrages; il est vray aussi que pour ce qui

GRAVEURS EN PIERRES.

Graveurs en Pierres. regarde la Graveure des Pierres, comme de ces belles Agathes, & de ces Cristaux dont vous avez peû voir vne assez grande quantité dans le Cabinet du Roy, je ne dis pas de ceux qui sont élevez en bosse, je parle de ces figures gravées dans la pierre, il est vray, dis-je, qu'il n'y a rien de si beau que ce qui reste de ces anciens Maistres. Cependant, comme la Sculpture & la Peinture se sont relevées dans l'Italie, aussi cét Art de graver sur les pierres a commencé d'y renaistre : Et si ces derniers n'ont pas réüssi aussi excellemment que les Anciens, toutefois ce ne leur est pas peu de gloire d'avoir remis au jour vn Art qui estoit comme perdu.

Plusieurs s'estoient donc adonnez à graver sur des Cornalines, sur des Agathes, & autres pierres précieuses, aussitost que l'on vit renaistre l'Art de peindre, & de tailler des figures de marbre ; mais on peut dire que ces ouvrages ne commencerent à se perfectionner que du temps du Pape Martin V.

Cependant, comme l'estime qu'on a pour les Ouvriers, leur donne aussi plus de courage pour bien faire, & pour se rendre habiles ; Laurent de Medicis & Pierre son fils, qui avoient vne curiosité particuliére pour

ET LES OUVRAGES DES PEINTRES. 127

les pierres gravées, & qui en faisoient vn grand amas, donnèrent occasion à plusieurs personnes de s'occuper dans cette sorte de travail, & d'en apprendre l'Art de quelques Estrangers, que Laurent de Medicis avoit fait venir chez luy. Graveurs en Pierres.

Un des premiers qui s'y adonna, fut vn jeune homme de Florence, appellé JEAN DELLE CORGNIUOLE, à cause qu'en effet il grava excellemment ces sortes de Pierres. Il eût ensuite pour concurrent DOMINIQUE DE CAMEI Milanois, qui grava sur vn Rubi balais le portrait du Duc Louïs, surnommé le More. Et sous Leon X. il y eût vn PIERRE MARIA da Pescia, & vn MICHELINO qui furent recommandables dans ces sortes d'ouvrages. Ce furent eux qui mirent davantage en lumiére cét Art si difficile, & si caché. Car dans cette sorte de graveure il semble qu'on n'y travaille que dans l'obscurité, & comme à tâtons, puisqu'il faut de moment en moment voir avec de la cire mole ce que l'on fait. Cependant ils surmontérent ces difficultez, & donnérent moyen aux autres de les suivre, & d'aller encore plus avant. JEAN da Castel Bolognese, VALERIO VINCENTINO, MATHEO DAL

128 ENTRETIENS SUR LES VIES

GRAVEURS EN PIERRES.

NASARO, & quelques autres commencérent à faire paroître des piéces tres-achevées. Je ne vous diray point tous les Portraits, & les autres Ouvrages encore plus délicats que Jean da Castel Bolognese fit pour Alphonse Duc de Ferrare, pour Clement VII. & pour l'Empereur Charles-Quint. Jugez seulement de son sçavoir, & de son industrie, en apprenant que dans de fort petites pierres il y gravoit, non pas vn seul portrait, ou quelque figure entiére, mais de grandes compositions d'Histoires, comme le raviffement des Sabines, qu'il fit pour le Cardinal Hypolite de Medicis, des Baccanales, des combats sur mer, la prise de la Goulette, la guerre de Thunis, & plusieurs autres grands sujets qu'il grava aprés les desseins de Michel Ange, de Perrin del Vague, & d'autres excellens hommes. Il mourut à Faence âgé de soixante ans, l'an 1555.

Pour Mathieu dal Nasaro il estoit natif de Verone. S'estant rendu fort excellent Graveur, il vint en France, où il presenta plusieurs de ses ouvrages à François I. qui les reçût agréablement, & le retint à son service. Il fit mesme quelques desseins pour des draps d'or & de soye, & pour des tapisseries

que

que le Roy faifoit faire en Flandre, où Sa Majefté l'envoya pour en prendre la conduite. Quelques mois aprés il retourna en fon Païs porter l'argent qu'il avoit amaffé icy. C'eftoit dans le temps que le Roy & l'Empereur fe faifoient vne forte guerre, & qu'il arriva malheureufement que François I. fut pris devant Pavie, & conduit en Efpagne. Lors que ce Prince fut de retour à Paris, il fit revenir Mathieu del Nafaro, & le fit Maiftre de la Monnoye. Comme il fe vit fi bien eftabli, il réfolut de s'eftablir en France; & pour cét effet il y prit femme, & y vefcut jufques vn peu aprés la mort de François I. qui arriva le dernier jour de Mars 1547.

Graveurs en Pierres.

En 1525.

Quant à Valerio Vincentino, il eft cetain que s'il euft efté auffi bon deffeignateur qu'il eftoit habile à graver nettement, il auroit égalé les anciens dont il imitoit autant qu'il fe peut la plus belle maniére. Il fit pour Clement VII. vne caffette de criftal de roche, où il grava toute l'hiftoire de la Paffion de Noftre Seigneur. Lors que ce Pape vint en France pour le mariage de fa niéce Catherine de Medicis avec le Duc d'Orleans, qui fut depuis Henry II. il en fit prefent au Roy,

130 ENTRETIENS SUR LES VIES

GRAVEURS EN PIERRES.

qui en eschange luy donna vne bague de tres-grand prix, & vne riche tapisserie de Flandre.

Outre cela, Vincentino representa pour le mesme Pape sur plusieurs vases de cristal diverses histoires, dont Sa Sainteté faisoit present aux Princes. Il grava les douze Empereurs, & fit tant de medailles, & d'autres sortes d'ouvrages, que c'est vne chose estonnante, de ce qu'vn seul homme en ait pû faire vne si grande quantité, veû la longueur & la difficulté de ce travail. Il vescut soixante-huit ans, & laissa vne fille heritiére d'vne infinité de desseins, & de recherches antiques, laquelle grava aussi parfaitement bien.

Il mourut l'an 1546.

MARMITA natif de Parme, aquit encore beaucoup de reputation dans ce genre de travail. Et depuis ceux-là, il en a paru d'autres, qui n'ont pas fait de moindres ouvrages. Car on a veû à Venise LUIGI ANICHINI de Ferrare, dont la délicatesse du travail a esté tout-à-fait admirable. Il fit vne medaille pour le Pape Paul III. où d'vn costé l'ayant representé d'vne maniére tout-à-fait animée, il grava dans le revers Alexandre le Grand, lors qu'il fut à Jerusalem, & qu'il se jetta aux pieds du Grand-Prestre. Ces

ET LES OUVRAGES DES PEINTRES. 131
figures estoient si admirables, que Michel Ange les considerant avec estonnement, dit que cét art estoit arrivé à sa derniére perfection, estant impossible qu'il pust aller plus avant.

Il fit encore vne medaille du Pape Jule III. pour l'année du Jubilé 1550. où dans le revers il representa les prisonniers qu'on avoit accoustumé de delivrer anciennement. Il fit aussi le Roy Henry II. dans vne medaille, qui est vne des plus belles qui soit sortie de ses mains.

Il y eût encore vn nommé JEAN ANTONIO DE ROSSY Milanois; vn BENEVENTO CELLINI, qui estoit Orfévre, & qui travailloit à Rome du temps de Clement VII. & dont l'on voit vn traité de l'art d'Orfévrerie; vn PIETRO PAOLO GALEOTTO Romain; vn PASTINO de Siene, & plusieurs autres dont je ne parleray pas, voulant passer à ceux qui ont gravé sur le cuivre, & ausquels nous sommes redevables des belles Estampes, que nous avons encore aujourd'huy, & qui sont la cause en partie de ce que je vous ay parlé des Graveurs en Pierres, qui en effet ont esté les premiers Inventeurs de ce que l'on nomme la Taille-douce.

GRAVEURS EN PIERRES.

GRAVEURS SUR CUIVRE ET SUR BOIS.

Car son origine vient de MASO FINIGVERRA Florentin, qui travailloit d'Orfévrerie en 1460. Il avoit de coustume de faire vne emprainte de terre de toutes les choses qu'il gravoit sur de l'argent, pour émailler. Et comme il jettoit dans ce moule de terre du souffre fondu, ces derniéres empraintes estant frotées d'huile & de noir de fumée, elles representoient la mesme chose que ce qui estoit gravé sur l'argent. Il trouva ensuite moyen d'avoir les mesmes figures sur du papier, en l'humectant, & passant vn rouleau bien vni pardessus l'emprainte : ce qui luy réüssit si bien, que non seulement ces figures paroissoient imprimées, mais mesme desseignées avec la plume. Comme en toutes choses il n'y a que les premiéres inventions qui soient difficiles, & ausquelles il est aisé d'ajouster, quand elles sont seulement à demy découvertes ; aussi Maso n'eût pas plûtost divulgué son secret, qu'vn autre Orfévre de la mesme Ville, nommé BACCIO BALDINI, non seulement trouva moyen de le bien imiter, mais fit encore paroistre quelque chose de mieux ; parce qu'il se servit des desseins de Sandro Boticelli pour faire ses graveures. Neantmoins tout ce qu'ils

ET LES OUVRAGES DES PEINTRES. 133

avoient fait jufques alors n'eſtoit pas encore aſſez conſidérable ; mais André Mantegne en ayant eû connoiſſance, commença à faire graver pluſieurs de ſes ouvrages, qui donnerent plus de vogue à cét art qu'il n'avoit eû juſques alors. Et comme cette nouvelle invention ſe répandit bien-toſt de tous coſtez, il y eût vn Peintre d'Anvers, nommé MARTIN, qui ſe mit auſſi à graver ſes propres ouvrages, & envoya pluſieurs eſtampes en Italie, qui eſtoient marquées d'vne M. & d'vn C. {GRAVEURS SUR CUIVRE ET SUR BOIS.}

Je ne m'arreſteray point à vous rapporter les diverſes piéces qui parurent de ſa façon. Je vous diray ſeulement qu'elles ſemblerent ſi bien gravées, qu'il y eût vn nommé GHERARDO de Florence, qui ſe mit à les contrefaire.

Depuis ce Martin, Albert Dure s'adonna auſſi à graver ; & comme il eſtoit meilleur deſſeignateur, & qu'il travailloit avec beaucoup plus de ſcience & de jugement, ſes eſtampes furent bien plus recherchées. En l'an 1503. il grava vne petite Vierge, où l'on connut auſſi-toſt de combien il ſurpaſſoit tous ceux qui avoient paru auparavant.

J'aurois de la peine à vous dire toutes les piéces que fit Albert. C'eſt aſſez que vous

R iij

Graveurs sur Cuivre et sur Bois. sçachiez, qu'aprés avoir desseigné trente-six piéces representans l'histoire de la Passion de Nostre Seigneur, & aprés les avoir gravées sur du bois, il s'accorda avec Marc-Antoine de Boulogne pour en faire le débit. Comme celui-cy les eût apportées à Venise, plusieurs les voulurent imiter. Il y eût entre-autres MARC-ANTOINE, surnommé Franci, à cause qu'il estoit élevé de François Francia de Boulogne, qui se mit à les contrefaire, & à les graver sur du cuivre, d'vne maniére aussi forte qu'Albert les avoit gravées en bois ; & il y reüssit si bien, que les ayant marquées de mesmes lettres que les originaux, tout le monde y fut trompé, & les achetoit pour estre d'Albert : De sorte que comme l'on en transporta quelques-vnes en Flandre, Albert Dure en fut si fâché, qu'il partit aussi-tost, & s'en alla à Venise, où il se plaignit à la Republique de ce que Marc-Antoine avoit contrefait ses ouvrages. Ce qu'il pût obtenir fut, que Marc-Antoine ne mettroit plus le nom d'Albert aux choses qu'il graveroit.

Aprés cela ils partirent tous deux de Venise. Marc-Antoine fut à Rome, où il s'adonna entiérement à desseigner ; & Albert estant retourné en Flandre, y trouva Lucas de Holande, qui s'eſtoit mis auſſi à graver. Bien qu'il ne fuſt pas ſi bon deſſeignateur qu'Albert, néanmoins il ſçavoit mieux manier le burin, & travailloit avec plus de délicateſſe. Ses premiers ouvrages parurent en 1509. & ce qu'il fit depuis, monte à vne ſi grande quantité de piéces, que je ne puis vous les dire. Je retourneray ſeulement à Marc-Antoine, qui eſtant à Rome, grava ſur du cuivre vn deſſein de Raphaël, où eſtoit repréſenté Lucrece. Cette piéce parut ſi belle, & d'vne maniére ſi agréable, que Raphaël l'ayant veuë, ſe reſolut de faire graver quelques autres deſſeins. Il commença vn Jugement de Pâris, dont l'excellence ſurprit auſſi-toſt tous ceux qui le virent; & enſuite il grava le Martyre des Innocens; vn Neptune, autour duquel on voit l'hiſtoire d'Enée, & pluſieurs autres piéces.

Raphaël avoit auprés de luy vn garçon nommé Baviére, qui ſervoit à broyer ſes couleurs. Il l'employa à imprimer les Eſtampes que Marc-Antoine gravoit; & ainſi il les occupoit tous deux à mettre au jour pluſieurs de ſes ouvrages. Dans les Eſtampes gravées d'aprés Raphaël il y avoit vne S. & vne R. pour ſignifier Raphaël Sanzio; & dans celles de Marc-

Antoine vne M. & vne S. Raphaël en envoya plusieurs à Albert Dure, qui les estima beaucoup, & qui en eschange luy fit present de toutes celles qu'il avoit gravées, & de son portrait, qu'il avoit peint luy-mesme.

Comme Marc-Antoine fut en reputation de bon Graveur, plusieurs jeunes gens se mirent sous luy, pour apprendre ce nouvel art. Ceux qui réüssirent le mieux, furent Marc de Ravennes, & Augustin Venitien. Le premier marqua ses planches du nom de Raphaël avec vne S. & vne R. & l'autre avec vn A. & vn V. Outre les estampes qu'ils firent d'aprés les desseins de Raphaël, ils en graverent encore d'autres d'aprés Jule Romain. Il s'en voit quelques-vnes marquées d'vne M. & d'vne R. à cause que le Graveur se nommoit Marc Ravignano.

Aprés la mort de Raphaël Baccio Bandinelle Sculpteur entretint chez luy Augustin, & luy fit graver plusieurs de ses desseins; Et Marc-Antoine grava pour Jule Romain, qui avoit eû ce respect pour Raphaël, de ne rien mettre au jour pendant la vie de son maistre, pour ne paroistre pas vouloir entrer en concurrence avec luy. Marc-Antoine grava donc d'aprés les desseins de Jule

vingt

ET LES OUVRAGES DES PEINTRES. 137
vingt planches; & Laretin fit vn Sonnet pour chacune de ses planches, aussi deshonneste que l'estoient les actions representées, qui auroient attiré sur Jule vn tres-rigoureux chastiment, s'il eust esté à Rome lors que le Pape Clement VII. en fut averti. L'on saisit tout ce qui s'en pût rencontrer, & Marc-Antoine ayant esté mis en prison, estoit en danger de perdre la vie, si le Cardinal de Medicis, & Baccio Bandinelli n'eussent employé tout leur credit pour le sauver.

GRAVEURS SUR CUIVRE ET SUR BOIS.

Quelque temps aprés Rome ayant esté prise, & pillée par les troupes de l'Empereur, comme je vous ay déja dit, Marc-Antoine perdit tout ce qu'il avoit, & aprés estre sorti de la Ville, il n'y retourna plus; & mesme on ne voit pas qu'il ait gravé beaucoup de choses depuis. Augustin Venitien & Marc de Ravenne s'associérent ensuite, pour travailler ensemble. Il y a eû plusieurs autres Graveurs qui les ont imitez, & qui se sont rendus considérables par quantité d'ouvrages qu'ils ont mis au jour. Vgho da Carpi, dont je vous ay déja parlé, se mit en réputation. Baltazar Peruzzi imita sa maniére de graver dans quelques planches qu'il mit en lumiére. Francesque Parmesan a aussi gravé plusieurs piéces, où l'on

S

GRAVEURS SUR CUIVRE ET SUR BOIS.

voit qu'il s'est servi du burin & de l'eau forte. La maniére de graver à l'eau forte que l'on trouva alors est vne invention tres-avantageuse, & d'vne grande vtilité; car quoy que les Estampes n'en soient pas si nettes que des planches qui sont gravées avec le burin, neantmoins il y a beaucoup plus d'art & d'esprit.

Je pourrois vous nommer aprés ceux-là vn Baptiste Peintre Venitien; vn Baptiste del Moro de Verone; Jerôme Cock Flamand; Baptiste de Venise; Baptiste Franc, & vne infinité d'autres, qui parurent presque en mesme temps. Car ce fut alors que Baviére, dont je vous ay parlé, fit graver plusieurs ouvrages d'aprés Mᵉ Roux, & d'aprés Perin del Vague, par Jean Jaques Caraglio de Bologne, qui tâchoit, autant qu'il pouvoit, d'imiter la maniére de Marc-Antoine. Il y eût aussi Jean Baptiste Mantuan, disciple de Jule Romain, dont les Estampes sont marquées par vn B, vn I, & vne M, Eneas Vicus de Parme, & vne infinité d'autres, dont l'on pourroit faire vn juste volume, si l'on vouloit s'arrester à la recherche de leurs noms & de leurs ouvrages.

Je vous dispense, me dit Pymandre, de ce travail; car aprés avoir veû le catalogue des

ET LES OUVRAGES DES PEINTRES. 139
Eſtampes de M. l'Abbé de Marolles, il faudroit avoir vne furieuſe memoire pour ſe ſouvenir de tous ceux qui ſe ſont meſlez de graver; & j'avoüe que le Recueïl general qu'il a fait de leurs Ouvrages, & de tout ce qui a jamais eſté gravé, meritoit bien d'entrer dans la Bibliotheque du Roy, où j'ay appris qu'il eſt depuis peu.

Puiſque vous avez veû ce catalogue, repartis-je, il n'eſt donc pas neceſſaire de vous parler davantage des Graveurs, ny de ce qu'ils ont fait. Je vous entretiendray de JULE ROMAIN, pendant qu'il m'en ſouvient, & je vous diray que de tous les diſciples de Raphaël, il n'y en a point eû qui l'ayent ſi bien imité, ſoit dans l'invention, ſoit dans le coloris, ny qui ayent approché de cette fierté, de ce correct, de ces beaux caprices, de cette abondance, & de cette varieté de penſées qu'on voit dans ſes ouvrages. Les beaux talens de Jule, ſon humeur douce & affable, ſa converſation plaiſante & gracieuſe, furent cauſe que Raphaël n'eût pas moins d'amitié pour luy que s'il euſt eſté ſon propre frere. C'eſt pourquoy il l'employa toûjours dans les plus importantes entrepriſes, comme l'on voit particuliérement

JULE ROMAIN.

S ij

JULE ROMAIN.

dans ces belles loges qu'il fit pour Leon X. Raphaël ayant fait tous les desseins de l'architecture, des ornemens de Stuc, & des peintures, laissa l'exécution de plusieurs tableaux à Jule, entr'autres ceux de la création d'Adam & d'Eve, & des Animaux; celuy où Noé est représenté lors qu'il fait bastir l'Arche, & celuy où il sacrifie; celuy encore où Moyse est retiré des eaux par la fille de Pharaon, & dont le païsage est si agreable, & quelques autres, où l'on voit assez la manière de Jule Romain.

Il travailla encore avec Raphaël dans la chambre de *Torre Borgia*, & fit la plus grande partie de ce qui est à Fraisque dans la loge de Ghisi. Il peignit aussi vn tableau à huile, representant Sainte Elisabeth, que Raphaël acheva pour François I. & fit presque entiérement la Sainte Marguerite, qui est encore à Fontainebleau, & que Raphaël envoya au Roy avec le portrait de la Vice-Reine de Naples, dont il ne fit que la teste, le reste estant de la main de Jule.

Raphaël estant mort, Jule Romain demeura le principal heritier de tous ses biens, avec Jean Francesque, surnommé *Il Fattore*, comme je vous ay déja dit, & furent choisis pour

ET LES OUVRAGES DES PEINTRES. 141

finir les ouvrages que Raphaël avoit com- JULE ROMAIN
mencez, dont ils s'aquittérent tres-dignement.

Enfuite de cela, le Cardinal Jule de Medicis, qui fut depuis Clement VII. ayant deffein de faire baftir vn Palais hors de Rome, choifit vn endroit proche de *Monte-Mario*, dont la fituation eft tres-avantageufe, à caufe des eaux, du couvert, & de la belle veuë, qui y font plus agréables qu'en aucun lieu des environs de Rome. Il en donna toute la conduite à Jule, qui baftit ce Palais, & l'orna de diverfes peintures. Vous pouvez vous en fouvenir ; car c'eft cette vigne, qu'on appelle la Vigne Madame, & que l'on nommoit autrefois la Vigne de Medicis. Ce Palais eftoit rempli de tres-belles Statuës antiques, entre lefquelles il y avoit vn Jupiter qui fut envoyé à François I. C'eft dans ce lieu, & au bout d'vne loge que Jule Romain, à l'imitation de cét ancien Peintre de Grece, a reprefenté vn Polipheme, qui paroift d'vne grandeur prodigieufe, eftant comparé aux Satyres, & aux petits enfans qui fe jouënt autour de luy. Le Pape Leon X. eftant mort L'an 1522. pendant que Jule travailloit à ces ouvrages, ils furent interrompus : car Adrian VI. ayant efté créé Pape, le Cardinal de Medicis s'en

S iij

Jule Romain.

alla à Florence; & non seulement ce qu'il faisoit faire demeura sans estre achevé, mais encore tous les autres ouvrages publics qui estoient commencez à Rome. Jule & Jean Francesque avoient fini beaucoup de choses, que Raphaël en mourant avoit laissées imparfaites dans le Vatican, & se disposoient encore à travailler d'aprés les cartons qu'il avoit faits pour la grande sale du Palais du Pape, où il avoit déja commencé de peindre quatre tableaux de l'histoire de Constantin : Mais voyant qu'Adrian n'avoit aucun amour pour la Peinture, ny pour la Sculpture, ils abandonnérent tout.

Ce Pape, interrompit alors Pymandre, se trouva chargé d'autres soins, lors qu'il fut mis dans la Chaire de Saint Pierre. Vous sçavez quelle estoit son origine, & comme son grand sçavoir l'ayant rendu digne d'estre précepteur de Charles V. il fut ensuite promeû à la dignité de Cardinal, gouverna l'Espagne en l'absence de Charles, & enfin fut élevé à la plus haute de toutes les dignitez, lors qu'on y pensoit le moins, & qu'il y avoit peu d'apparence que dans le Conclave on éluft vne personne de de-là les Monts, & qui n'avoit point encore esté à Rome.

Il estoit natif d'Utrec en Holande.

ET LES OUVRAGES DES PEINTRES. 143

Il est vray aussi, repartis-je, que cette élection surprit tellement ceux de Rome, & leur déplût si fort, que tout le peuple crioit aprés les Cardinaux lorsqu'ils sortirent du Conclave, de ce qu'ils avoient nommé pour Pape vn Estranger. Et comme ils passoient de compagnie sur le Pont Saint Ange, & que la populace leur disoit mille injures, le Cardinal de Gonzague la remercia, de ce qu'elle ne les assommoit pas à coups de pierre, tant cette canaille estoit irritée de n'avoir pas vn Pape de leur Païs. Mais voulez-vous vne plus grande marque du peu de satisfaction qu'en avoient tous les Italiens ; il ne faut que lire ce qu'écrit Vasari dans la Vie d'Antonio da San Gallo, où il ne peut s'empescher de dire, que sous le Pontificat d'Adrian tous les Arts, & toutes les Vertus, c'est à dire les Sciences curieuses, estoient tellement abbatuës, que s'il eust vescu plus long-temps, il seroit arrivé dans Rome pendant son Pontificat, ce qui arriva autrefois, lors que les Goths ruinérent toutes les Statuës antiques, & mirent le feu dans la Ville, parce que le Pape avoit déja parlé de faire abbattre les Peintures de Michel Ange, qui sont dans la Chapelle du Vatican, disant que ce lieu ressembloit à vne estuve remplie de personnes nuës ; & n'ayant aucune estime pour les tableaux, ny pour les belles statuës, il ne les regardoit que comme des choses lascives, qu'il nommoit mesme des sujets abominables.

Je vous diray, repliqua Pymandre, qu'Adrian n'ayant pas esté élevé dans vne famille aussi éclatante, & qui eust autant d'amour pour les beaux Arts que celle des Medicis, & que s'estant toûjours appliqué à l'estude de la Philosophie & de la Théologie, & ensuite attaché à des emplois fort éloignez de ceux de la Cour de Rome, il ne faut pas s'étonner si les inclinations en estoient fort differentes. Outre cela estant arrivé d'Espagne, où il estoit quand il fut éleû Pape, d'abord il employa tous ses soins à s'aquitter de ses veritables obligations. Il y avoit alors tant d'occasions qui l'engageoient à travailler pour le bien de la Chrétienté, qu'il ne faut pas trouver étrange, s'il pensoit si peu à la décoration de son Palais, pendant que l'Eglise souffroit si cruellement dans tous ses membres. Les Princes Chrétiens estoient en guerre les vns contre les autres. Luther infectoit vne partie de l'Europe de sa nouvelle heréfie ; &
Soliman

ET LES OUVRAGES DES PEINTRES 145

Soliman qui venoit de prendre par force la ville de Bellegrade, assiégeoit Rhodes avec deux cens mille combatans. Vous sçavez qu'il n'y eût jamais de siége plus considérable. Les assiégeans & les assiégez y firent paroistre vne fermeté & vn courage que l'on a de la peine à s'imaginer : Et il est certain que la valeur & la patience des Chevaliers auroit surmonté la force & l'opiniâtreté de tout l'Empire Ottoman, si la jalousie d'vn particulier n'eust lâchement trahi ces genéreux défenseurs de la Foy : Car lors que les Turcs estoient lassez d'avoir si long-temps souffert devant vne Place, où ils recevoient sans cesse des pertes considérables, & que Soliman qui estoit venu en personne, pour obliger ses troupes à demeurer fermes, ne pouvoit plus retenir ses Soldats, il eut avis par vn Medecin Juif, qui estoit entré dans la Ville pour servir d'espion, & par des lettres mesmes du * Chancelier de l'Ordre, que la pluspart des Soldats Chrétiens estoient morts, & que la Place estoit en tres-mauvais estat; ce qui le fit demeurer encore, & obligea le Grand-Maistre, qui avoit pendant tout ce siége donné des marques d'vne valeur, & d'vne generosité sans exemple, de composer

JULE ROMAIN.

* André Amaral Portugais, Commandeur de Castille.

T

avec le Grand-Seigneur ; mais ce fut d'vne maniére si avantageuse, qu'il n'eût guere moins de gloire d'avoir esté vaincu, que s'il eust esté vainqueur. Avant que de traiter, il découvrit la trahison du Chancelier, qui fut puni comme il meritoit : Et ce qui est remarquable dans cette rencontre, est que le serviteur qu'il employa dans sa trahison estant Juif de religion, & ne s'estant fait baptiser que pour mieux couvrir son jeu, mourut bon Catholique ; & ce miserable Chevalier, qui avoit receû la grace du baptesme dés sa naissance, perdit la vie impenitent, & dans vn estat pire que celuy d'vn Turc.

{Iule Romain.}

La vertu du Grand-Maistre parut avec tant d'éclat dans cette funeste occasion, qu'elle se fit mesme admirer de ses plus grands ennemis ; & Soliman estant entré dans Rhodes, luy fit toutes sortes de carresses, & luy demanda son amitié.

{Il se nommoit Philippes de Villiers, François, & de l'ancienne maison de l'Isle-Adam.}

Estant sorti de l'Isle, il passa en Sicile, & de là à Rome, où il fut fort bien receû du Pape. Mais il est vray pourtant, qu'on accusoit Sa Sainteté de n'avoir pas fait tout ce qu'elle pouvoit pour secourir Rhodes, ayant preferé les interests de Charles V. à ceux de toute la Chrétienté, en luy donnant ce qu'il y avoit

ET LES OUVRAGES DES PEINTRES. 147

de forces dans l'Eſtat Eccleſiaſtique, pour al- JULE ROMAIN.
ler contre les François, au lieu d'en aſſiſter
les Chevaliers. Quoy qu'il en ſoit, pendant
qu'Adrian demeura dans la Chaire de Saint
Pierre, il y parut avec les ſentimens d'vn tres-
bon Pape, ne cherchant qu'à remedier aux
maux dont l'Egliſe eſtoit affligée.

Pymandre ayant ceſſé de parler, je repris la
parole. Pendant, luy dis-je, qu'Adrian renfer-
moit donc tous ſes ſoins aux devoirs de ſa charge, Jule Romain, Jean Franceſque, Perin del
Vague, & vne infinité de tres-excellens Peintres & Sculpteurs demeurerent ſans travailler
dans Rome : Mais comme ce Pontificat ne dura pas long-temps, & qu'Adrian eſtant venu
à mourir vingt mois aprés ſon exaltation, A la fin de
Jule de Medicis fut éleû Pape, & nommé l'année
Clement VII. l'on vit en vn moment tous 1523.
les Arts qui commencerent à revivre.

Jule & Jean Franceſque eurent auſſi-toſt
ordre du Pape de finir la grande Salle du
Vatican. D'abord ils commencerent à faire
abbattre l'endroit qui avoit eſté preparé pour
peindre à huile, ne laiſſant que deux figures, dont l'vne repreſente la Juſtice, & l'autre la Charité, qu'ils avoient déja peinte
quelque temps auparavant, & enſuite tra-

T ij

vaillerent à ces grands sujets, que Raphaël avoit disposez avant sa mort, & que Jule exécuta si bien, qu'il ne se peut rien voir de mieux.

Il est vray que dans les ouvrages de Jule, il faut encore plûtost considerer la grandeur des conceptions, & la force du dessein, que la beauté des couleurs, & la grace du pinceau. Et mesme l'on voit dans ses desseins encore plus de fierté, de vivacité, & d'action, que dans ses tableaux ; à cause, peut-estre, que comme il faisoit vn dessein en fort peu de temps, il y répandoit plus de feu que dans ses peintures, sur lesquelles s'arrestant plusieurs mois à travailler, cette ardeur qui l'échauffoit d'abord, venoit à diminuer peu à peu. Ainsi il ne faut pas s'étonner, si dans ses tableaux il y a moins de feu que dans ses desseins, qui sont les premiers & les plus forts mouvemens de son esprit.

Il se disposa donc à faire quatre grands Tableaux dans les quatre costez de cette Salle, pour y representer quatre principales actions de Constantin premier Empereur Chrétien.

Ce Prince, qui estoit né en Angleterre de Constantius & de Sainte Helene, fut éleû Empereur des Romains l'an trois cens six,

ET LES OUVRAGES DES PEINTRES. 149
& choiſi de Dieu pour abolir le Paganiſ- JULE ROMAIN.
me.

L'hiſtoire rapporte, que pour cét effet il entreprit la guerre contre Maxence, & ne fit qu'obeïr aux ordres du Ciel, dont il apprit la volonté, par vne apparition merveilleuſe, en preſence de toute ſon armée. Un jour qu'il eſtoit au milieu de ſes Soldats, & lorſque le Soleil commençoit à pancher vers le couchant, il vit au milieu de cét Aſtre vne lumiére encore plus éclatante que celle du Soleil, qui formoit vne Croix avec ces mots : EN TOYTΩ, NIKA. Comme il demeura ſurpris d'vne viſion ſi extraordinaire, la nuit ſuivante Noſtre Seigneur luy apparut avec le meſme Signe, luy commanda d'en faire fabriquer de ſemblables, & de le porter dans ſes Enſeignes. Ce qu'il fit auſſi-toſt, mettant vne Croix au bout d'vne pique, avec ces deux lettres Grecques X. P. au haut de la Croix, pour marquer le nom de Noſtre Seigneur. Surmonte par ce Signe.

Cette apparition, par laquelle IESUS-CHRIST jetta dans l'ame de Conſtantin les premiers traits de ſa grace, fait le premier ſujet des Tableaux de cette Salle.

Celuy qui ſuit eſt la bataille où cét Empereur vainquit Maxence. Il avoit déja éprou-

T iij

Iule Romain.

vé le secours du Ciel en plusieurs autres rencontres, comme à Turin, à Bresse, & à Verone, où il avoit remporté de signalées victoires sur les troupes que Maxence avoit envoyées au devant de luy. Mais enfin estant arrivé à Rome, ce fut aux bords du Tibre qu'il acheva de surmonter entiérement ce Tyran.

Maxence qui estoit sorti de Rome avec vne armée de plus de cent soixante-dix mille combatans, fut contraint de donner bataille. Il avoit fait faire vn pont sur le Tibre, à l'endroit mesme où est à present *Ponte-Mole*; & il avoit fait construire ce pont de telle sorte, que Constantin venant à y passer, il y avoit certaines machines disposées à s'ouvrir, & à faire tomber dans l'eau tous ceux qui seroient dessus, aussi-tost qu'on en lâcheroit les ressorts. Mais ce piége qu'il avoit tendu à son ennemi, ne servit qu'à le précipiter luy-mesme. Car Constantin ayant vigoureusement attaqué son armée, il la mit si fort en déroute, que Maxence estant contraint de se retirer parmy les fuyards, il tomba du haut du pont dans le Tibre, où il se noya; soit que la machine eust fait son effet, ou que le pont estant trop chargé, se rompit de luy-

ET LES OUVRAGES DES PEINTRES. 151
mefme. Le corps de Maxence fut auffi-toſt /JULE ROMAIN./ retiré par les plongeurs, qui luy coupérent la teſte, la mirent au bout d'vne pique; & aprés l'avoir fait voir dans Rome, on la porta juſques en Affrique, pour conſoler cette Province des maux que ce Tyran y avoit faits.

Aprés cette inſigne victoire, Conſtantin entra triomphant dans Rome. On luy dreſſa cét Arc magnifique, qu'on voit encore auprés du Colliſée, entre le Mont Celius & le Mont Palatin. Et parce qu'alors il n'y avoit plus de Sculpteurs dans Rome, on l'embellit de pluſieurs bas reliefs, & de divers ornemens, qu'on prit en differens endroits, comme il eſt aiſé de juger qu'on en oſta, qui avoient eſté autrefois élevez à l'honneur de Trajan & de Marc-Aurelle.

Dans cette Bataille que Jule Romain a peinte ſur les deſſeins de Raphaël, l'on voit d'vn coſté *Monte-Mario*, & toute l'armée de Conſtantin, où il paroiſt des premiers avec vne javeline à la main, pourſuivant les ennemis fuyans devant luy, & qui tâchent de paſſer le pont. Mais au milieu du Tibre on reconnoiſt Maxence monté ſur vn cheval qui commence à ſe noyer.

C'eſt vne choſe admirable de voir la diverſité des actions qui ſe rencontrent dans ce Tableau, ſoit que l'on conſidére le parti des Victorieux qui attaquent les Soldats de Maxence, ſoit qu'on regarde ces Soldats qui ſe défendent contre ceux de Conſtantin, ſoit que l'on examine encore le nombre des corps morts, ceux qui ſont bleſſez, leurs veſtemens, leurs armes, & juſques aux moindres choſes qui ſe rencontrent dans de pareilles occaſions. Auſſi l'on peut dire, que cét ouvrage, où Jule Romain a pris vn ſoin tout particulier, a ſervi depuis d'vn excellent modelle à tous ceux qui ont voulu repreſenter de ſemblables ſujets, parce qu'il eſtudia dans la Colonne Trajane, dans celle d'Antonin, & dans tous les Monumens antiques, les diverſes armeures, les machines, & les autres choſes dont les Romains ſe ſervoient anciennement dans la guerre. Et il eſt certain que cette eſtude eſt tres-neceſſaire à vn Peintre, puis que les armées Romaines eſtant ſi nombreuſes, & compoſées de toutes ſortes de nations, il y avoit vne tres-grande diverſité d'armes & d'habits parmy tant de combatans.

Penſez-vous, dit Pymandre, que Jule Romain euſt connoiſſance de toutes les ſortes d'armes

ET LES OUVRAGES DES PEINTRES. 153
d'armes, dont chaque peuple se servoit, & JULE ROMAIN. qu'il songeaſt à faire vne aſſez grande difference entre vn Soldat Trace & vn Soldat Gaulois? Je croy bien qu'il imitoit dans ſes Tableaux ce qu'il voyoit dans les Antiques, mais il ne ſe mettoit pas en peine d'autre choſe. Il me ſouvient de vous avoir dit autrefois, en regardant cette bataille de Conſtantin, que je trouvois fort à redire, que dans vn combat comme celuy-là il euſt repreſenté les deux Empereurs la teſte nuë, & avec vne ſimple couronne, qui environne leurs cheveux.

N'entrons pas à preſent, luy repartis-je, dans vne critique de ce Tableau, dont les belles parties ont aquis vne ſi haute reputation, que nous aurions mauvaiſe grace de nous arreſter à y reprendre ſi peu de choſe. Diſons ſeulement, que ſi Jule a emprunté des armes & des veſtemens antiques, pour couvrir ſes figures, il les a receuës de gens qui auroient bien ſceû rendre raiſon de ce qu'ils ont fait, & qu'il n'ignoroit pas luy-meſme la raiſon que les Anciens ont eüë de faire les choſes comme nous les voyons. Mais il eſt vray, que quand vn Peintre entreprend ces ſortes d'ouvrages, il doit ſçavoir, ou du

V

moins se faire instruire des differentes façons de s'armer, selon qu'elles se pratiquoient parmi toutes sortes de Nations. Car ne seroit-ce pas vne faute grossiére d'armer les Perses comme les Romains, & de representer les Indiens de la mesme sorte que les Grecs? Ne vous souvient-il plus des observations que nous faisions il y a quelque temps sur toutes ces differentes façons de se vestir, en considerant ces beaux ouvrages que Monsieur Colbert fait faire pour le Roy, & de ce que je vous faisois remarquer dans cette bataille de Constantin, que l'on a gravée d'aprés M. le Brun? Je ne parle pas seulement du Casque qu'il a mis sur la teste de Constantin, dont vraysemblablement elle estoit couverte, sur lequel mesme l'on dit qu'il fit mettre vne Croix, ensuite de celle qui luy apparut au Ciel; mais je dis encore de la machine du pont, qui est representée dans cette bataille, où l'on voit certaines piéces de bois qui forment vne bascule, laquelle venant à manquer, cause la cheûte de Maxence, & de plusieurs de ses Soldats. De ces Enseignes Romaines, où Constantin fit mettre au dessus le signe de la Croix ; de ce *Labarum* qui estoit en forme de Banniére, & comme le Drapeau Royal,

ET LES OUVRAGES DES PEINTRES. 155
dans lequel il y avoit vne Croix, & de mille autres circonstances qu'vn Peintre ne peut avoir representées sans vne recherche toute particuliére de l'antiquité.

Quelque soin, dit alors Pymandre, que les Peintres apportent dans leur travail, il est malaisé qu'ils réüssissent si bien, qu'on n'y trouve toûjours quelque chose à reprendre : Car ce qu'ils tirent des bas reliefs, ou des medailles, peut servir souvent à les condamner, lors qu'on examine leurs ouvrages avec rigueur, à cause, comme vous disiez tantost, que les mesmes armes, & les mesmes vestemens qui peuvent servir dans vn sujet avec bienséance, ne seront pas propres dans vn autre.

C'est pourquoy, luy repartis-je, quand on pense bien à toutes les parties qui doivent rendre vn ouvrage accompli, si d'vn costé l'on a vne haute estime pour ceux qui sont dans cette perfection, d'autre costé il ne faut pas mépriser entiérement les autres qui n'ont pas toutes ces belles parties : Car il est vray que la Peinture embrasse tant de choses à la fois, qu'il est difficile qu'vn mesme esprit possede au derniér degré toutes les connoissances necessaires à cét Art.

V ij

IULE ROMAIN.

Quel temps, & quel travail ne faut-il point employer pour voir, & pour bien confiderer toutes les medailles, & les reftes de l'antiquité, lorfqu'on veut fçavoir ce qui regarde feulement les differentes façons de s'armer? Car bien que cette recherche ne femble pas fi difficile à quelques-vns, à caufe des images qui en reftent en divers endroits, vous m'avouërez neantmoins, que quand on veut examiner les temps & les lieux aufquels on s'eft fervi des differentes fortes d'armes que nous voyons, il faut beaucoup d'application & de travail pour en faire la difference, & les diftinguer les vnes des autres, dans cette confufion où elles fe trouvent depuis qu'on fait la guerre.

Il eft vray que des Peintres n'auroient pas beaucoup de peine à mettre des ouvrages au jour, qui dans vne bataille des derniers fiécles ne fe fe foucieroient pas d'armer les foldats à la façon des anciens Romains, & qui dans la maniére de veftir les figures n'auroient nul égard à l'vfage des temps & des lieux. Mais vn excellent Genie, qui veut que dans fes Tableaux l'on reconnoiffe aux armes, & à la maniére de veftir fes figures, en quel païs, & en quel fiécle vne action s'eft paffée, & qui veut encore qu'on y remarque la coûtume des peuples qu'il re-presente, celuy-là sans doute doit faire vn grand fond de science. N'estoit que nous nous détournerions trop de nostre discours, je vous ferois voir jusqu'où cette connoissance peut s'étendre, & mesme cela ne nous serviroit pas peu, pour remarquer avec encore plus de plaisir tout ce qu'il y a de considerable dans les Tableaux de ces sçavans hommes.

Iule Romain.

Bien loin de sortir de nostre sujet, en faisant cette observation, dit Pymandre, il me semble qu'elle en fait vne partie, & que ces remarques non seulement sont tres-necessaires aux Peintres, mais aussi à ceux qui veulent s'instruire en voyant leurs Ouvrages.

J'avouë, repartis-je, que la plus grande satisfaction qu'on puisse recevoir en considerant vn Tableau, c'est qu'au mesme temps que les yeux voient avec joye le beau mélange des couleurs, & l'artifice du pinceau, l'esprit apprenne quelque chose de nouveau dans l'invention du sujet, & dans la fidelle representation de l'action que le Peintre a prétendu faire voir. Et l'on ne peut bien s'instruire, si l'action n'est representée avec toute la vray-semblance possible. Or cette vraysemblance consiste à rappeler vne idée des choses passées,

& en former vne image, où tout ce qui se pouvoit rencontrer alors soit exactement observé.

Puisque nous en sommes sur la maniére dont l'on s'armoit anciennemrnt, je diray en premier lieu, que celui qui entreprend de representer de tels sujets, doit sçavoir que tous les peuples ne se sont pas servis de casques & de cuirasses de fer comme les Grecs & les Romains. Les Egiptiens avoient des corselets, qui n'estoient que de lin retors : ce qui a esté aussi en vsage chez les Grecs, puisque nous voyons qu'Ajax, Adraste, & Alexandre mesme s'en sont servis. Les Troglodites & la pluspart des Scythes marchoient presque nuds, quand ils alloient au combat, & n'avoient point d'autres armes que des frondes & des dards. Les Massagetes estoient vétus de la mesme sorte que les Scythes, & combattoient à pied & à cheval. Ceux d'entr'eux qui portoient vn arc & vne lance se servoient aussi de marteaux & de haches, employant l'or & le cuivre dans la fabrique de leurs armes, plus que tous les autres métaux : Car la pointe de leurs fleches, le tour de leurs carquois, & leurs marteaux estoient de cuivre pur, & les autres choses qui ser-

ET LES OUVRAGES DES PEINTRES. 159
voient d'ornement à leurs armes eſtoient
d'or. Leurs chevaux meſmes, qui eſtoient couverts de plaſtrons d'airain, avoient des brides
& des harnois d'or pur, le fer & l'argent
n'eſtant point en vſage chez eux. Les Amazones meſmes, qui avoient toûjours vne partie
de la gorge découverte, ne ſe battoient qu'avec des dards & des pierres. Leur habit eſtoit
d'vne étoffe fort legére, & par deſſus elles ſe
couvroient le corps d'vn corſelet de cuir, ou
d'écaille de poiſſon, ne ſe ſervant jamais de
lances ny d'épées.

Dans la Colonne Trajane, l'on voit que les
Daces eſtoient tous veſtus d'vne meſme ſorte,
& n'avoient à la guerre que leurs habits ordinaires. Les ſoldats Grecs, ſelon Homere,
avoient de fortes cuiraſſes. Ils portoient vne
lance, vne épée, & vn bouclier ; & ſe couvroient la teſte d'vn caſque orné de grandes plumes teintes de diverſes couleurs. Mais
il faut remarquer qu'il n'y avoit que les gens
de pied qui ſe ſervoient de cuiraſſes, &
que les Macedoniens portoient des piques
de dix-huit pieds de long, & de grands
Pavois, ſur leſquels ils mettoint leur bagage, lors qu'il leur faloit paſſer quelque riviére.

JULE
ROMAIN.
Herodot.
in Clio.

Luix Romain.

Pour bien connoiſtre, dit Pymandre, ces differentes ſortes d'armeures, il ne faut conſiderer de toutes les Nations que la Romaine.

Il eſt vray, répondis-je, qu'on pourroit s'étonner, de voir parmy ce peuple tant de différens habits, & tant de ſortes d'armes offenſives & défenſives, puis qu'il ſemble qu'il ne devroit pas eſtre ſi diſſemblable dans ſes veſtemens. Mais ceux qui ont connoiſſance de la milice des Romains, & de quelle ſorte elle eſtoit gouvernée, ſçavent bien qu'elle eſtoit compoſée de leurs Citoyens, & de leurs Alliez; Que les vns ſervoient à leurs propres dépens, & les autres aux frais de la Republique; Que le nombre des Alliez, & meſme des Provinces tributaires eſtant fort grand, ils n'en tiroient pas vn petit ſecours; & que ce renfort de peuples eſtrangers eſtoit ſans doute ce qui faiſoit paroiſtre tant de difference dans leurs armes: Car employant leurs ſoldats à ce qui leur eſtoit le plus convenable, ces ſoldats portoient auſſi des armes conformes à leur employ, & ſelon l'vſage de leur Païs.

Il n'eſt pas neceſſaire de dire de quelle ſorte ils eſtoient diviſez chez les Romains; que leurs Legions compoſées de leurs Citoyens,

faiſoient

ET LES OUVRAGES DES PEINTRES. 161

faisoient comme vn corps separé, & que leurs
Alliez en faisoient vn autre de cavalerie &
d'infanterie, qu'ils appelloient extraordinaires : mais pourtant il est bon de se souvenir,
que dans les Legions Romaines il y avoit
des gens de pied, & des gens de cheval; que
les premiers estoient divisez en ceux qu'ils
appelloient *Velites*, *Hastati*, *Principes*, *&*
Triarij. Je ne pretens pas remarquer tout
l'ordre & le nombre de ces differens Soldats,
ny pourquoy ils les diviserent de la sorte, &
leur donnerent ces differens noms ; je les
nomme seulement, pour vous dire quels vêtemens, & quelles armes leur estoient propres. Premiérement, ceux qui estoient nommez *Velites*, c'est à dire, prompts & legers, se
servoient d'vne longue épée à l'Espagnole, d'vne lance de trois pieds de long, & de ces petits
boucliers ronds, qu'ils appelloient *Parma tripedalis*. Ils se couvroient la teste d'vne espece de bonnet, nommé *galea*, qui estoit fait
de cuir, ou de la peau de quelque animal;
comme l'on voit en plusieurs endroits d'Homere ; que les Grecs en avoient de peau de
belette, de chevreau, de chien, & d'autres
sortes de bestes; & ces bonnets, à mon avis,
pouvoient ressembler à ceux dont se servent

X

aujourd'huy les Polonois, & ne differoient de ceux qu'ils appelloient *caßis*, sinon dans la matiére, ceux-cy estant de metal.

> Jul. Romain.
> Isidore.

Ces *Velites*, qui estoient les Soldats les plus dispos, estoient choisis parmy toutes les troupes, pour suivre la cavalerie dans les plus promptes & les plus perilleuses entreprises. Mais afin de ne se pas méprendre, il faut se souvenir que ces sortes de gens-d'armes ne furent instituez que dans la seconde guerre Punique; & peut-estre les Romains firent-ils cela à l'exemple des Gaulois & des Allemans, qui avoient aussi des fantassins armez à la legére pour suivre leur cavalerie, comme Cesar & Tite Live l'ont remarqué.

> T. Liv. l. 26.

> Cæs. l. 1. Gall.
> T. Liv. l. 7. Dec. 41.

Parmy les *Velites* sont compris ceux qui lançoient le dard, les Archers, & les Frondeurs.

Ceux qu'ils nommoient *Hastati Principes*, & *Triarij*, portoient vn bouclier long de quatre pieds, & large de deux. Leur épée estoit à l'Espagnole, c'est à dire, longue, à deux tranchans, & ferme de pointe. Leur casque estoit d'airain, avec sa creste de mesme matiére. Ils avoient vne espece de bottes, qui couvroit particuliérement le devant de la jambe; & de la maniére qu'elles paroissent dans ces

> Scutum.
> Gladius Hispaniensis.
> Galea ærea cum cristis.
> Ochrea.

ET LES OUVRAGES DES PEINTRES. 163

bas reliefs, elles fembloient des plaques de fer, ou de cuivre, qui s'attachoient avec des couroyes. Ils portoient deux javelines, l'vne plus grande, qui eſtoit ronde ou carrée; & l'autre plus petite, femblable à celles dont l'on fe fervoit à la chaſſe. Leurs corſelets, qu'ils appelloient *Lorica*, eſtoient de diverſes façons. Les vns eſtoient de fer, les autres d'airain; quelques-vns eſtoient faits de petites mailles, de meſme nos anciennes Jaques de mailles, ou meſme par petites écailles, & ceux-cy ſe nommoient *Hamata*. Il n'y avoit ordinairement que les plus riches qui en portoient.

Quant à la Cavalerie, elle avoit pour armes offenſives vne javeline & vne épée; & pour ſe défendre des ennemis elle eſtoit couverte d'vne cuiraſſe, d'vn caſque, & d'vn écu. Vous pourrez obſerver toutes ces choſes, lors que vous verrez la bataille de Conſtantin, & que vous prendrez la peine de regarder les figures de la Colonne Trajane. C'eſt là que vous remarquerez tous ces differens Soldats dont je viens de parler. Vous y verrez les Porte-Enſeignes, les vns appellez *Imaginiferi*, à cauſe de l'Image du Prince qu'ils portoient; les autres *Aquiliferi*, à cauſe qu'ils portoient vn Aigle au bout d'vne pique;

d'autres encore qui portoient vne main en signe de concorde; d'autres appellez *Draconiferi,* ou *Draconarij,* à cause qu'ils portoient vn Dragon, dont la teste estoit d'argent, & le reste de taffetas. Vous y verrez ce *Labarum* dont je vous parlois tantost, qui estoit l'Enseigne particuliére de l'Empereur, & qui ne paroissoit que quand il estoit dans le Camp. Elle estoit de couleur de pourpre, bordée d'vne grande frange d'or, & enrichie de pierreries. Vous y verrez des gens à cheval, qui portoient vne lance à la main droite, & vn écu à la gauche. Ils sont couverts d'vne cotte de maille, qui descend jusques aux genoux. L'on en voit encore d'autres, qui sont les Archers à cheval, qui portoient vn arc, vn carquois, & des fléches. Les Officiers, que nous appellons Cornettes de Cavalerie, portoient vn aigle au bout d'vne lance, & pardessus leur casque se couvroient de la dépoüille d'vn Lion, d'vn ours, ou de quelque autre beste sauvage, comme faisoient aussi ceux qui portoient les Enseignes dans l'Infanterie. Il y avoit de trois sortes de Trompettes. Les vnes estoient toutes droites, les autres courbées, presque comme vn cor de chasse, & les autres n'estoient que de petits cornets. Cette difference d'in-

ET LES OUVRAGES DES PEINTRES. 165
ſtrumens eſtoit cauſe que l'on donnoit diffe- *Iule Romain.*
rens noms à ceux qui en joüoient, leſquels
avoient auſſi la teſte couverte de peaux, ſem- *Tubicines. Liticines. Cornicines.*
blables à celles des Porte-Enſeignes, le
corps armé d'vne cuiraſſe, de petites chauſſes,
& vn poignard au coſté droit.

Je pourrois vous parler des divers ornemens, dont les armes de tous les gens de guerre eſtoient enrichies, comme d'animaux, de
feüillages, de maſques, de groteſques, &
d'autres ſortes de choſes, que chacun faiſoit
faire à ſa fantaiſie. Mais il vaut mieux laiſſer
cela pour vne autre fois, que nous pourrons
les remarquer d'aprés les Tableaux, ou les
Eſtampes qu'on a tirées des anciens bas reliefs.

Toutes ces obſervations, dit Pymandre,
ſont en effet tres-neceſſaires aux Peintres;
mais il me ſemble, que pour s'en ſervir vtilement, il faudroit encore donner quelque petit éclairciſſement à ce que vous venez de
rapporter, pour mieux connoître la mode, &
les differens vſages de chaque ſiécle; car les
Romains n'ont pas toûjours eſté armez de la
ſorte que vous venez de dire.

Il eſt vray, repartis-je, que la forme des
armes, non ſeulement a changé dans la ſui-

X iij

Iule Romain.

Plut. in Thef.
Homere.
Lucrece liv. 5.
3. Symp.

te des temps, mais encore qu'elles ont esté faites de différentes matiéres. Les premiéres, dont les Grecs se servoient, estoient de cuivre; & Plutarque dit, que les playes faites par ces sortes d'armes offensives, sont plus aisées à guerir que celles qui sont faites par le fer, le cuivre ayant vne propriété naturelle à guérir les playes.

C'estoit peut-estre, interrompit Pymandre, de ce métal, dont la lance d'Achilles estoit faite.

Ceux, repartis-je, qui veulent davantage relever la vertu des anciens Heros, disent, que dans toutes leurs entreprises ils n'avoient dessein que de surmonter leurs ennemis, & non pas de les faire mourir. Et sans avoir recours à l'antiquité, si nous considérons l'histoire des derniers temps, nous trouverons que ce genéreux Chevalier Bayard, qui vivoit sous Louys XII. & François I. & dont la veritable bravoure ne cherchoit que les belles avantures, ne pardonnoit jamais à ceux qui se servoient d'armes à feu, quand ils tomboient entre ses mains, ayant vne haine mortelle pour des hommes qui ne se portoient point au combat par vne noble valeur, & qui employoient des armes, dont le plus lâ-

ET LES OUVRAGES DES PEINTRES. 167

che peut tuer de loin le plus vaillant homme du monde. <small>IULE ROMAIN.</small>

Mais pour reprendre noſtre diſcours, il eſt certain que chaque Nation a mis quelque difference dans les armes. Ceux de Caris ont eſté les premiers à porter des creſtes ſur leurs caſques, à peindre leurs boucliers, & les garnir d'anſes & de poignées pour les tenir; car avant cela, les Soldats ſe contentoient de les pendre à leur col. <small>Herod. in Clio.</small>

Quant aux Romains, ils ne portoient au commencement que de petites rondaches, mais bien-toſt aprés ils apprirent des Samnites à ſe ſervir de ces grands écus de forme quarrée, qui d'abord n'eſtoient que de bois, ou d'oziers couverts de peau : ce qui ſe pratiquoit encore, non ſeulement parmy les Perſes, & les Partes, parmy les Allemans & les Gaulois, mais auſſi parmy les Macedoniens, avant qu'ils les euſſent changez en argent pendant les grandes conqueſtes d'Alexandre. Vous avez pû remarquer comme les Juifs, eſtant aſſiégez par Veſpaſien, & ne trouvant pas dequoy ſoulager l'extrême faim qui les tourmentoit, dechiroient le cuir de leurs boucliers pour le manger, faiſant leur nourriture de ce qui ne pouvoit plus ſervir à les <small>Clypei. Plut. in Rom. Scutum. Plin. l. 16. c. 40. Euſtatius. Eunapius. Tacit. 2. Ann. Comm. Cæſ. Quint. Curſ. l. 10. Hageſipus.</small>

défendre. Or les Romains voyant que ces sortes d'écus n'estoient pas d'vne assez forte matiére, ils y remediérent. Premiérement, ils les garnirent tout autour d'vne bande de fer, pour empescher qu'ils ne se gâtassent contre terre. Il y en a qui disent, que ce fut Camille qui en donna la premiére invention dans la guerre contre les Gaulois, à cause que ceux-cy avoient de grands coutelas, dont les Romains craignoient la décharge. Quoy qu'il en soit, l'vsage vint ensuite d'y mettre dans le milieu vn petit rond élevé, qu'ils appelloient *vmbo*, comme qui diroit éminence. L'on peut voir dans les anciens Historiens à quoy ces *vmbones* servoient, & l'avantage qu'ils en tiroient contre leurs ennemis, soit en attaquant, soit en défendant. Comme cela n'est pas de nostre sujet, je ne m'y arresteray pas. Je diray seulement, que ces boucliers estant de figures fort differentes, les Romains en portoient de ronds, comme ceux qu'ils appelloient *Clypei & Parma*; & d'autres qui estoient quarrez & longs, nommez *Scuta*. Cependant ceux des Samnites, dont Cesar veut que les Romains ayent pris leurs armes, estoient larges par le haut, pour couvrir l'estomac & les épaules, & venoient en diminuant par le bas, comme

Iule Romain.

Suidas.
Polybe.

Plut. in Camil.

Suet. in Iul.
Q. Curs. l. 3.
T. Liv. l. 9. & 30.

Saluste.

comme ceux des Lyguriens & des Gaulois. Iuls Romain,
Quant à leur épée, j'ay remarqué en plu- T. Live
sieurs figures antiques, qu'ils la portoient au liv. 44.
costé droit ; ce qui paroist vne façon assez in- Diod. l. 6.
commode pour s'en servir.

Il faut bien, interrompit Pymandre, qu'il
y ait eû des changemens, parce que Joseph Liv. 3.
écrit qu'ils avoient deux épées, l'vne longue au costé droit, & l'autre courte au costé
gauche.

Pour les Casques, repris-je, nous avons
déja remarqué qu'il y en avoit de plusieurs
sortes ; & que les Grecs, les Allemans, & les
Romains, les ornoient de differentes figures,
de panaches, & de longues jubes ou crinié-
res, pour paroître davantage, & donner quelque terreur à leurs ennemis.

Quant à ce qui regarde les armes qui couvrent le corps, l'vsage en est fort vieux ; &
les anciens en ont eû non seulement de plus
de differentes sortes qu'il n'y en a aujour-
d'huy, mais presque de semblables. Il est
vray qu'avant qu'ils eussent employé les me-
taux à faire des cuirasses, ils ne se couvroient
le corps que de bandes de cuir.

Et non seulement les Romains & les Grecs
se sont servis de ces armes, mais encore les

Y

Perses. L'on remarque qu'Alexandre ne donna à ses Soldats que le devant des corps de cuirasse, voulant bien qu'ils fussent armez pour faire teste à leurs ennemis, mais qu'ils fussent découverts par derriére, & en danger, si leur lâcheté les faisoit fuir. Il y avoit donc des cuirasses de plusieurs matiéres. Les Grecs & les Romains en portoient, qu'ils appelloient *hamata*, c'est à dire, faites de petites chaînes, de mesme que nos cottes de mailles, comme nous avons déja dit. Ils en avoient d'autres, qui estoient de petites lames de fer, en façon d'écailles de poisson, semblables à celles dont Lucullus estoit couvert lorsqu'il combatit contre Tigrane. On appelloit aussi ces sortes de lames *Pluma* ; & chez les Partes, non seulement les hommes, mais aussi leurs chevaux en estoient armez.

Il faloit, interrompit Pymandre, que toutes ces petites parties fussent jointes ensemble avec vne admirable industrie, pour ne pas oster aux chevaux la liberté du mouvement. La premiére fois que je consideray ces sortes d'armes dans les Tableaux de Raphaël, & dans les figures de la Colonne Trajane, je ne pouvois comprendre, que des Soldats eussent des habits de fer si justes sur leurs corps,

ET LES OUVRAGES DES PEINTRES. 171
qu'on puſt remarquer tous leurs mouvemens;   Iule
& je penſois que ce fuſt vne licence du Pein- Romain.
tre & des Sculpteurs, qui euſſent trouvé
plus de beauté à les repreſenter de la ſorte,
qu'à imiter la veritable forme des armes.

En cela, repartis-je, ny Raphaël, ny les
Sculpteurs n'ont pas entiérement ſuivi le naturel; mais trouvant plus de beauté dans cette maniére d'ajuſtement, ſe ſont vn peu éloignez de la verité, pour donner plus de grace à leurs ouvrages, en faiſant paroiſtre le nud au travers des veſtemens.

Non, non, repliqua Pymandre, ils ne ſe ſont pas ſi éloignez que je me l'eſtois imaginé. Car, aprés avoir bien penſé à ces ſortes d'habits, où d'abord je trouvois à redire, il m'eſt ſouvenu d'avoir leû autrefois, qu'il y en avoit de ſi artiſtement faits, & ſi pro- Ammianus
pres à ceux qui les portoient, qu'ils n'e- l. 16.
ſtoient nullement empêchez dans aucun mouvement: Au contraire, tout y eſtoit ſi délicatement obſervé, que ces armes n'eſtoient pas ſimplement des armes miſes ſur le corps d'vn homme, mais les hommes qui en eſtoient couverts reſſembloient à des Statuës de metal, ou plûtoſt paroiſſoient des hommes de fer.

Y ij

Les Parthes, repris-je, n'ont pas esté seuls qui se sont servis de ces sortes d'armes : les Sarmathes en avoient aussi qui n'estoient pas travaillées avec moins d'industrie ; & ce qui est de remarquable, est que non seulement elles estoient faites de lames de fer, mais aussi de la corne des chevaux. Car comme ces peuples en nourrissoient quantité pour s'en servir à la guerre, & pour leurs Sacrifices, estant obligez d'en immoler souvent à leurs Dieux, ils amassoient la corne des pieds de tous leurs chevaux ; & aprés l'avoir fait secher, la coupoient en forme d'écailles de serpent, ou d'écorce de pommes de pin. Ayant percé toutes ces petites piéces, ils les cousoient ensemble, pour en former des armes, qui estoient à l'épreuve des coups, & qui n'avoient point mauvaise grace sur le corps d'vn gendarme. Je trouve encore que les fantassins se servoient de bottes ; mais j'ay observé que ceux qui en ont écrit, ne parlent que d'vne botte, comme fait Vegece, qui dit que les gens de pied estoient obligez de porter vne botte à la jambe droite ; & Tite-Live rapporte que les Samnites la portoient à la gauche. Neantmoins nous voyons dans des anciens bas reliefs qu'ils en avoient aux deux jambes.

ET LES OUVRAGES DES PEINTRES. 173

Il faut encore remarquer que les Anciens n'avoient point d'eſtriers pour monter à cheval, & que les Chefs & grands Seigneurs avoient toûjours auprés d'eux vn Palfrenier, qui leur aidoit à monter & à deſcendre ; & meſme on leur portoit vne eſpece de degré, que les Gres cappelloient *Anaboleus*.

Jule Romain.

Euſtathius in Hom. Ody.v.155.

Mais, dis-je, en regardant Pymandre, toutes ces remarques ne vous ſont-elles point ennuïeuſes, & ne vous ſemble-t-il pas que nous ſoyons ſortis des Salles du Vatican, & que nous ayons abandonné les Ouvrages de Jule Romain ?

Au contraire, repartit Pymandre, il me ſemble que j'y ſuis encore ; & je m'imagine de voir dans cette grande bataille de Conſtantin toutes ces differentes choſes dont vous venez de parler : neantmoins, pour ne vous pas laſſer davantage ſur cette matiére, je conſens volontiers que vous repreniez la ſuite de voſtre premier diſcours.

Enſuite de la Bataille, repris-je, Jule a repreſenté le Bapteſme de Conſtantin. Vous ſçavez bien qu'aprés cette grande victoire qu'il remporta ſur Maxence, avec le ſecours du Ciel, il fit profeſſion du Chriſtianiſme ; & qu'aprés avoir élevé au milieu de Rome vne

Y iij

Iule Romain.

A cause de Plantius Lateranus, à qui cette maison appartenoit, & que Neron fit mourir. Tac. ann. 15.

figure tenant vne Croix, & par des inscriptions publiques reconnu les graces qu'il avoit receuës du vray Dieu, il fit present au Pape Melchiade de son Palais, appellé Latran; & protegeant hautement les Chrestiens, les favorisa dans toutes sortes de rencontres. Neantmoins quelque temps aprés, oubliant tant de graces qu'il avoit receuës de Dieu, il tomba dans l'Idolatrie, & consulta les Démons. Ce crime abominable attira sur luy la colére du Ciel; & ce Prince fut tellement abandonné à ses passions, qu'il fit mourir Crispe son fils, Licinius son neveu, & sa femme Fauste; Et tombant d'vn abysme dans vn autre, ne pensant plus à la vraye Religion qu'il avoit professée avec tant de zele, il ne fit plus que des actes de Payen. De sorte que les Chrétiens se virent de nouveau persecutez dans Rome; & comme il vouloit mesme les obliger à consulter les Augures, le Pape Sylvestre fut contraint d'en sortir, & de se cacher dans vn lieu fort retiré. Cependant, Dieu qui permit vne si grande chûte, ne voulut pas souffrir la perte entiére de ce Prince, qu'il avoit élevé sur le trône de l'Empire, pour estre le Protecteur de la Religion Chrestienne. Il le frappa d'vne lepre si horrible, que ne sça-

ET LES OUVRAGES DES PEINTRES. 175

chant quel remede y apporter, il confulta les Augures & les Preftres Payens, pour fçavoir de quelle maniére il pourroit fe purger des crimes qu'il avoit commis, & dont il voyoit bien que fon mal eftoit vne jufte punition. Zozime a écrit que ces Preftres luy firent réponfe, qu'ils ne fçavoient point de moyen pour purger des fautes auffi énormes que les fiennes ; mais qu'ils avoient appris d'vn certain Magicien Efpagnol, venu nouvellement d'Egypte, que la Religion Chreftienne avoit vn fecret infaillible pour effacer toutes fortes de pechez. L'on croit que cét Efpagnol eftoit le fçavant Ozius Evefque de Cordouë, qui le porta à fe faire baptifer. Quoy qu'il en foit, les meilleurs Auteurs attribuent la guerifon de fa lepre au baptefme qu'il receût. Et ce n'eft pas de merveille fi Conftantin fut frappé de la lepre, Dieu ayant puni plufieurs fois les grands crimes par cette maladie, particuliérement ceux des Roys fuperbes. Les actes du Pape Sylveftre portent, qu'il avoit eû pour réponfe des Augures, que pour guerir fon mal, il faloit qu'il fe baignaft dans le fang de petits enfans ; & que pour cét effet, en ayant fait chercher vn grand nombre de ceux du menu peuple, les meres de ces innocentes vi-

Iule Romain.

Hincmar. in vit. S. Remig. Greg. Tur. 2. hift. 31.

Nomb. 12. & 4. Reg. 5. Paralip 26

ctimes faisant de tous costez retentir l'air de leurs cris lamentables, il fut touché de pitié, & commanda qu'on ne les fit point mourir. Qu'en recompense de cette bonté Saint Pierre & Saint Paul luy apparurent la nuit, & luy commanderent de faire venir Sylvestre du lieu où il s'estoit retiré, & qu'il gueriroit sa lépre. Qu'on chercha aussitost le Pape, lequel ayant fait voir à l'Empereur les Images des Apostres, il les reconnut semblables à ceux qui luy estoient apparus, & demanda la remission de ses pechez, & le Sacrement de Baptesme. Le Pape Sylvestre luy enjoignit de demeurer au moins sept jours tout seul, selon la coûtume, pour faire penitence. Il ordonna vn jeune & des priéres publiques, & le Samedy suivant Constantin entra revestu d'vne robe blanche dans les fonds baptismaux, qui furent aussitost éclairez d'enhaut d'vne lumiére divine, au milieu de laquelle l'Empereur témoigna avoir veû Nostre Seigneur qui luy tendoit la main, & au mesme instant qu'il eut esté baptisé par le Pape, il fut gueri de sa lépre.

C'est dans ce Tableau de Jule qu'on voit Saint Sylvestre sous la figure de Clement VII. qui baptise Constantin dans les mesmes

ET LES OUVRAGES DES PEINTRES. 177
mes fonds qui sont encore aujourd'huy à S. Jean de Latran, que l'Empereur fit faire exprés.

De l'autre côté de la Salle, au dessus de la cheminée, Jule Romain a mis en perspective l'Eglise de Saint Pierre, où l'on voit toute la cerémonie qui se fait lors que le Pape tient Chapelle. L'on y remarque les Chantres & les Musiciens, l'ordre des Cardinaux & des Prélats, & le Pape Clement dans sa chaire, representant S. Sylvestre, aux pieds duquel Constantin est à genoux, qui luy offre la figure d'vne femme d'or, qui représente la ville de Rome, pour signifier la donation que ceux de Rome tiennent avoir esté faite de l'Estat de l'Eglise par cét Empereur. Il est vray, qu'aprés avoir esté regeneré dans les eaux salutaires du Baptesme, il ne pensa plus qu'à conserver les nouvelles graces qu'il avoit receuës par ce Sacrement, à proteger les Chrétiens, & augmenter la Foy, sans toutesfois vser pour cela de violence, ny contraindre personne. Il fit des Edits pour l'avantage de la Religion, le bien de l'Estat, & le soulagement des pauvres. Il bâtit des Temples magnifiques au vray Dieu, & renversa autant qu'il pût ceux des fausses

Z

Divinitez, pour lesquelles il conçût vne si grande horreur, qu'estant arrivé vn jour de Feste, auquel selon la coûtume l'armée devoit monter au Capitole, il encourut la haine du Senat, & du Peuple, à cause du mépris qu'il fit de leurs Idoles.

Dans cette Peinture, qui est remplie d'vne infinité de personnes de toutes conditions, Jule prit plaisir à representer au naturel plusieurs de ses amis, & s'y peignit luy-même.

Pendant qu'il estoit occupé à ces grands Ouvrages, il ne laissoit pas d'en faire encore d'autres. Il envoya vn Tableau à Pérouze, representant l'Assomption de la Vierge, auquel Jean Francesque avoit travaillé avec luy. Depuis qu'ils furent separez, & que Jule fut seul, il fit ce beau Tableau que vous avez veû dans le cabinet du Palais Farnése, où il representa vne Vierge; & parce qu'il y a peint vn chat qui semble vivant, tant il a pris de soin à le bien faire, on a toûjours nommé cét Ouvrage *il Quadro della Gatta*.

Il fit encore dans le mesme temps vn Tableau du Martyre de Saint Estienne, qui est d'vne beauté admirable, & qui fut porté à Gênes.

ET LES OUVRAGES DES PEINTRES. 179

Je ne puis me souvenir de tous les autres qu'il acheva pour des particuliers, & de ceux qui sont encore dans plusieurs Eglises de Rome. Il avoit des gens auprés de luy qui le soulageoient dans cette multitude d'ouvrages. Ceux dont il se servoit volontiers, & qui travaillérent beaucoup à la Salle de Constantin, & aux autres Tableaux qu'il fit en mesme temps, furent Jean de Lion & Raphaël dal Colle, qui estoient fort pratiquez à bien imiter sa maniére.

Jule ne s'arrestoit pas seulement à la Peinture, il s'adonnoit encore à l'Architecture, qu'il sçavoit excellemment. Il bâtit sur le Janicule vn petit Palais d'vne beauté admirable. Il en orna les chambres d'ouvrages de Stuc, & de Tableaux conformes au lieu & aux appartemens. C'est-là qu'il peignit l'histoire de Numa Pompilius; & dans les bains de cette maison il representa les fables de Venus, de Cupidon, d'Apollon, & d'Hyacinte, dont l'on voit les Estampes. Il fit aussi plusieurs desseins de bâtimens. Et comme le Comte Baltazar Castillon son intime ami eut ordre du Marquis de Mantouë, dont il estoit Ambassadeur prés du Pape, de luy envoyer quelque sçavant Architecte, & de tâcher que ce fust

Jule Romain.

Frederic Gonzague.

Z ij

JULE ROMAIN. Jule Romain, qui depuis la mort de Raphaël tenoit le premier rang dans Rome ; le Comte l'en follicita si instamment, qu'enfin par priéres & par promesses il s'engagea d'aller avec luy, pourveû qu'il en eust la permission du Pape. Ce que le Comte ayant obtenu, ils allerent ensemble à Mantouë, où Jule fut receû avec toutes sortes de caresses.

Aprés que le Marquis l'eût regalé de plusieurs presens, il le mena hors la Ville dans vn lieu appellé le T, où au milieu d'vne prairie il y avoit de grandes écuries pour ses haras. Luy ayant témoigné, que sans démolir les vieux bâtimens il eust souhaité qu'on eust fait quelques appartemens propres pour aller s'y divertir, Jule en leva aussitost le plan, & fit vn dessein, où sans rien rompre des murailles anciennes il disposa vne grande Salle dans le milieu, avec vne suite de chambres des deux costez. Et parce qu'il n'y avoit pas moyen de se servir de pierre pour les portes & pour les fenestres sans faire de grands arrachemens, il n'employa que de la brique, qu'il revestit de Stuc, dont il fit des colonnes, avec tous les autres ornemens d'vn travail & d'vne beauté admirable.

ET LES OUVRAGES DES PEINTRES. 181

Cét Ouvrage fut cause que dans ce lieu, <small>IULE ROMAIN.</small> qui estoit peu considérable auparavant, le Marquis résolut de poursuivre vn plus grand édifice, & d'en faire vn magnifique Palais: De sorte que Jule en ayant fait le dessein, on y travailla avec tant d'application, qu'il fut achevé en peu de temps.

Il est certain que ce fut vn grand bonheur au Marquis de Gonzague d'avoir rencontré Jule Romain; mais ce ne fut pas vn moindre avantage à Jule de trouver vn Prince amateur des beaux Arts, qui luy donna lieu de faire connoistre la force de son esprit, & de montrer en mesme temps dans ses Ouvrages de Peinture & d'Architecture des choses que tous les autres grands Peintres n'ont point eû occasion d'exposer au jour.

Car c'est dans ces grands travaux qu'on peut remarquer toutes les belles parties qui font vn excellent Peintre.

L'on voit combien celuy dont je parle estoit fécond dans l'invention, agréable dans l'ordonnance, & sçavant dans la convenance des choses nécessaires à ce qu'il traitoit, qui sont trois parties, d'où dépend principalement la belle composition d'vn ouvrage.

Z iij

JULE ROMAIN.

La fecondité de ses pensées, & la noblesse des inventions paroissent dans ce Palais jusques aux moindres ornemens, soit de Stuc, soit de Peinture, où l'on voit qu'il n'y a rien qui ne convienne au lieu, & aux Tableaux qui l'embellissent.

On peut considerer l'invention d'vn Tableau en deux maniéres; sçavoir, celle qui vient purement de l'esprit du Peintre, & celle qu'il emprunte de quelqu'vn. La premiére est, quand il invente luy-mesme quelque sujet, qui n'a lieu ny dans la fable, ny dans l'histoire, & qu'il dispose entiérement à sa fantaisie. La seconde, est celle qu'il emprunte de quelqu'vn, & qui n'est pas vn entier effet de son imagination, comme la representation de choses allegoriques, historiques, ou fabuleuses; & encore de celles qui sont mixtes, c'est à dire, où la fable, l'histoire, & l'allégorie sont meslées. Or comme il est certain que ces sujets doivent estre traitez differemment, chacun selon les endroits où ils sont placez, le jugement de l'Ouvrier paroist davantage, lorsqu'il sçait disposer chaque chose en sorte qu'elle ait rapport au lieu où elle est mise, & qu'elle y cause vn ornement & vne beauté convenable.

ET LES OUVRAGES DES PEINTRES. 183

Car dans les grands Palais ces différentes sortes d'inventions semblent chacune en particulier y avoir vn lieu, qui leur est naturellement propre. C'est pourquoy il est du devoir d'vn bon Peintre de considerer quels sujets il traite, & dans quels appartemens il doit les representer.

Les anciens estoient si exacts à cela, qu'ils ne manquoient point d'orner leurs maisons de peintures differentes, selon les differens logemens qu'ils occupoient. Ceux où ils demeuroient au Printemps estoient enrichis de Tableaux conformes à la saison; & ceux qui leur servoient pendant l'Hyver estoient peints d'vne autre maniére. Comme l'intention des premiers Peintres estoit de representer par la force de leur art ce qui n'estoit pas en effet, & de suppléer par les couleurs au défaut des choses réelles, dans les lieux mesmes où elles devoient estre; il est certain qu'ils commencérent d'abord à feindre des corps d'Architecture dans les appartemens qui estoient simples, comme vous avez veû que Jule Romain a fait dans la Salle de Constantin dont nous parlions tantost, où il a representé vn lambris tout autour, au dessus duquel cette grande Bataille, & ces autres Tableaux forment vne espece de tapisserie.

Dans les Galleries, à cause de leur longueur, ils feignoient des pilastres ou des colonnes d'espace en espace, afin que la veuë fust bornée, & peust mieux considerer les mers & les païsages où ils prenoient plaisir de peindre des naufrages, des bâtimens, & d'autres objets qui divertissent les yeux. Enfin, dans les lieux les plus importans, ils y representoient de plus grands sujets, comme d'histoires & de fables.

Cependant vous remarquerez que Vitruve se plaint, de ce que l'on péchoit de son temps contre la vraysemblance, qu'il vouloit sur toutes choses qu'on gardast dans l'invention ; les Ouvriers d'alors s'arrestant plûtost à figurer des monstres, & des chiméres dans les ornemens qu'ils faisoient, que des images de quelque chose de solide, & de vraysemblable.

Si Vitruve, interrompit Pymandre, vivoit encore, il auroit beau écrire contre cét abus, puis que non seulement dans l'Architecture, mais aussi dans la Peinture, l'on voit bien des Ouvrages, où le jugement n'a gueres eû de part. Pour moy, je croy qu'il en a esté de tout temps de la sorte ; car dans tous les siécles les Doctes ont toûjours déclamé contre les ignorans ; & je pense même que l'ignorance

ET LES OUVRAGES DES PEINTRES. 185
ce est en quelque forte neceffaire, pour faire connoiftre les fçavans. Hé, que feroit-ce, fi tout le monde avoit vn efprit égal? Si tous les Peintres eftoient auffi intelligens que Jule Romain, eft-il pas vray qu'il n'auroit pas efté diftingué d'eux par cette réputation que fon grand merite luy a acquife? Et fi j'eftois bien informé de tous les fecrets de cét art, ajoûtat-il, je ferois privé à prefent du plaifir que je reçois à vous entendre parler, & à m'inftruire de beaucoup de chofes que j'ignorois auparavant.

JULE ROMAIN.

Pour continuer donc à vous donner quelque forte de fatisfaction, repartis-je en le regardant, je vous diray comme quoy Jule Romain a fceû dignement obferver toutes les chofes que nous avons remarquées neceffaires à vn ouvrage accompli. Ayant vne parfaite connoiffance de l'Architecture, il a conduit ces bâtimens de telle forte, que les pilaftres, les colonnes, & tous les ornemens s'accordent parfaitement avec les peintures, & ont vne vnion admirable les vns avec les autres.

Le Palais du T, eftant, comme je vous ay dit, vne Maifon de campagne, où le Marquis de Mantouë prenoit plaifir à élever des che-

A a

vaux, & à nourrir des chiens, Jule representa dans vne grande Salle basse, qui sembloit ouverte de tous côtez, les plus beaux chevaux qui fussent dans le haras, avec les chiens de la plus belle race, mais si bien colorez à Fraisque par Benedette Pagni & Rinaldo Mantoüano ses Eleves, qu'il y avoit beaucoup de plaisir de voir tous ces animaux en differentes actions, & qui sembloient paroître dehors par les ouvertures que l'on avoit feintes. Ensuite de cette Salle il y a vne chambre, dont la voûte composée d'ornemens de Stuc parfaitement bien travaillez, estoit encore enrichie de filets d'or. C'est là que Jule Romain representa en plusieurs Tableaux toute l'histoire de Psiché. Ceux qui sont peints dans la voûte sont à huile, & de la main des deux Eleves que je viens de nommer; mais les autres grandes piéces qui sont contre les murailles sont à Fraisque. D'vn costé on y voit Psiché dans le bain, environnée d'vne troupe d'Amours, qui versent sur elle des essences & des parfums. De l'autre costé l'on voit Mercure qui prépare le festin. Il y a vn buffet admirable, à cause de la grande diversité de bassins, de coupes, & de vases dont il est composé. Vous pouvez voir l'Estampe que Baptiste Franc Venitien en a gravée, & vous aurez plus de plaisir à considerer la beauté de ce deſſein, que du recit que j'en pourrois faire.

JULE ROMAIN.

Bien que ces Peintures ayent eſté exécutées par Benedette & Rinaldo, néantmoins eſtant toutes retouchées de la main de Jule, on peut les regarder comme ſon propre ouvrage. Auſſi les faiſoit-il travailler ſur ſes deſſeins, à l'exemple de Raphaël; ce qui n'eſt pas peu vtile aux jeunes hommes, qui eſtant conduits par vn excellent Maiſtre, en deviennent beaucoup plus ſçavans. Car ſi quelquefois il s'en rencontre d'aſſez préſomptueux, pour s'imaginer d'eſtre auſſi capables que ceux qui les conduiſent, néantmoins pour peu qu'on les abandonne à leur genie, ils reconnoiſſent bientoſt le beſoin qu'ils ont d'eſtre ſoûtenus par vn autre.

De cette chambre où eſt peint l'hiſtoire de Pſiché l'on paſſe dans vne autre, ornée de bas reliefs de Stuc, faits ſur les deſſeins de Jule par Franceſque Primatice de Boulogne, & par Jean Baptiſte de Mantouë. L'on y voit tout ce qui eſt repreſenté dans la Colonne Trajane. Proche de cét appartement il y a vne antichambre, où dans le plafonds eſt repreſenté la cheûte d'Icare, & les douze mois.

Là on voit les divers emplois dans lesquels les hommes s'occupent pendant toute l'année. Enfin, comme Jule avoit vne liberté toute entière d'exécuter ses pensées de la manière qu'il vouloit, il remplit ce Palais de tant de choses agréables & divertissantes, qu'il n'y a point de lieu qui n'ait des beautez differentes. Mais entre tous les Ouvrages que l'on voit au Palais du T, rien n'est comparable à la Salle où il a peint la cheûte des Geans. C'est là qu'il a employé tout ce que l'art & l'industrie d'vn sçavant Peintre peut produire de plus grand & de plus accompli. Car voulant faire quelque chose dont l'invention, c'est à dire la manière de traiter son sujet fust rare & surprenante, il choisit vn endroit dans le Palais semblable à celuy où il avoit peint l'histoire de Psiché; mais il voulut que la maçonnerie en fust disposée, de telle sorte, qu'elle contribuast à l'artifice qui devoit paroître dans sa peinture. C'est pour cela, qu'aprés avoir fait jetter les fondemens de tout l'édifice, il fit faire vne muraille tres-forte, qui en s'élevant formoit vne figure ronde, & composoit vne voûte surbaissée en manière de four. Les portes, les fenestres, & la cheminée estoient de pierres rustiques, mal ordonnées, & jointes

ET LES OUVRAGES DES PEINTRES. 189
enfemble de telle forte, qu'il fembloit que tout allaft tomber.

C'eft dans cette chambre qu'il prit vn foin extraordinaire de reprefenter vne fable, dont le fujet eft tout-à-fait convenable à la difpofition du lieu. Car il a feint que le haut de la voûte eft percé; & par cette ouverture feinte on voit au plus haut du Ciel vn Temple compofé d'ordre Ionique, dans lequel paroift le Trône de Jupiter. Ce Dieu eft vn peu blus bas, tenant vn foudre à la main, qu'il lance contre les Geans. Junon eft au deffous, qui femble le fecourir. Proche d'eux font les Vents, qui de leurs bouches extraordinairement enflées foufflent vers la terre, pendant qu'au feu épouvantable des Foudres & des Tonnerres qui luifent, & qui femblent éclater de toutes parts, on voit la Déeffe Opis tirée par fes Lions, & qui toute effrayée fe détourne d'vn autre cofté. Plufieurs autres Divinitez font la mefme chofe, parmy lefquelles on remarque Venus qui eft proche de Mars, & Mome, qui les bras étendus, & comme immobile, femble craindre la ruine de tout l'Univers.

Là on voit encore les Graces & les Heures qui fe retirent pleines de fraieur. Enfin l'épouvante paroift si grande parmy ces Divinitez, que la pluspart prennent la fuite. Diane, Saturne, & Janus, montent vers la partie du Ciel la plus sereine, pour s'éloigner du bruit & de l'horreur des tempestes. Neptune en fait de mesme. On diroit qu'il tâche de se tenir ferme sur son trident, & de vouloir arrester ses Dauphins; car la mer est tellement agitée, que ses vagues s'élevent jusques aux nuës. Pallas, qui est avec les neuf Muses, semble moins timide. Elle regarde fixement quelle sera la fin d'vne entreprise si téméraire.

D'autre costé l'on voit Pan, qui tient vne jeune Nymphe toute tremblante de frayeur, & qui veut se sauver des feux & des foudres dont le Ciel est comme embrasé.

Apollon est dans son char, autour duquel sont quelques-vnes des Heures occupées à retenir ses chevaux effrayez. Bacchus & Silene sont environnez de Satyres & de Nymphes. Vulcain, qui tient vn gros marteau sur son épaule, regarde Hercule qui parle à Mercure. Pomone est auprés d'eux toute tremblante de peur, aussi bien que le reste des autres Dieux; & c'est vne chose admirable de voir comme sur les visages de tant de sortes de Divinitez Jule Romain a exprimé la crainte & la frayeur

ET LES OUVRAGES DES PEINTRES. 191
en tant de maniéres differentes, que non feu- Iule Romain.
lement il ne fe voit rien de plus beau, mais
qu'il eft mefme difficile de rien imaginer de
plus parfait.

Dans les coftez de la chambre, au deffous
de l'endroit où la voûte prend fon cintre,
les Geans font reprefentez. Il y en a qui portent fur leurs épaules des montagnes & de
gros rochers qu'ils femblent rouller, & mettre
les vns fur les autres pour efcalader le Ciel,
au mefme temps qu'on voit leur ruine qui
s'approche. Car Jupiter lançant fes foudres fur
eux, & tout le Ciel paroiffant en feu, il ne
femble pas feulement qu'il aille renverfer les
orgueilleux deffeins de ces Geans, en les accablant fous les montagnes qu'ils ont entaffées les vnes fur les autres, mais on diroit que
par vn tel bouleverfement il va mettre le Ciel
& la terre en confufion.

Parmi ces Geans, dont les vns paroiffent
déja accablez, & les autres bleffez fous les
ruines des montagnes, on reconnoift Briarée
prefque tout couvert de morceaux de roche.

Il y a vn endroit qui reprefente l'ouverture
d'vne grotte, au travers de laquelle on découvre vn lointain, qui eft peint avec vn artifice tout particulier : Car on y voit comme

dans vne fort grande distance plusieurs Geans blessez du tonnerre, & qui fuient, craignant encore d'estre comme les autres renversez sous les montagnes.

D'vn autre costé on en voit d'accablez par la chûte des Temples & des Palais. C'est dans cét endroit, & parmi des murailles & des colonnes qui semblent tomber, que Jule a placé la cheminée de la chambre; ce qu'il a fait pour rendre encore son ouvrage plus surprenant: Car lors qu'on allume du feu, non seulement on voit des Geans qui paroissent brûler au milieu des flâmes, mais on apperçoit Pluton tiré dans son chariot par des chevaux fort décharnez, & accompagné des Furies, lequel se précipite au fond des Enfers.

Outre cela, pour rendre cette composition plus terrible, le Peintre a fait que les Geans les plus grands, & d'vne taille plus haute estant diversement frapez de la foudre, sont renversez à terre; de sorte qu'on s'imagine les voir les vns plus proches, & les autres plus loin, les vns morts, les autres blessez, & d'autres à demy ensevelis sous les ruines des bâtimens. Et certes je ne croy pas qu'il soit possible de rien faire en peinture qui soit plus surprenant, & où la vraysemblance soit mieux observée.

Car

ET LES OUVRAGES DES PEINTRES 193

Car lors qu'on entre dans cette chambre, & qu'on voit les feneftres, les portes, & les autres endroits des murailles qui femblent tomber, auffi bien que ces montagnes, & ces colonnes feintes, l'on demeure tout furpris, & il eft bien difficile en les confidérant de n'avoir pas quelque forte d'apprehenfion de leur chûte.

Mais ce qui eft particuliérement digne d'eftre obfervé dans tout ce magnifique Ouvrage, c'eft que toutes les parties en font fi vniformes, & fi bien attachées les vnes avec les autres, qu'il n'y a nulle feparation d'ornement; que toute la chambre n'eft qu'vne feule peinture; que les chofes proches femblent d'vne grandeur prodigieufe; que celles qui doivent paroître éloignées fe perdent, & diminuënt de telle maniére, que cette Salle paroift vne campagne, & vn païs fort fpacieux.

Enfin, c'eft là que Jule Romain ayant donné l'effor à fes belles imaginations, femble avoir répandu comme par vne plenitude & par vn débordement de fon fçavoir, vne infinité de nobles penfées, qu'on voit bien ne fortir que d'vne abondance de belles notions, qu'il avoit acquifes dans toutes les chofes de la nature, & dans les fecrets de fon art.

Bb

M'estant arresté pour prendre haleine, Je comprens bien, dit alors Pymandre, que toute la science de la Peinture n'est pas enfermée, comme la pluspart des autres arts, dans des limites resserrées, mais qu'elle embrasse tout ce que l'antiquité nous a laissé dans les Poëtes & dans les Historiens, pour apprendre à bien representer les choses passées; & outre cela, tout ce que la nature produit de plus parfait, pour en former des images qui luy ressemblent. C'est pourquoy vn Peintre, à mon avis, réüssit toûjours mieux, lorsqu'il tire de la fable ou de l'histoire les sujets qu'il represente, parce que nous les comprenons plus facilement que nous ne faisons ceux qui sont emblématiques, lesquels ayant besoin d'vne explication particuliére pour estre bien entendus, ne donnent pas d'abord toute la satisfaction qu'on en peut desirer.

Vous me repartirez peut-estre, que je suis vn de ceux qui ne demandent qu'à sçavoir l'histoire d'vn Tableau pour estre satisfait, & qui ne remarquant que les moindres parties, laisse considerer à d'autres ce qui regarde l'ordonnance & le dessein.

Je vous diray, repliquay-je, que vous n'estes pas le seul de ce sentiment, & qu'il y a

ET LES OUVRAGES DES PEINTRES. 195
beaucoup de personnes qui aiment mieux les Iule Romain.
Tableaux d'histoires, que ceux dont il faut deviner les sujets, & dont le sens est allégorique.
Et pour moy, je ne trouve pas cela tout-à-fait étrange ; car comme nous cherchons plûtost à nous entretenir avec des personnes que nous connoissons, & dont nous entendons la Langue, qu'avec des gens inconnus, & que nous n'entendons pas ; de mesme nous prenons plus de plaisir à regarder dans des Tableaux les histoires que nous sçavons déja, que non pas à considerer vne composition de figures où nous ne comprenons rien, & dont il faut deviner ce qu'elles representent.

Cependant il y a des sujets traitez mistiquement, dont l'on ne doit pas faire peu d'estat, principalement quand le Peintre a esté assez ingenieux pour y cacher les secrets de la Philosophie. Et mesme il semble que cette maniére de representer les choses est particuliérement propre à la Peinture, & qu'elle a cela de commun avec la Poësie, qui sous le voile de ses belles fictions couvre vne sçavante moralité. Mais aussi il faut que ce soit dans vne excellente composition d'Ouvrage que cette Philosophie soit exprimée ; & que le Peintre faisant l'office d'vn Poëte

Bb ij

muet, expose dans la noble invention d'vn beau sujet, toutes les parties d'vn Poëme bien entendu.

Pour rendre cette composition parfaite, il faut que l'ordonnance en soit magnifique, que toutes les figures ne tendent qu'à representer vne seule action. Si c'est vn lieu où il y ait diverses actions representées dans des Tableaux separez, il faut qu'elles se rapportent toutes à vn seul sujet; & c'est dequoy les Ouvrages que Jule Romain a faits à Mantouë, & dont je vous ay parlé, peuvent servir de parfaits modelles.

C'est-là qu'on peut voir comment vn Peintre doit faire vne exacte recherche de ce qu'il y a de plus rare dans la nature pour embellir son Ouvrage, & ne faire choix que d'vn nombre convenable de figures, afin de ne pas incommoder la veuë qui se trouve embarassée, lors que les choses se presentent à elle avec confusion. C'est-là qu'on peut apprendre à donner vne grandeur aux figures, qui soit proportionnée à la grandeur du lieu, & à la distance de l'œil. Enfin c'est dans la belle ordonnance de toutes ces choses qu'on peut connoistre quel estoit le genie & l'esprit de ce sçavant homme, puisque dans

ET LES OUVRAGES DES PEINTRES. 197
ces Ouvrages on voit combien il eſtoit abon- IULE
dant en penſées, & en belles imaginations, na- ROMAIN.
turel & aiſé dans la diſpoſition de ſes figures, fecond en vne diverſité de mouvemens,
qui tous paroiſſent beaux & naturels ; à quel
point il ſçavoit bien exprimer les paſſions, &
donner de la force, de la beauté & de la grace à ſon Ouvrage. On y peut remarquer ſon
adreſſe à bien placer toutes les choſes qui entrent dans la compoſition de ſes Tableaux,
en ſorte qu'elles ne ſe nuiſent point les vnes
aux autres. Car il n'y a rien de confus ; toutes les figures agiſſent, & font bien ce qu'elles doivent faire. Les principales ſont toûjours
dans les endroits les plus apparens ; & l'on
voit que les autres ne ſont là que pour les accompagner, & que toutes ſervent, & ont
rapport au principal ſujet. Comme il n'y a
rien de ſuperflu qui cauſe de l'embaras, il n'y
a rien auſſi de trop vuide qui marque de la
pauvreté. On n'y voit point de figures char-
gées de veſtemens, qui cachent trop le nud.
Tout le plan de l'Ouvrage ſe remarque ſans
peine. Et certe l'on peut juger par ces travaux, que quand vn Peintre en veut entreprendre de ſemblables, il faut qu'il emploie
toutes les forces de ſon eſprit pour ſe bien re-
Bb iij

presenter l'action qu'il veut peindre, comme s'il la voyoit en effet devant ses yeux ; & quand il vient à l'exécution, qu'il déploie tout ce qu'il a de science, rompant la digue, s'il faut ainsi dire, à ses riches imaginations, & les laissant répandre comme vne eau, qui aprés avoir esté retenuë, vient à se déborder avec impétuosité, & inonde la campagne.

Ce n'est pas que je veuïlle dire que les Peintres se doivent laisser emporter à la violence de leur premier feu. Car comme les grands efforts ne durent quelquefois qu'vn moment, on voit aussi qu'encore que les Tableaux qui sont faits avec furie ayent je ne sçay quoy de plaisant, & qui surprend d'abord: neantmoins lors qu'on vient à les examiner, on s'en lasse bientost ; parce qu'on reconnoist que toutes les choses y estant faites & mises au hazard, & sans jugement, il n'y a pas tant de beauté qu'on s'estoit imaginé. Et s'il y paroist quelque art, il semble qu'on l'ait dérobé pour l'y mettre par force & par violence.

C'est pourquoy ce n'est pas assez qu'vn Peintre ait l'esprit plein de feu, & l'imagination vive. Dans la Peinture, aussi bien que dans les autres Sciences, le jugement doit avoir la principale conduite de l'ouvrage, qui aprés cela aura cét avantage, que plus on le confidérera, & plus on y trouvera de fcience & de beauté.

Michel Ange admirant la profondeur de fon art, confeffoit ingenuëment qu'il y avoit encore beaucoup de chofes qu'il ignoroit. Il eft vray auffi que quelque fçavant qu'il ait efté, on ne peut pas luy donner rang parmi ceux qui ont traité leurs Ouvrages avec ce parfait raifonnement, que nous admirons dans les Tableaux de Raphaël & de Jule Romain. Il avoit ce feu & cette furie, qui à la verité engendre le terrible & le furprenant; ce qui fouvent a fait produire à quantité d'autres Peintres qui l'ont voulu imiter, beaucoup de chofes fort mauvaifes & fort defagréables, n'ayant pas les autres excellentes qualitez qu'il poffedoit.

Mais pour revenir à Jule, aprés avoir fini le Palais du T, il rétablit encore celuy où le Marquis faifoit fa demeure ordinaire dans Mantouë; & ce fut-là qu'il peignit dans vne Salle l'hiftoire du fiége de Troye, & que dans vne Antichambre il fit douze Tableaux à huile, au deffus des portraits des douze Empereurs que le Titien avoit peints; & qui ayant esté pris au sac de Mantoüe, & depuis portez en Angleterre, y furent enfin brûlez dans les derniers desordres arrivez en mil six cens quarante-huit.

Jule fit encore à Marmiolo, qui est distant de Mantoüe environ deux lieuës, des bastimens & des tableaux, qui n'estoient pas d'vne moindre beauté que ceux du Palais du T. Et dans vne Chapelle de l'Eglise de S. André de Mantoüe il representa la Nativité de Nostre Seigneur avec S. Jean & S. Longis, qui sont debout sur le devant du Tableau. Cette peinture, qui est à huile, & d'vne beauté singuliére, se voit maintenant dans le cabinet du Roy.

Je serois trop long, si je m'arrestois à vous parler de tous les Tableaux de Jule, & de tous les desseins qu'il a faits, dont vous en pouvez voir quantité de tres-excellens dans le cabinet de M. Jabac; car il n'y a gueres eû de Peintre qui ait mis au jour tant d'Ouvrages. Il fit plusieurs cartons de tapisseries pour le Duc de Ferrare, qui furent exécutez en Flandre par vn nommé Nicolas & Jean Baptiste Roux, excellens ouvriers.

Voit-on

ET LES OUVRAGES DES PEINTRES. 201

Voit-on rien de plus beau que celles qui font au Louvre du deſſein de ce ſçavant homme ? C'eſt dans les Batailles & le Triomphe de Scipion qu'on peut remarquer ce que je vous diſois tantoſt des armes, & de toute cette magnificence qui paroiſſoit dans Rome aux Triomphes des Empereurs. Ces deux tentures de Tapiſſeries, qui contiennent ſix-vingts aulnes en vingt-deux piéces, ſont toutes relevées d'or, & la beauté du travail répond bien à l'excellence du deſſein.

Une autre tenture qui repreſente l'hiſtoire de a Lucrece; celle des triomphes de b Bacchus; celle c d'Orphée; les d groteſques; les e douze mois, qui eſtoient autresfois à Mr de Guiſe; & le f raviſſement des Sabines, ſont des ouvrages tous tiſſus de ſoye & d'or. Il y a encore dans le Gardemeuble du Roy trois autres tentures de Tapiſſeries, qui repreſentent g l'hiſtoire de Scipion, les h fruits de la guerre, & le i triomphe de Venus; & l'on peut dire que toutes ces grandes compoſitions ſont autant de chefs-d'œuvres, où l'on voit encore aujourd'huy, plus qu'en aucun autre endroit de l'Europe, des marques de la beauté & de la grandeur du genie de cét excellent Peintre.

JULE ROMAIN.

a Contenant 21. aulne en 5. pieces.
b 21. aulne en 7. pieces.
c 28. aulnes en 8. pieces.
d 43. aulnes en 10. pieces.
e 45. aulnes en 12. pieces.
f 28. aulnes en 5. pieces.
g Contenant 57. aulnes en 10. pieces.
h 55. aulnes ½ en 8. pieces.
i 15. aulnes en 3. pieces.

JULE ROMAIN.

Si Jule Romain exécutoit si heureusement toutes les choses qu'il entreprenoit, ce n'estoit pas sans vne grande estude, & vn long travail; aussi sçavoit-il bien rendre raison de tous ses Ouvrages, & connoissoit d'autant mieux les choses antiques, qu'il avoit toûjours fait vne curieuse recherche de toutes sortes de médailles.

Lors que l'Empereur Charles V. passa à Mantouë, Jule donna des marques de son sçavoir, & de cette grande facilité qu'il avoit à bien inventer. Car il ordonna plusieurs arcs de triomphe, des décorations de theatre, & quantité d'autres galanteries, pour lesquelles mesme il avoit vne naturelle inclination, n'y ayant jamais eû personne qui ait mieux sceû trouver ces differens caprices dont l'on se sert dans les mascarades, dans les tournois, & dans de semblables Festes, où l'on affecte des habits & des ornemens tout nouveaux & tout particuliers.

Enfin, si Jule rendit recommandable la ville de Mantouë, en la décorant d'vne infinité de beaux Ouvrages, & en remédiant au débordement du Po, dont les eaux l'inondoient souvent; il se fit aussi beaucoup considerer du Marquis de Gonzague, qui eût pour luy vne

ET LES OUVRAGES DES PEINTRES. 203
eftime & vne amitié toute particuliére. Lorf- IULE ROMAIN.
que ce Prince mourut, Jule en eût vn tel dé-
plaifir, que dans la douleur qu'il reffentit, il
auroit quitté la Ville, & s'en feroit allé à Rome, fi le Cardinal de Gonzague, qui prit le
gouvernement de l'Eftat, à caufe du bas âge
de fes neveux, ne l'euft obligé de demeurer;
luy faifant connoiftre qu'il ne devoit pas quitter vn lieu où il eftoit tout eftabli, & où il
avoit non feulement vne femme & des enfans, mais plufieurs amis, & des biens confidérables : Ce que le Cardinal luy reprefentoit auffi par fon intereft particulier, eftant
bienaife de conferver auprés de luy vne perfonne d'vn fi grand merite, & dont l'efprit
n'eftoit pas moins agréable que les Tableaux.

Quand Vafari paffa à Mantouë, en allant
à Venife, il fit amitié avec Jule; & il écrit,
qu'eftant vn jour enfemble, le Cardinal de
Gonzague furvint, qui luy demanda ce qu'il
luy fembloit des Ouvrages de Jule. A quoy il
fit réponfe, qu'il les eftimoit tels, que leur auteur meritoit qu'on luy élevaft des Statuës
dans toutes les ruës de la Ville, puifqu'en
ayant renouvellé plus de la moitié, tout l'Eftat
n'eftoit pas fuffifant de recompenfer fon travail & fa vertu. A quoy le Cardinal repar-
Cc ij

Jule Romain.

tit obligeamment, que Jule en estoit plus maistre que luy.

Jule continuoit toûjours de travailler à Mantoüe, lorsqu'Antonio da San Gallo estant mort à Rome, on jetta les yeux sur luy pour conduire le bastiment de l'Eglise de Saint Pierre ; & pour cét effet, on luy fit des offres tres-avantageuses. Mais le Cardinal Gonzague ne voulut jamais permettre qu'il s'en allast ; & sa femme, ses enfans, & ses parens le secondoient si bien par leurs priéres, que Jule resolut de demeurer à Mantoüe, où il ne vescut pas long-temps aprés : Car estant tombé malade, il y mourut seulement âgé de cinquante-quatre ans. Il laissa vn fils nommé Raphaël, & vne fille qui fut mariée à Hercule Malateste. Il eût plusieurs disciples, dont les plus considérables furent Jean de Lion, Raphaël dal Colle, Benedetto Pagni, Figurino da Faenza, Fermo Guisoni, Rinaldo, & Jean Baptiste de Mantoüe.

Le 1. Novembre 1546.

Sebastien, dit Frate del Piombo.

Dans le temps que Jule Romain travailloit à Rome avec beaucoup d'estime, & qu'il estoit consideré comme le premier Eleve de Raphaël, Michel Ange de son costé tâchoit d'élever autant qu'il pouvoit le merite & les Ouvrages de SEBASTIEN DE VENISE,

qui a esté mieux connû sous le nom de FRA
SEBASTIEN DEL PIOMBO. Celuy-cy
avoit appris de Jean Belin les principes de la
Peinture, & ensuite il s'estoit formé vne ma-
niére encore meilleure sous Giorgion : De sor-
te que s'estant mis en crédit à Venise, où il
fit plusieurs Ouvrages, Augustin Ghisi, qui
estoit vn riche Banquier de Rome, & qui
avoit beaucoup de correspondance à Venise,
trouva moyen de le faire venir pour travail-
ler chez luy. D'abord il luy fit faire quelques
Tableaux dans la même loge, ou Baltazar
de Sienne avoit déja peint. Et aprés que Ra-
phaël eut achevé l'histoire de Galathée, qui
est dans vne autre loge du mesme Palais de
Ghisi, Sebastien y fit aussi vn Tableau, où il
peignit à Fraisque vn Poliphême, & ensuite il
travailla à d'autres Ouvrages à huile qui le
rendirent recommandable ; parce qu'ayant
appris sous Giorgion vne maniére de peindre
assez gracieuse, tous ceux qui recherchoient
la beauté du coloris en estoient fort satis-
faits.

C'estoit dans ce temps-là que la reputation
de Raphaël, & de Michel Ange, causoit
dans Rome deux differens partis entre les
amis de l'vn & de l'autre, particuliérement

SEBAS-TIEN, dit FRATE DEL PIOM-bo.

parmy les Peintres. Comme Sebastien avoit vne haute opinion de luy-mesme, & qu'il croyoit ne meriter pas moins que Raphaël, il ne fut pas de ceux qui favoriserent son parti. C'est pourquoy Michel Ange, pour l'engager davantage à prendre le sien, luy témoigna toute sorte d'affection, & le protegea en toutes rencontres, croyant que si vne fois il pouvoit l'attirer auprés de luy, pour le faire travailler sur ses desseins, il luy feroit exécuter des Ouvrages d'autant plus beaux, que sa maniére de peindre estoit déja tres-agéable. En effet, s'estant vnis d'amitié, Sebastien commença à se mettre en reputation par le moyen de Michel Ange, qui publioit par tout son merite; & ce fut dans ce temps-là qu'il fit vn Tableau pour porter à Viterbe, où il representa vn Christ mort. Cét Ouvrage fut beaucoup estimé; mais aussi l'on dit que Michel Ange en avoit fait le dessein, de mesme que de quelques autres que Sebastien peignit ensuite.

Cependant il osa bien entrer en concurrence avec Raphaël; car lors que celuy-cy commença de travailler au Tableau de la Transfiguration, qui est à S. Pierre In Montorio, & que le Cardinal de Medicis devoit envoier

ET LES OUVRAGES DES PEINTRES. 207
en France, Sebaſtien entreprit auſſi d'en faire SEBAS-
vn de meſme grandeur, où il repreſenta la TIEN, dit
reſurrection du Lazare. L'ayant fini, verita- DEL PIOM-
blement en partie ſur le deſſein & ſous la BO.
conduite de Michel Ange, il l'expoſa en public, pour eſtre comparé à celuy de Raphaël:
Et bien que celuy de la Transfiguration ſoit
ſi accompli en toutes ſes parties, qu'il n'y a
rien de comparable à cét ouvrage ; néantmoins le travail de Sebaſtien ne laiſſa pas
d'eſtre eſtimé ; & c'eſt ce Tableau qui eſt encore aujourd'huy à Narbonne, où le Cardinal
Jule de Medicis, qui en eſtoit alors Archeveſque, l'envoya. Cét Ouvrage, & les autres
qu'il faiſoit tous les jours dans Rome, luy
aquirent tant de credit, que Raphaël eſtant
venu à mourir, il fut conſideré de quelques-
vns comme le premier Peintre d'alors ; la faveur de Michel Ange eſtant cauſe que beaucoup le préferoient à Jule Romain, & aux
autres Eleves de Raphaël. De ſorte qu'Auguſtin Ghiſi, qui avoit fait faire dans l'Egliſe de Sainte Marie del Popolo vne Chapelle
pour ſa ſepulture, par l'avis de Raphaël, traita avec Sebaſtien pour en faire les Tableaux.
Mais quoy que ce Peintre euſt fait dreſſer
tous les échafaux pour y travailler, il n'a-

vança pas pour cela davantage l'ouvrage, & le haut de cette Chapelle demeura couvert jusques en l'an 1554. que Loüis, fils d'Augustin, resolut de la faire achever par Salviati, qui en peu de temps la conduisit dans sa perfection, & luy donna vne forme, que la paresse & la négligence de Sebastien n'avoit pû faire depuis long-temps, encore qu'il eust esté fort largement recompensé par Augustin & par ses heritiers, du peu de travail qu'il avoit commencé à y faire. Il est vray aussi qu'il entreprenoit beaucoup d'Ouvrages, qu'il ne finissoit jamais ; soit qu'il n'eust pas assez de force pour poursuivre de luy-mesme vne grande entreprise, & que son genie l'abandonnast trop tost; ou bien que ce fust par vne paresse & nonchalance qui luy estoit naturelle. C'est ainsi qu'il n'acheva pas vn grand Tableau de S. Michel pour le Roy François Premier, qui en avoit déja vn de la main de ce Peintre. Ce qu'il finissoit plûtost, & avec plus d'amour, c'estoit des Portraits. Il fit celuy d'Adrian VI. lors qu'il vint à Rome prendre possession de la Chaire de S. Pierre, & en suite il representa aussi son successeur Clement VII. Un des plus beaux qu'il ait faits fut celuy d'vn Gentilhomme de Florence,

ET LES OUVRAGES DES PEINTRES. 209
ce, nommé Antoine François de gl'Albizi, & celuy encore de Pierre Arétin.

SEBAS-
TIEN, dit
FRATE
DEL PIOM-
BO.

Dans ce temps-là l'Office de Fratel del Piombo eſtant venu à vaquer, il en fut pourvû par le Pape, à la charge d'vne penſion de trois cens écus, qu'il devoit donner à Jean da Udiné. Ayant pris vn habit ſortable à ſa condition, & ſe voyant en eſtat de vivre commodément, il ne ſe ſoucia plus de travailler, mais regardoit comme vn grand plaiſir, de pouvoir alors paſſer le temps à rien faire. Ce qui prouve bien que ſi les richeſſes & les commoditez ſont vtiles à quelques-vns, & leur donnent moyen de s'avancer davantage, comme elles avoient fait à l'endroit de Raphaël, & d'autres grands Peintres; elles font vn effet tout contraire en d'autres, qui au lieu de s'en ſervir vtilement, demeurent dans l'oiſiveté & dans la pareſſe, puiſque pendant que Sebaſtien eut moins de revenu, & vne fortune plus baſſe, il travailla continuellement, & tâchoit meſme de ſurpaſſer Raphaël; & depuis qu'il fut à ſon aiſe, il ne ſe mettoit au travail qu'avec peine. Il fit pourtant encore quelques Tableaux; entre autres le portrait de Catherine de Medicis, niéce du Pape Clement, lors qu'elle fut à Rome,

Dd

& avant que d'estre Reine de France: Il est vray qu'il ne l'acheva pas entiérement. Il fit aussi le portrait de Julie de Gonsague pour le Cardinal Hypolite de Medicis, lequel fut depuis envoyé au Roy François I.

Ce Peintre fut le premier qui s'avisa de peindre sur des pierres de diverses couleurs, dont il faisoit servir le fond dans la composition, & dans les ornemens de ses Tableaux. Comme cette nouvelle maniére plût d'abord à beaucoup de monde, & qu'il en estoit bien payé; afin de la rendre encore plus estimable, il chercha vn moyen pour empêcher que les couleurs à huile ne se gâtassent, estant employées sur des pierres, & contre les murailles: ce qui estoit arrivé à celles de Dominique, d'André dal Castagno, & d'autres Peintres, qui ont esté les premiers à peindre à huile, lesquelles devenoient noires, & s'effaçoient en peu de temps. Pour remedier à cela il se servoit d'vne composition de poix & de mastic fondus & meslez ensemble, dont il faisoit enduire les murs avec la chaux vive; & qu'ainsi ses Ouvrages ne souffrant rien de l'humidité, conservoient la beauté des couleurs, sans qu'il y arrivast aucun changement. C'est avec cette mesme composition qu'il a travaillé sur les pierres les plus dures, où par ce moyen la couleur peut demeurer long-temps. N'ayant pas d'inclination pour la Peinture à Fraisque, il persuada le Pape d'obliger Michel Ange de peindre à huile la Façade de la Chapelle, où est à present le Tableau du Jugement; ce que Michel Ange n'ayant pas voulu faire, il encourut la disgrace du Pape, & demeura quelque temps sans rien faire : Mais enfin estant de nouveau sollicité par le Pape, il déclara qu'il ne travailleroit point autrement qu'à Fraisque, & que la Peinture à huile estoit vn ouvrage de femme ou d'hommes lents & paresseux, tels que Fra-Bastiano : De sorte qu'ayant fait rompre tout l'enduit que Sebastien avoit déja disposé pour peindre à huile, il le fit préparer à sa maniére, mais il n'oublia jamais l'injure qu'il crût avoir receuë de Sebastien en cette rencontre.

Cependant, celuy-cy avoit tellement négligé la Peinture, qu'il ne vouloit plus s'attacher qu'à ce qui regardoit l'exercice de sa charge, faire bonne chére, & se divertir avec ses amis. Estant demeuré malade, âgé de soixante-deux ans, il mourut à Rome l'an 1547. & fut enterré dans l'Eglise de Nostre-Dame del Popolo. Vous pouvez voir dans le cabinet du Roy vn Tableau de sa façon, representant la Vierge & Sainte Elizabeth. Sa maniére de peindre a beacoup de celle de Michel Ange, & tient plus de l'Escole de Florence que de celle de Lombardie, encore qu'il y eust appris les premiers commencemens de son art.

Comme j'eûs cessé de parler, Pymandre me dit: Je voy bien par ce que vous avez rapporté de Sebastien, & ce que vous avez dit auparavant de Jule Romain, qu'il y avoit vne grande difference entre ces deux Peintres; & je croy que si le credit de Michel Ange fit préferer pour quelque temps son amy aux disciples de Raphaël, l'on ne demeura guere sans connoistre le merite de ceux-cy, particuliérement de ce Francesque, qui travailla avec luy aux Salles du Vatican.

Quoy que tous les Eleves de Raphaël, repartis-je, n'ayent pas esté si favorablement traitez de la fortune, que Fra-Sebastien del Piombo, l'honneur qui suit toûjours le merite n'a pas manqué de les recompenser d'vne gloire qui a surpassé celle de Sebastien: Car quelque reputation qu'il ait acquise, il y a vne grande difference entre l'estime qu'on en fait aujourd'huy, & celle que l'on a pour Jule, pour Polidore, & pour Perrin del Vague. Bien que ce dernier n'ait pas fait des Ouvrages comparables à ceux des deux autres, les choses néantmoins qui se voient de luy sont d'vn goust si exquis, & tiennent si fort de la maniére gracieuse de Raphaël son maistre, qu'il n'y a rien qui ne plaise aux yeux, & qui ne touche l'esprit de ceux qui les voient.

Perrin del Vague estant né de parens pauvres, & delaissé fort jeune de tout secours, il se jetta entre les bras de la Peinture, qui le receût comme vne bonne mere; & il se donna tellement à elle, qu'il l'honora toute sa vie, & ne l'abandonna jamais. *PERRIN DEL VAGUE.*

Du temps que Charles VIII. passa en Italie, il y avoit à Florence vn Jean Buonacorsi, qui avoit toûjours suivi le Roy dans ses armées, & qui mesme y perdit enfin la vie, aprés avoir perdu au jeu vne partie de son bien, & avoir dépensé l'autre partie à s'équiper. Il eût vn fils nommé *Piéro*, dont la mere mourut de la peste, deux mois aprés l'avoir mis au monde. Il fut élevé fort pauvrement dans vn village, & allaité par vne chevre, jusques à ce que son pere s'estant remarié à Bologne à vne veuve, dont le mari &

les enfans estoient morts de la contagion, cette belle-mere acheva de l'élever ; & parce qu'il estoit fort agréable & fort enjoüé, il fut surnommé *Piérino*. Son pere voulant retourner en France le mena à Florence, où il le laissa entre les mains de ses parens, qui pour s'en décharger le mirent aussitost en apprentissage chez vn Espicier : Mais n'ayant pas d'inclination à la Marchandise, il alla demeurer avec vn certain Peintre nommé *Andrea*, & surnommé *de' Ceri*, parce qu'il travailloit ordinairement à peindre les Cierges, que ceux de Florence offrent tous les ans le jour de S. Jean ; & c'est pour cela que nostre jeune Piérino fut aussi appellé *Périno de' Ceri*.

André le garda quelque temps chez luy ; mais voyant l'excellent naturel de ce jeune enfant, & ne se sentant pas assez capable pour l'instruire dans la perfection de son art, il chercha à le placer avec vn Maistre plus sçavant. Il n'avoit qu'onze ans lors qu'il le mit avec Ridolpho, fils de Dominique Ghirlandaio. Comme ce Peintre avoit d'autres jeunes hommes qui travailloient chez luy, cela donna encore à Perrin plus d'émulation : Mais entre les autres il y avoit vn certain *Toto*

ET LES OUVRAGES DES PEINTRES. 215
del Nuntiata, qui depuis s'en alla en Angleterre, où il fit plusieurs Ouvrages de Peinture & d'Architecture, avec lequel Perrin fit amitié, & à l'envi l'vn de l'autre s'efforçoient à bien faire. Aussi Perrin s'estant mis à desseigner d'aprés les cartons de Michel Ange, avec plusieurs autres jeunes hommes, il réüssit le mieux de tous : De sorte que dés ce temps-là il donna des marques de ce qu'il devoit faire vn jour. Ce fut alors que le Vaga, Peintre Florentin, qui peignoit à Toscanella, petite Ville proche Viterbe, & du costé de la Mer, estant venu à Florence, y vit Perrin au logis d'André, & fut si touché de son esprit, & de sa bonne grace, qu'il le demanda à son Maistre. Aprés l'avoir tenu quelque temps à travailler, il le mena à Rome, où Perrin avoit grand desir d'aller. L'ayant recommandé à ses amis, il retourna à Toscanella ; & Perrin estant alors connu sous le nom de PERRIN DEL VAGUE, à cause de son dernier Maistre, il fut depuis ce temps-là toûjours nommé de la sorte. D'abord il se mit à considerer ce qu'il y avoit de plus excellent dans les Bastimens, dans les Statuës, & dans tous les Ouvrages des plus excellens hommes. Le grand amour qu'il avoit pour toutes ces cho-

PERRIN DEL VAGUE.

ses, & le desir de s'avancer, le portoient à copier tout ce qu'il trouvoit de beau. Mais comme il avoit besoin aussi de penser à sa subsistance, il résolut d'employer la moitié de la semaine à peindre en boutique pour les Maistres, afin d'avoir dequoy vivre ; & les autres jours, de desseigner pour luy, passant mesme la pluspart des nuits à étudier. Ayant ainsi disposé son temps, il commença par les Ouvrages que Michel Ange avoit faits dans la Chapelle du Pape Jule, tâchant neantmoins d'imiter toûjours, autant qu'il pouvoit, la maniére de Raphaël. En suite il copia tout ce qu'il pût rencontrer de bas reliefs, de statuës, & d'ornemens dans les anciens Edifices & dans les grottes : Et parce que la mode de faire des grotesques estoit alors toute nouvelle, il apprit à travailler de Stuc, & il n'y avoit rien qu'il ne fist pour s'instruire, & pour devenir sçavant. Aussi ne fut-il pas long-temps sans paroistre vn des meilleurs desseignateurs de tous ceux qui étudioient alors dans Rome, particuliérement pour ce qui regarde l'art de bien representer vn corps nud, & en bien marquer tous les muscles : Ce qui fit, que non seulement les Peintres & les Sculpteurs, mais encore toutes les personnes

nes de condition, & les amateurs des beaux Arts, commencerent à faire eſtime de luy. Jule Romain, & Jean Franceſque, ſurnommé il Fattore, en parlerent ſi avantageuſement à Raphaël, qu'il voulut le connoiſtre. Ayant veû de ſes ouvrages il en fut tres-ſatisfait, & jugea bien qu'il deviendroit vn excellent homme. Auſſi lors qu'il fit travailler aux loges du Vatican par l'ordre de Leon X. il ſe ſervit de Perrin del Vague, & le donna à Jean da Udiné, qui eſtoit vn de ceux auſquels il en avoit laiſſé la conduite. Il ne travailla pas long-temps dans ce lieu, qu'il ſe rendit vn des plus conſidérables de tous les Peintres qu'on y avoit employez. Il ſe rendit meſme plus agréable que les autres dans les ornemens & dans les hiſtoires qu'il peignoit ſur les deſſeins de Raphaël. Ce qui paroiſt aſſez dans les Tableaux, où il a repreſenté les Iſraëlites qui paſſent le fleuve du Jourdain avec l'Arche, où les murs de Jerico tombent d'eux-meſmes à la veuë de l'Arche; où Joſüé arreſte le Soleil, lors qu'il combat contre les Amoréens; & encore dans ceux où il a peint la naiſſance de Noſtre Seigneur; ſon Baptefme; la Cene qu'il fit avec ſes Apoſtres; & dans pluſieurs bas reliefs feints de bronze, où on voit Abraham qui se dispose à sacrifier Isaac ; Jacob qui lutte contre vn Ange ; Joseph qui reçoit ses freres ; le feu qui tombe du Ciel sur les fils de Levi. Tous ces Ouvrages, qui sont des plus beaux & des plus finis, luy aquirent beaucoup d'estime ; & parce que la vraie vertu va toûjours en augmentant, aussi Perrin del Vague, bien loin de s'arrester aux loüanges qu'on luy donnoit, s'efforçoit de faire encore mieux, pour meriter legitimement les mesmes honneurs, qu'il voyoit rendre à Raphaël & à Michel Ange. Mais ce qui l'obligeoit encore davantage à travailler avec plaisir & avec amour, estoit l'estime particuliére que Jean da Udiné & Raphaël faisoient de luy, & le soin qu'ils avoient de l'employer dans les choses les plus considérables.

Dans ce mesme temps Leon X. donna ordre qu'on achevast de peindre la voûte de la Salle qu'on appelle des Papes, qui est celle par où l'on passe au sortir des loges, pour entrer dans les appartemens d'Alexandre VI. & où le Pinturichio avoit déja fait quelques Tableaux. Perrin del Vague, & Jean da Udiné entreprirent cét Ouvrage. Ils l'ornerent de figures de Stuc, de Grotesques, & de diver-

ET LES OUVRAGES DES PEINTRES. 219

ses Peintures. Cette voûte est divisée en plusieurs compartimens, où il y a sept places de figure ronde & ovale, pour les sept Planettes representées par les Divinitez qu'on leur attribuë. La pluspart de ces figures sont peintes de la main de Perrin, & d'vne manière tres-agréable.

PERRIN DEL VAGUE.

Je ne m'étendray point à rapporter tous les autres Ouvrages qu'il a faits, soit d'aprés les desseins de Raphaël, soit de son invention. Je vous diray seulement, qu'à l'imitation de Polidore & de Mathurin il peignit de clair obscur la façade d'vne maison qui est à Rome proche de Pasquin. Que s'estant trouvé à Florence, lors que Leon X. y alla, il fit vne grande figure pour la décoration d'vn des Arcs de triomphe qu'on avoit élevez à l'arrivée du Pape. Qu'estant de retour à Rome il fit plusieurs Tableaux pour des particuliers, dans des Eglises & dans des Vignes. Et que s'estant retiré à Florence, pendant que la peste estoit à Rome en 1523. il y entreprit plusieurs Ouvrages, qu'il seroit inutile de rapporter.

Aprés que Clement VII. eut esté créé Pape, les Arts, qui sembloient avoir esté delaissez sous le Pontificat d'Adrian VI. com-

En 1523.

E e ij

me je vous ay dit, commencerent à reparoître; de sorte que les Eleves de Raphaël s'étant rassemblez à Rome, chacun estoit dans l'attente du choix qu'on feroit de ceux qui conduiroient les Ouvrages du Vatican, comme Raphaël avoit fait autrefois. On délibera long-temps si l'on se serviroit de Jule Romain, & de Jean Francesque pour ordonnateurs, & pour avoir la direction sur les autres Ouvriers. Mais parce que Perrin avoit déja fait quelques choses pour le Pape, & que sa maniére de peindre estoit fort agréable; les deux autres craignant qu'on ne le préferast à eux, resolurent de s'allier avec luy, & de luy donner pour femme vne sœur de Jean Francesque, afin d'entretenir mieux leur amitié par ce parentage.

Il continüoit toûjours à travailler à S. Marcel, où il avoit déja achevé quelques Ouvrages fort estimez: Mais à peine eut-il mis fin à ce qu'il avoit entrepris, que le siége de Rome arriva en 1527. où il fut fait prisonnier. Ayant perdu le peu de bien qu'il avoit, & n'ayant pas dequoy vivre, & entretenir sa famille, il s'adonna à faire plusieurs desseins, qui furent gravez par Jacob Caralgio, où il representa vne partie de l'histoire des

ET LES OUVRAGES DES PEINTRES. 221
Dieux, lors que pour satisfaire à leurs desirs amoureux, ils se sont transformez sous diverses formes.

PERRIN DEL VAGUE.

Comme il estoit dans cette necessité, que Rome estoit encore dans le desordre, & que le Pape mesme s'estoit retiré à Orviette, vn de ses amis, domestique du Prince Doria, luy persuada d'aller à Gênes, l'assûrant que ce Prince, qui estoit amateur de la Peinture, luy donneroit de l'employ. Ayant esté fort bien receû du Prince Doria, ils arresterent le dessein d'vn Palais, orné de Stucs, & de diverses Peintures à fraisque & à huile. C'est-là que ce Peintre a donné les plus grandes marques de son sçavoir. Il y a vne Salle, où il a representé Jupiter qui foudroie les Geans ; & dans d'autres chambres il a peint plusieurs sujets tirez des Metamorphoses d'Ovide. Il peignit aussi vne chambre dans le Palais de Gianetin Doria; fit plusieurs Tableaux dans des Eglises, & desseigna toute l'histoire d'Enée pour faire des Tapisseries.

Pendant qu'il travailloit à Gênes, il acheta vne maison à Pise, où ayant fait venir sa famille qui estoit à Rome, il y fit vn voyage : Mais comme il se plaisoit davantage à Gênes, il y retourna bientost. Neantmoins quelques années aprés il reſolut de retourner à Rome, où il demeura aſſez long-temps ſans employ, bien qu'il ſe fuſt fait connoiſtre d'abord au Pape Paul, & au Cardinal Farneſe. Enfin Pierre de Maſſimi le fit travailler dans vne Chapelle de la Trinité du Mont; & en ſuite ayant fait quelques Ouvrages au Vatican, & pour le Cardinal Farneſe, le Pape & le Cardinal luy donnérent vne penſion.

Parce qu'il eſtoit vn des plus excellens Ouvriers qui fuſt alors, pour les figures & les ornemens de Stuc, il fut choiſi pour faire le Plafond de la Salle des Rois qui eſt au Vatican, vis-à-vis la Chapelle de Sixte IV. & il s'en aquita ſi dignement, qu'il n'y a rien de mieux pour ces ſortes d'Ouvrages. Durant ce temps-là le Titien arriva à Rome. Il avoit autrefois fait le portrait du Pape; & ainſi eſtant connû de Sa Sainteté, & de toute la Cour Romaine, il en fut fort bien reçû. Il s'éleva meſme vn bruit parmi les Ouvriers, qu'il eſtoit venu pour peindre dans la Salle des Rois, dont Perrin faiſoit les Ouvrages de Stuc, & dont il s'attendoit auſſi de faire les Tableaux. De ſorte que la preſence de Titien n'eſtoit pas fort agréable à Perrin, qui craignoit qu'on ne luy oſtaſt ſon Employ pour le donner à ce nouveau venu ; non pas qu'il crûst que dans vn grand travail à Fraisque le Titien fust capable de le surpasser, mais parce qu'il n'estoit point bienaise de voir vn concurrent auprés de luy, & d'estre privé d'vn Ouvrage tel que celuy-là, où il voyoit de quoy s'occuper plusieurs années. Il fut dans cette appréhension tout le temps que le Titien demeura à Rome ; ce qui fut cause qu'il ne le vit point, & qu'il en fut toûjours jaloux.

<small>Perrin del Vague.</small>

Cependant il n'exécuta pas tout ce qu'il avoit proposé de faire ; car peu de jours aprés il mourut subitement, n'estant encore que dans sa quarante-septiéme année. Il fut enterré dans l'Eglise de la Rotonde, où sa femme & son gendre luy firent dresser vn Epitaphe. Il eut plusieurs disciples. Celuy dont il se servoit d'ordinaire, & qui estoit le plus capable, fut Girolamo Siciolante da Sermoneta. Marcello Mantuano travailla aussi sous luy, & fit sur ses desseins quelques Ouvrages à Fraisque dans le Chasteau Saint Ange.

<small>L'an 1547.</small>

Lors que Perrin rencontroit de jeunes gens capables de travailler, il s'en servoit volontiers pour avancer ses Tableaux, qu'il retouchoit ensuite, ne faisant pas difficulté de peindre

PERRIN DEL VA-GUE. luy-mesme plusieurs choses assez basses, & mesme indignes du pinceau d'vn si excellent homme. Mais la necessité qu'il avoit si souvent éprouvée l'avoit rendu facile à travailler pour tout le monde, en sorte qu'il n'y avoit point d'ouvrage qu'il n'entreprist. Depuis sa mort on a gravé plusieurs Estampes d'aprés ses desseins, entre autres la défaite des Geans, qu'il a peinte à Gênes, & huit piéces de l'histoire de S. Pierre, qu'il avoit desseignées pour broder vne Chappe pour le Pape Paul III.

Il y a vn petit Tableau de la main de ce Peintre dans le cabinet du Roy, où il a representé le Parnasse avec les Piérides d'vn costé, & les neuf Muses de l'autre.

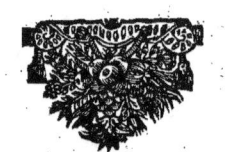

ENTRETIENS
SUR LES VIES
ET
SUR LES OUVRAGES
DES PLUS EXCELLENS PEINTRES
ANCIENS ET MODERNES.
SECONDE PARTIE.

QUATRIE'ME ENTRETIEN.

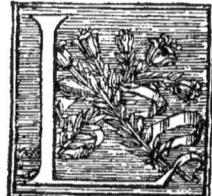LORSQUE j'achevois de parler des Ouvrages de Perrin del Vague, nous fûmes interrompus par deux de mes amis, qui nous engagérent à faire ensemble le tour du Jardin des Tuilleries, & avec lesquels nous en sortîmes, mais avec résolution d'y retourner le jour mesme Pymandre & moy, pour poursuivre ce que

nous avions commencé. Eſtant donc revenus ſur le ſoir, & traverſant vne allée pour nous rendre au meſme endroit que nous avions choiſi le matin, nous apperceûmes vn homme aſſis, qui du bout de ſa canne marquoit contre terre certaines figures, qu'il ſembloit faire en rêvant. Cela me donna ſujet de dire à Pymandre, qui me le fit remarquer : Ne ſemble-t-il pas que tous les hommes ont vne inclination naturelle pour la Peinture ; car je n'en voi gueres, qui, meſme ſans y penſer, & en ſongeant à d'autres choſes, ne tracent quelques figures, & ne tâchent de repreſenter ce qu'ils voient ? Auſſi je ne m'étonne pas ſi parmi le grand nombre de Peintres dont nous avons parlé, pluſieurs ont eſté tirez de la campagne, où l'on les rencontroit deſſeignant les troupeaux qu'ils gardoient. DOMENIQUE BECCAFUMI fut encore vn de ceux-là ; car eſtant fort jeune, & conduiſant les moutons de ſon pere Laurenzo Beccafumi, qui eſtoit vn habitant de Sienne, l'ayant trouvé au bord d'vne riviére qui deſſeignoit ſur le ſable, le jugea auſſitoſt capable d'vn autre employ que celuy de Berger. Il le demanda à ſon pere ; & lors qu'il fut à ſon ſervice, il l'envoioit tous les jours chez vn Peintre apprendre à deſſeigner. C'eſtoit dans le temps que Pietre Perugin vint à Sienne ; & comme il eſtoit en eſtime, & que ſa maniére agréoit beaucoup à Domenique, il s'efforçoit de l'imiter. Mais quelque temps aprés ayant ouï parler de ce que Michel Ange & Raphaël faiſoient à Rome, il prit congé de Laurenzo ſon Maiſtre pour y aller, & en partant de Sienne quitta le nom de Mecherino, que ſes parens luy avoient donné dés ſon enfance, & garda avec celuy de Domenique le ſurnom de Beccafumi, qui eſtoit celuy de ſon Bienfacteur, dans la famille duquel il s'allia enſuite.

Je ne prétends pas vous faire vn long détail de tous les Ouvrages qu'il a faits. Je vous diray ſeulement, qu'aprés avoir travaillé quelques années dans Rome avec vn heureux ſuccés, il retourna à Sienne, où il acquit beaucoup de réputation. Ce fut luy qui acheva ce beau Pavé de marbre que vous avez veû dans l'Egliſe Cathedrale de Sienne, qu'vn nommé Duccio Peintre de ce Païs-là avoit commencé ; mais Domenique en augmenta de beaucoup la beauté, en ajoûtant au marbre blanc vn autre marbre griſaſtre, qui fait

228 ENTRETIENS SUR LES VIES

Domenique Beccafumi

paroître tout cét Ouvrage comme s'il estoit peint de clair-obscur, & dont les contours des figures sont si bien gravez, qu'il ne s'est jamais rien fait de mieux en cette sorte de travail. Il alla aussi à Gênes, où il peignit pour le Prince Doria ; Enfin estant revenu à Pise, & ensuite à Sienne, il y passa le reste de ses jours, & mourut âgé de soixante-cinq ans, l'an 1549. le 18. de May.

Giovan Antonio Lappoli.

Je ne croy pas qu'il soit besoin de vous parler d'vn GIOVAN ANTONIO LAPPOLI, qui étudia la maniére du Pontorme, & qui mourut l'an 1552. âgé de soixante ans ; d'vn

Nicolo Soggi.

NICOLO SOGGI, disciple de Pietre Perugin : il avoit déja plus de quatre-vingts ans, lors

En 1550. Giul. Bugiardini.

que Jule III. fut créé Pape ; d'vn GIULIANO BUGIARDINI Florentin, qui mourut l'an

Crist. Gherardi.

1556. âgé de soixante-cinq ans ; d'vn CRISTOPHE GHERARDI, qui a fait quantité d'Ouvrages, mais qui ne sont pas assez considérables pour s'y arrester.

En effet, dit Pymandre, je n'ay jamais ouï nommer tous ces Peintres-là : ce n'est pas qu'il ne puisse y en avoir de tres-sçavans qui me soient inconnus ; mais comme vous en dites peu de chose, je juge par là que vous n'en faites pas grande estime.

ET SUR LES OUVRAGES DES PEINTRES. 229

Je vous avouë, luy repartis-je, que je ne vous en dirois rien du tout, n'eſtoit qu'ayant déja parlé, non ſeulement des plus excellens, mais encore de pluſieurs qui ont eû place dans l'hiſtoire des Peintres, il me ſemble qu'au moins je dois marquer le temps auquel ils ont veſcu, & m'arreſter davantage à ceux qui ſont les plus celebres.

LE PONTORME n'eſt pas encore de ces grands Hommes dont nous admirons les ouvrages, bien qu'il ait eû du credit parmy les Florentins. Il étudia ſous Leonard de Vinci, ſous Mariotto Albertinelli, ſous Pierre de Coſimo, & enfin ſous André del Sarte, & ſe fit vne maniére qui n'a rien de tous ſes Maiſtres. Il voulut meſme imiter quelque choſe d'Albert Dure, aprés avoir veû les Eſtampes qu'il avoit gravées; mais cela ne ſervit qu'à diminuer encore davantage la maniére qu'il s'eſtoit faite. Quoy qu'il y ait dans Florence vne infinité de ſes Ouvrages, je ne vous en parleray pas; vous ſçaurez ſeulement que dans les réjouïſſances publiques qui ſe firent au Carnaval la meſme année que Leon X. fut créé Pape, il fut vn de ceux qui travaillérent aux préparatifs. Les principaux Seigneurs de Florence fi-

JACOPO DA PUNTORMO.

rent deux Compagnies, dont Julien & Laurent de Medicis estoient les chefs. L'vne fut nommée le Diamant par Julien frere du Pape, à cause que le vieux Laurent de Medicis leur pere portoit pour devise vn Diamant. L'autre avoit pour nom & pour enseigne en Langue Italienne *Il Broncone*. Laurent, qui estoit fils de Pierre de Medicis, avoit pris cette devise, qui representoit vn tronc de laurier sec, mais dont les feüilles reverdissoient, pour marquer que le nom de son ayeul, & la grandeur de leur Maison recevoit vn nouvel éclat par la promotion de Leon à la dignité de Souverain Pontife. Ceux de la Compagnie du Diamant priérent Andrea Dazzi, qui estoit sçavant dans les Langues Grecque & Latine, de leur choisir vn sujet de Triomphe, qui peust satisfaire l'attente qu'on avoit de voir quelque chose d'ingenieux & de riche. Aussi en ordonna-t-il vn semblable à ceux des anciens Romains. Il estoit composé de trois Chars artistement travaillez, & embellis de Tableaux & d'Ornemens tres-riches. Dans le premier Char paroissoit l'Enfance suivie d'vne troupe de jeunes Enfans ; Dans le second l'Age Viril, accompagné de plusieurs personnes considé-

ET SUR LES OUVRAGES DES PEINTRES. 231
rables, & qui dans leur temps s'estoient LE PON- TORME. signalez par quelques grandes actions ; Et dans le troisiéme la Vieillesse, aussi environ-née d'vne multitude de vieillards, dont la réputation estoit connuë. Ceux qui accompagnoient les Chars estoient richement vestus ; de sorte qu'il ne se pouvoit rien desirer davantage, pour rendre ce Cortege magnifique.

Je vous ay déja fait remarquer en deux occasions differentes, combien les Florentins estoient ingenieux pour ces sortes de Festes, & avec quel amour & quel soin ils s'y appliquoient : C'est pourquoy vous ne devez pas vous étonner si dans cette occasion ils firent choix des Architectes les plus sçavans, des Sculpteurs les plus celébres, & des Peintres qui estoient le plus en estime, & mesme pour les vestemens, des Tailleurs & des Brodeurs les plus habiles : De sorte qu'André de Cosimo & André del Sarte furent de ceux qui travaillérent à l'invention de ces Chars ; mais ce fut le Pontorme qui les orna de Peintures, & qui representa tout au tour diverses histoires de la Metamorphose des Dieux. Au premier Char estoit écrit en grosses lettres, ERIMUS ; au second, SUMUS ;

Le Pon-torme. & au troisiéme, FUIMUS. La Chanson que l'on fit commençoit, *Volano gl'anni*, &c.

Laurent, qui estoit chef de la seconde Compagnie appellée *del Broncone*, ayant veû paroistre ce Triomphe, voulut faire encore quelque chose de plus. Pour cét effet il employa Jacopo Nardi, homme docte & entendu dans ces sortes de divertissemens, qui composa six Chars au lieu de trois, pour surpasser la Compagnie du Diamant. Le premier, qui estoit tiré par deux bœufs couverts de diverses sortes d'herbes, representoit l'Age de Saturne & de Janus, appellé l'Age d'or. On voyoit au plus haut du Char Saturne tenant sa faux, & sous ses pieds la fureur enchaînée, avec vne infinité de choses convenables à Saturne, que le Pontorme avoit peintes, & disposées d'vne maniére tres-agréable. Ce Char estoit accompagné de douze Bergers presque nuds, n'ayant qu'vne partie du corps couverte de peaux de Marthe & d'Hermines. Leurs chaussûres estoient des brodequins à l'antique de differentes sortes. Ils avoient des panetiéres penduës en écharpes, & la teste couronnée de divers feüillages. Les chevaux sur lesquels ils estoient montez, avoient au lieu de selles

des

ET SUR LES OUVRAGES DES PEINTRES. 233
des couvertures de peaux de Lion, de Tigre, LE PONTORME.
de Loups-Cerviers, dont les extrémitez garnies d'or pendoient de part & d'autre avec
beaucoup de grace. Les estriers estoient faits
en forme de teste de Bellier, de Chien, ou
d'autres animaux ; les rênes, & tout ce qui
sert à la bride estoient des cordons d'argent
meslez de diverses sortes de feüillages, & tous
les ornemens d'or. Chacun de ces Bergers
estoit accompagné de quatre Estafiers, aussi
vêtus d'habits champêtres, mais moins riches
que les autres. Ils portoient vn flambeau à
la main, qui ressembloit à vn tronc d'arbre sec.

Le second Char estoit tiré par quatre
bœufs couverts d'étoffe tres-riche. De leurs
cornes dorées pendoient des guirlandes de
fleurs, & de petites boulles, semblables à
celles qu'on voit representées dans les anciens
basreliefs. Sur ce Char estoit Numa Pompilius, second Roy des Romains, avec les Livres de leurs Lois, les ornemens des Prestres,
& les instrumens propres aux Sacrifices, à cause qu'il fut le premier qui ordonna dans Rome
des choses de la Religion. Ce Char estoit
suivi de six de ces anciens Prestres montez sur
chacun vne mulle, la teste couverte de peti-

Gg

tes mantes de toille tres-fine, & brodées d'or & d'argent, avec de grandes feuilles de lierre. Le reste de leurs habits estoit semblable à ceux que ces Prestres portoient anciennement, bordez de deux bandes d'étoffes, & de franges d'or qui tournoient tout au tour. Les vns tenoient à la main vne cassolette remplie de parfums ; les autres vn vase d'or, ou quelque chose de semblable. A costé d'eux marchoient de ces sortes de Ministres qui servoient aux Temples, lesquels portoient des chandeliers antiques, mais travaillez avec vn artifice singulier.

Le troisiéme Char representoit le Consulat de Titus Manlius Torquatus, qui aprés la premiére guerre contre les Cartaginois gouverna la ville de Rome, la rendit florissante en vertus, & la fit jouïr d'vne heureuse prosperité. Ce Char, dans lequel paroissoit Manlius, estoit orné de diverses Peintures de la main de Pontorme, & tiré par quatre chevaux. Douze Senateurs marchoient devant, montez sur des chevaux couverts de housses de toille d'or, & accompagnez d'vn grand nombre d'Estafiers, qui representant les anciens Licteurs, portoient les faisceaux, les haches, & les autres marques de la

Justice. Quatre Buffles accommodez de telle sorte qu'ils paroissent quatre Elefants, tiroient le quatriéme Char, où estoit representé Jule Cesar triomphant. Ce Char estoit embelli de Peintures, où le Pontorme avoit figuré les plus fameuses actions de ce Conquerant. Douze hommes à cheval marchoient aprés. Ils estoient armez de pied en cape ; & leurs armes d'vn acier tresfin & tres-luisant, estoient enrichies d'or. Ils tenoient chacun vne lance appuyée sur la cuisse. Leurs Estafiers, qui n'estoient armez que de ceinture en haut, portoient des torches faites en façon de differens trophées.

Le cinquiéme Char estoit tiré par des chevaux aîlez, qui avoient la forme de Griffons. Cesar Auguste estoit dedans, suivi de douze Poëtes fameux, montez à cheval, couronnez de mesme que l'Empereur de couronnes de Laurier, & vestus à la mode de leur Païs. Ils suivoient Auguste, à cause qu'il eût toûjours beaucoup d'amour pour eux, & que leurs Ouvrages ont contribué à immortaliser son nom : Et afin qu'on les reconnust, ils avoient vne espece d'écharpe, sur laquelle leurs noms estoient écrits.

236 ENTRETIENS SUR LES VIES

LE PON-
TORME.

Trajan estoit dans le sixiéme Char, tiré par huit Genisses richement ornées. Devant luy marchoient à cheval douze Docteurs ou Jurisconsultes vestus de longues robbes. Les Estafiers, qui tenoient chacun vn flambeau d'vne main, & des livres de l'autre, representoient les Ecrivains & les Copistes.

Ensuite de ces six Chariots venoit le grand Char & le vray triomphe du Siécle d'or, disposé d'vne maniére tres-riche & tres-ingénieuse. Il estoit peint par le Pontorme, & orné de plusieurs figures de relief, de la main de Baccio Bandinelle fameux Sculpteur. Entre ces figures il y en avoit quatre representant quatre Vertus, dont l'ouvrage fut fort admiré. Au milieu de ce Char paroissoit vn Globe terrestre, sur lequel estoit la Figure d'vn homme mort, couché de son long, & vestu d'armes toutes rouillées. Il avoit le costé ouvert; & de cette ouverture sortoit vn jeune Enfant d'or tout nud, pour representer la naissance ou resurrection de l'Age d'or, & la fin du Siécle de fer, dont il sortoit, & venoit au monde par la nouvelle exaltation de Leon X. au Pontificat. Mais je vous diray que dans cette Feste ils eurent vn mauvais

ET SUR LES OUVRAGES DES PEINTRES. 237

présage de la durée de ce Siécle d'or : car l'Enfant qui le representoit, & que l'on avoit si bien doré, mourut incontinent aprés, de la peine qu'il avoit soufferte dans cette occasion. La Chanson que l'on chanta commençoit :

Colui che da le leggi alla natura,
Et i varij stati, e secoli dispone,
D'ogni bene è cagione :
Et il mal quanto permette al modo dura,
Onde questa figura,
Contemplando si vede ;
Come con certo piede
L'vn secol dopo l'altro al mondo viene,
E muta il bene in male, & il male in bene.

Il me semble, continuay-je, en regardant Pimandre, que c'est assez parler de mascarades ; mais comme les Ouvrages de Pontorme m'ont donné occasion de vous remarquer celle-cy, j'ay pensé qu'elle pourroit servir à vous divertir, & vous faire connoistre l'esprit des Italiens, naturellement fecond dans ces sortes de réjouïssances, & à vous dire aussi que le Pontorme s'estant dignement acquité de ce qui luy avoit esté commis, il en acquit encore plus d'estime. Cependant je ne vous parlerai pas de ce qu'il fit ensuite. Je passeray à GIROLAMO GENGA, natif d'Urbin. Il étudia sous Pietre Perugin, dans le mesme temps que Raphaël commençoit aussi d'apprendre les principes de la Peinture. Il fut ensuite à Florence, où il demeura quelque temps. Enfin, aprés estre retourné à Urbin, il alla à Rome, & y demeura jusques à la mort de Guidobaldo Duc d'Urbin: Et Francesco Maria luy ayant succedé, le fit revenir en son Païs, où il l'occupa à des Arcs de Triomphe, & à des Décorations de Theatres, lors qu'il épousa Leonord Gonzague, fille du Marquis de Mantouë, & encore à d'autres Ouvrages, tant pour l'embellissement de son Palais de *l'Imperiale*, que de plusieurs autres lieux, dont il s'aquitta tres-dignement, estant aussi intelligent dans l'Architecture que dans la Peinture. Il vescut 75. ans, & mourut l'an 1551. laissant vn fils nommé BARTOLOMEO, & vn gendre appellé GIOVANBASTISTA S. Marino, qui tous deux travaillérent aussi de Peinture.

Dans le mesme temps GIOVANNANTONIO DA VERZELLI estoit au rang des Peintres mediocres; car encore qu'il fit des Tableaux assez estimez, il estoit néanmoins si inégal dans ses Ouvrages, qu'il n'en a pas fait beaucoup, qu'on puisse mettre au rang des bonnes choses. Il aimoit à representer des actions lascives; & en cela il suivoit son inclination si deshonneste, qu'il fut surnommé le SODOMA, & n'est bien connu que sous ce nom. Il peignit du temps du Pape Nicolas V. vne chambre au Vatican, lors que Pietre Perugin y travailloit : Mais quand Jule II. employa Raphaël, il ordonna qu'on jettast à bas tout ce qui estoit de la main de ces deux Peintres. Raphaël néanmoins eût tant de respect pour les Ouvrages de son Maistre, qu'il les conserva, & mesme ne souffrit pas qu'on ruinast entiérement tout ce que le Sodoma avoit peint. Augustin Chisi le fit travailler aussi dans sa Vigne, où il representa dans vne des principales chambres Alexandre & Roxane; & ce fut par son moyen qu'il fut connu de Leon X. qui le fit Chevalier. Cependant son humeur bizarre, & sa conduite deshonneste ne luy acquirent ny estime ny richesses: De sorte qu'aprés avoir vescu 75. ans, il mourut dans l'Hospital de Sienne, aussi pauvre de biens que de réputation.

LE SO-
DOMA.

L'an 1554.
âgé de 60.
ans.

Je ne m'arresteray point à vous parler d'vn Baſtiano, ſurnommé ARISTOTILE, qui mourut à Florence l'an 1551. D'vn GAROFALO, d'vn GIROLAMO da Carpi ſon diſciple, qui imita la maniére du Correge, ny d'autres Lombards, qui peignoient en ces temps-là, & parmi leſquels il y avoit alors des femmes qui ſe ſont ſignalées. Car Amilcar Anguſciola gentilhomme Crémonois eût quatre filles, qui toutes s'adonnoient à la Peinture. L'aiſnée, qui s'appelloit SOPHONISBE, ſe rendit ſi excellente à bien faire des Portraits, que le Duc d'Alve l'ayant menée en Eſpagne pour demeurer auprés de la Reyne, le Pape Pie IV. deſirant d'avoir le Portrait de cette Princeſſe de la main de Sophoniſbe, luy en fit parler par ſon Nonce. L'on voit dans Vaſari la lettre qu'elle écrivit au Pape, en luy envoyant le portrait de la Reine d'Eſpagne, & la réponſe qu'il luy fit, où l'on peut remarquer l'eſtime qu'il faiſoit du merite & de la vertu de cette fille, dont les trois autres ſœurs ont auſſi laiſſé des Ouvrages aſſez conſiderables.

Domenique Ghirlandai, dont je vous ay autrefois parlé, & qui peignit au Vatican avec le Roſſelli, du temps du Pape Sixte IV. eût

eût deux freres, DAVID & BENEDETTE. Ce dernier demeura quelque temps en France, d'où, aprés s'estre enrichi, il retourna à Florence, & y mourut âgé de 50. ans. Pour David il vescut 65. ans. Celuy-cy eût soin d'élever RODOLPHE son neveu, fils de Domenique, qui estoit contemporain de ces autres Peintres dont je viens de vous parler: Car il ne mourut qu'en 1560. âgé de 65 ans. Mais laissons là ceux que nous ne pourrions loüer que d'avoir esté Peintres, & revenons à ces Ouvriers illustres, qui ont contribué à la perfection des Arts.

Je suis bien de cét avis, dit Pymandre; car il me semble que vous m'avez témoigné plusieurs fois que vous ne vouliez parler que des plus fameux, & non pas de tous ceux qui ont manié le Pinceau.

Je sçay bien, luy repartis-je, que je fais mention de plusieurs qui ne meritent pas d'estre mis au rang des plus excellens Peintres; mais aussi peut-estre que j'en oublie quelques-vns qui meriteroient bien qu'on les remarquast, & que j'en parlasse avec honneur. Que si en cela je ne leur rends pas justice, c'est innocemment, & parce qu'ils me sont inconnus. Car pour ceux dont j'ay veû les Ouvrages, je n'en oubliray pas vn seul qui ait eû assez de merite pour estre mis au rang des bons Peintres.

JEAN DA UDINE. JEAN DA UDINE' est de ceux que l'on peut bien remarquer. Il nâquit l'an 1494. & apprit les commencemens de la Peinture sous le Giorgion. En suite il alla à Rome, où Baltassar Castillon, Secretaire du Duc de Mantouë, le mit avec Raphaël. Ce fut sous vn si grand Maistre qu'il apprit les principes de son Art, prenant d'abord vne excellente maniére : ce qui n'est pas peu important à ceux qui embrassent cette profession, parce qu'il est difficile, lors qu'vne fois l'on s'en est fait vne mauvaise, de la quiter. Il se rendit en peu de temps si habille, qu'il surpassa tous les autres Peintres, en ce qui est de bien representer des Animaux, des Draperies, toutes sortes d'instrumens, des Vases, des Païsages, des Bastimens, des Fleurs & des Fruits ; mais il fut particuliérement recommandable dans le travail des ornemens de Stuc, dont le secret estoit encore inconnu, & qu'il trouva de la maniére que je vas vous dire. Pendant qu'il se perfectionnoit de jour en jour sous la conduite de Raphaël, on foüilloit dans les ruines du Palais de Tite,

ET SUR LES OUVRAGES DES PEINTRES. 243
pour y trouver quelques Statuës & d'autres
antiquitez ; & en remuant la terre on découvrit certaines chambres peintes de Grotefques, c'eſt à dire, de petites figures, qui n'ont pas toûjours vne entiére reſſemblance aux hommes & aux animaux qu'on veut repreſenter, mais qui ont quelque choſe de chimerique. On y trouva auſſi de petits Tableaux d'hiſtoires, accompagnez d'ornemens en baſſe taille, faits de Stuc. Jean da Udiné eſtant allé les voir avec Raphaël, ils furent ſurpris de la beauté de ce travail, que le temps n'avoit pû gaſter, parce que l'air n'y eſtant point entré, toutes les couleurs s'eſtoient conſervées. Auſſi-toſt Jean commença de copier ces ſortes de Peintures, qui pour avoir eſté trouvées ſous terre dans des grottes, ont depuis ce temps-là eſté appellées Grotefques, & à l'imitation de celle-là en fit pluſieurs autres; Mais il luy manquoit le ſecret de faire le Stuc tel qu'il le voioit dans ces reſtes de l'antiquité. Il experimenta tant de ſortes de compoſitions pour le découvrir, qu'enfin il trouva que la chaux faite de travertin tres-blanc, qui eſt vne pierre dure, meſlée avec de la poudre de marbre bien broyée, faiſoit le meſme Stuc qu'il voioit dans ces Ouvrages antiques.

JEAN DA UDINE.

Hh ij

JEAN DA UDINE. Ainſi il commença de cette matiére à faire des Ornemens Grotesques ; & embelliſſant ſon travail de nouvelles inventions, il en orna par l'ordre du Pape Leon X. les Loges du Vatican, où l'on peut dire que non ſeulement ce qu'il a fait égale en beauté & en excellence les Ouvrages des Anciens, mais ſurpaſſe de beaucoup tout ce que l'on en voit.

Y a-t-il rien de plus agréable à voir que tous les differens oiſeaux qu'il a repreſentez contre les Pilaſtres & dans les friſes de ces Loges ? La nature n'a point produit de poiſſons, de monſtres marins, de fleurs, de fruits, & mille autres ſortes de choſes, que l'on ne les y voie ſi parfaitement peintes, qu'elles ſemblent vraies. Je ne ſçai s'il vous ſouvient encore de ces Baluſtres, ſur leſquels il y a des tapis ſi bien contrefaits, qu'on dit qu'vn jour comme il ſe haſtoit d'en achever vn, à cauſe que le Pape alloit voir ſon travail, il y eût vn des Palefreniers qui accourut pour le lever, penſant que c'eſtoit vn veritable tapis qui cachoit quelque Tableau.

Jean s'eſtant rendu le premier homme du monde dans cette maniére de peindre des Grotesques, & de faire le Stuc, travailla à Florence dans le Palais du grand Duc, & dans

ET SUR LES OUVRAGES DES PEINTRES. 245
la Sacriſtie de S. Laurent ; à Rome dans le <small>JEAN DA UDINE.</small>
Palais du Pape , dans la vigne du Cardinal
Jule de Medicis, dans celle d'Auguſtin Chiſi,
& en pluſieurs autres lieux, qu'il ſeroit trop
long de ſpecifier. Il ſuffit de dire que ce qu'il
a fait eſt d'vne beauté excellente , & qu'on
luy eſt obligé du Stuc & des Groteſques, dont
l'vſage & l'invention eſtoient perduës.

 Enfin ayant veſcu juſques à l'âge de 70. ans
avec beaucoup d'honneur, & dans l'eſtime
d'vn homme de bien, il mourut à Rome l'an
1564. & fut enterré dans l'Egliſe de la Rottonde, auprés de Raphaël ſon Maiſtre. Son
plus grand divertiſſement pendant ſa vie eſtoit
la chaſſe. L'on dit que ce fut luy qui s'aviſa
le premier de faire vn bœuf de toile peinte,
pour ſe mettre à couvert , & pour approcher
plus facilement du gibier.

 Aprés m'eſtre vn peu arrêté pour reprendre
haleine , je dis à Pymandre : Je ne puis pas
vous parler auſſi avantageuſement d'vn des
diſciples de Michel-Ange, lequel travailloit
en meſme temps que Jean da Udiné, & qui
tâchoit d'imiter la maniére de ſon Maiſtre.
C'eſt de BAPTISTA FRANCO, natif de <small>BAPTISTA FRANCO.</small>
Veniſe : Car quoy qu'il ait fait vne infinité
d'Ouvrages en pluſieurs endroits d'Italie ,

Hh iij

246 ENTRETIENS SUR LES VIES

BAPTISTA
FRANCO.

néanmoins comme sa maniére estoit trop seche, elle n'a pas esté estimée.

Pendant que le Genga travailloit pour le Duc d'Urbin, ce Baptiste fut choisi pour faire la voute d'vne Chapelle qui joint le Palais du Duc: Mais lors qu'il l'eût finie, on remarqua qu'il n'avoit presque fait que les mesmes figures, que l'on avoit déja veuës dans ses autres Ouvrages: ce qui surprit beaucoup le Duc & tous les Peintres, qui s'attendoient de voir quelque chose qui répondît au dessein qu'il en avoit montré avant que de travailler. Car il est vray, que pour bien desseigner, Baptiste surpassoit plusieurs Peintres de ce temps-là. C'est pourquoi le Duc ne trouva pas à propos de le faire peindre davantage; mais parce qu'il avoit alors à *Castel Durante* des Ouvriers qui faisoient des vases de terre, & qui pour cela se servoient des Estampes de Raphaël & des plus excellens Maistres, il crût que les desseins de Baptiste pourroient réüssir dans ces sortes d'Ouvrages. En effet, il fit faire plusieurs Vases, qui parurent si beaux quand on les vit exécutez sur les desseins de Baptiste, que le Duc d'Urbin en envoya à l'Empereur Charles-Quint de quoy garnir deux grands Buffets, & au Cardinal Farnese, frere de la Duchesse sa femme, BAPTISTA FRANCO. aussi dequoy parer vn buffet. Ces vases, quant à la qualité de la terre, ressembloient beaucoup à ceux que l'on faisoit anciennement à Arezzo ; Et mesme l'on peut dire que pour ce qui regarde les Ouvrages de Peinture, dont ces derniers estoient ornez, les anciens n'avoient rien qui en approchast, selon qu'on en peut juger par ceux qui sont demeurez, dont les figures ne sont que comme égratignées, & remplies d'vne seule couleur en quelques endroits ; mais n'ont point ce beau lustre d'émail, ny cette agréable diversité de couleurs que l'on voit dans les autres.

Quoy que l'on ait fait plusieurs sortes de ces Ouvrages en divers lieux d'Italie, c'est néanmoins à *Durante*, qui dépend du Duché d'Urbin, & à Fayence, que les plus beaux se travailloient alors, la terre s'y estant trouvée plus propre par sa blancheur & sa propre nature qu'en aucun autre endroit. Enfin Baptiste estant retourné à Venise, il y mourut l'an 1561. Ce qui luy a donné davantage de reputation, ont esté plusieurs de ses desseins dont l'on voit les Estampes.

Mais parlons d'vn Peintre qui vint en France du temps du Roy François I. C'est

SALVIA-FRANÇOIS SALVIATI né à Florence
TI. l'an 1510. Son pere le voyant dés ses plus jeunes années porté à desseigner, le mit en apprentissage chez vn Orfévre ; En suite il apprit à peindre sous differens Maistres, & enfin sous André del Sarte. Un des premiers Tableaux qu'il fit, & qui luy aquit de la reputation, fut celuy où il representa Dalila qui coupe les cheveux à Sanson, & que dés lors on envoya en France. Quelque temps aprés il alla à Rome, où le vieil Cardinal Salviati le fit travailler, & le logea dans son Palais ; ce qui fut cause qu'on luy donna le nom de Salviati, qui luy est demeuré depuis.

Ayant fini ce qu'il avoit commencé pour ce Cardinal, il fit plusieurs Ouvrages à fraisque & à huille. Il peignit dans l'Eglise de la Paix, & dans celle de la Misericorde proche le Campidoglio, où il representa comme la Vierge va visiter sainte Elisabeth. Ce Tableau est vn des plus beaux qu'il ait faits. Il fit aussi pour le Seigneur Loüis Farnese, sur de grandes toilles à détrempe, l'histoire d'Alexandre le Grand, qu'on envoya en Flandre pour faire des Tapisseries. Il alla en suite à Venise, où il fit le Portrait de l'Aretin, que

cét

ET SUR LES OUVRAGES DES PEINTRES. 249
cét excellent Poëte envoya au Roy François I. comme vn ouvrage rare, avec des vers de sa façon. Estant retourné à Rome en 1541. il travailla aussi à celuy d'Annibal Caro, & d'vn Gaddi, ses intimes amis.

SALVIATI.

Aprés avoir fait plusieurs autres ouvrages, il fut appellé à Florence par le Duc Cosme de Medicis. Ce fut là qu'il fit vne infinité de Tableaux, & qu'il peignit celuy qui est à Lion dans la Chapelle des Florentins, où Jesus-Christ montre ses playes à S. Thomas, pour convaincre son incrédulité. Estant encore retourné à Rome, entre les ouvrages qu'il y fit, il peignit pour le Seigneur Alamano Salviati, frere du Cardinal, Adam & Eve dans le Paradis Terrestre, qui est vn des plus beaux Tableaux que l'on voit de luy, & qui est presentement dans le Cabinet du Roy. En 1554. il vint en France, pour travailler à Fontainebleau; mais il n'y demeura pas long-temps, parce qu'estant d'vne humeur mélancolique, & assez bizarre, il ne s'accordoit pas avec le Primatice, & les autres Peintres. Pendant son sejour il peignit seulement à Dampierre pour le Cardinal de Lorraine vn Cabinet, & quelques autres Tableaux sur des cheminées, dont l'on ne fit pas

Ii

alors asséz d'estime. Estant retourné en Italie, aussi mal satisfait des Peintres qui estoient en France, qu'ils l'estoient de luy, il fut employé en diverses occasions jusques en l'an 1563. qu'il mourut âgé de cinquante-quatre ans.

Il estoit naturellement amoureux de luy-mesme, facile à croire tout ce qu'on luy disoit, jaloux de la réputation des autres Peintres, blâmant toûjours leurs ouvrages, & mesme traittant trop aigrement ses propres amis. Cependant il avoit l'esprit vif & subtil, comprenant aisément tout ce qu'il voyoit; laborieux, & sans cesse attaché à l'étude de son Art. Il estoit abondant en pensées, fertile en belles inventions. Il travailloit également bien à fraisque, à huille, & à détrempe; enfin l'on peut dire qu'il estoit vn de ceux qui pratiquoient plus facilement la Peinture.

DANIEL DE VOLTERRE, qui vivoit dans le mesme temps, estoit aussi d'vne humeur mélancolique, & fort retirée ; mais sa conversation estoit plus honneste & plus traitable. Le nom de sa famille estoit RICCIARELLI. Il apprit d'abord à dessigner sous le Soddoma ; mais il s'avança beaucoup davantage sous Baltazar de Sienne. Ce n'est pas que dans tous les ouvrages qu'il fit dans les commencemens, on ne voie bien qu'il travailloit avec peine, parce qu'il n'y a ni bonne maniére, ni grace, ni invention, quoy que d'ordinaire il paroisse toûjours quelqu'vne de ces parties dans les premiers essais de ceux qui sont naturellement Peintres. Cependant il aquit par son application continuelle, & son grand travail, ce que la nature ne luy avoit pas donné, & se rendit si excellent dessignateur, qu'il y a des ouvrages de luy dans Rome, qui sont des plus considérables. Vous vous souvenez assez des Tableaux qu'il a faits dans vne Chapelle de la Trinité du Mont, puis que celuy de l'Autel vous agréa si fort, que vous en fites faire vne copie pour apporter en France.

Il est vray, dit Pymandre, que j'y trouve des expressions admirables: car croyez-vous qu'on puisse mieux representer vn semblable sujet? Peut-on rien faire de plus beau & de mieux disposé, que le Corps de Jesus-Christ que l'on détache de la Croix, & que ceux qui sont occupez à cét office? La douleur dont la Vierge est saisie & qui la fait paroistre dans vn évanoüissement; l'affliction des Maries, qui soûtiennent la Mere du Fils de Dieu, & tant d'autres expressions me semblent si belles & si naturelles, que j'avoüe n'avoir rien trouvé qui m'ait touché davantage. Il me semble aussi que quand on parloit des plus beaux Tableaux qui sont dans les Eglises de Rome, l'on contoit entre les premiers celuy de Raphaël, qui est à Saint Pierre *in Montorio*; vn Saint Jerôme que le Dominiquin a fait proche Fornese, & cette descente de Croix qui est à la Trinité du Mont: Mais il ne me souvient point si dans la mesme Chapelle où je l'ay veuë il y en a d'autres de la main de ce Peintre.

Il fit cette Chapelle, luy répartis-je, pour vne Dame de la famille des Ursins; & parce qu'elle se nommoit Helene, en donnant à cette Chapelle le nom de la Croix de Nostre Sauveur, elle voulut qu'on y representast l'invention de ce Sacré Bois, & l'histoire de Sainte Helene mere de Constantin. C'est pourquoy Daniel ayant representé dans le Tableau de l'Autel le sujet dont nous venons de parler, il peignit à fraisque deux Sibylles, qui sont au costé de la fenestre qui donne la lumiére à la Chapelle. Le haut de la voute est divisé en quatre parties, par vn agréable compartiment de Stuc, orné de figures Grotesques, & de Festons d'vne maniére nouvelle. Dans l'vne de ces quatre par-

ET SUR LES OUVRAGES DES PEINTRES. 253
ties de la voute l'on voit les Juifs qui travail- DANIEL
lent à faire la Croix, où ils devoient attacher TERRE.
Jesus-Christ; Dans la deuxiéme, comme sainte
Helene fit venir des Juifs, & leur commanda
de luy montrer l'endroit où la Croix estoit
cachée ; Dans la troisiéme, comme ne voulant pas luy obeïr en découvrant ce sacré Tresor, elle fait descendre dans vn puits celuy
qu'elle sçavoit bien en avoir connoissance; Et
dans la quatriéme, l'on voit enfin ce miserable, qui, pour sauver sa vie, montre le lieu où
estoient enterrées les trois Croix qui furent faites au temps de la Passion de Jesus-Christ. Ces
quatre Tableaux sont peints avec beaucoup
d'art.

Au dessous du cintre de la voute, & des
deux costez de la Chapelle, il y a quatre
autres Tableaux, sçavoir deux de chaque costé. L'vn represente comme sainte Helene
fait tirer de terre la sainte Croix avec les
deux autres ; & l'autre, le Miracle qui arriva
au mesme temps, d'vn malade qui fut gueri
par l'attouchement de la vraie Croix. De
l'autre costé on voit comme la Croix où
nostre Sauveur fut crucifié, fut reconnuë par
la resurrection d'vn corps mort que l'on mit
dessus.

Daniel de Volterre.

Vous sçavez que sainte Helene ayant esté visiter les lieux saints de la Palestine, où elle bastit plusieurs Eglises, fut inspirée de rechercher la sainte Croix; & qu'estant arrivée en Golgotha, elle y fit fouïller, & trouva les trois Croix par le moyen d'vn Juif, qui découvrit le lieu où elles estoient cachées : Car sçachant que leur coûtume estoit d'enterrer avec les criminels, ou proche d'eux, les instrumens de leur supplice, l'on chercha aux environs du sepulchre de Nostre Seigneur. Saint Ambroise dit que la veritable Croix fut reconnuë par le titre que Pilate y avoit fait attacher; mais tous les Auteurs anciens ne sont pas de son avis, entr'autres Saint Paulin Evesque de Nole, & Severe qui vivoit au mesme siécle, lesquels témoignent que ce fut par la resurrection d'vn mort qu'on coucha nud dessus, qui estoit demeuré immobile à l'attouchement de celles où les deux larrons avoient esté attachez. D'autres Auteurs disent que ce fut par la guerison d'vne femme qui estoit à l'agonie. Mais Nicephore rapporte que tous ces deux miracles arriverent; & c'est apparemment sur ce témoignage que Daniel de Volterre les a representez tous deux de la sorte que je vous ay dit.

En l'an 326 selon le témoignage de S. Cyrille Evesque de Jerusalem.

Orat. in fun. Theodos.

Ep. 11. ad Severa.
Sev. Sist. l. 2.

ET SUR LES OUVRAGES DES PEINTRES 255.

Pour le quatriéme Tableau, on y voit com- DANIEL DE VOL-
me l'Empereur Heraclius porte sur ses épaules TERRE.
la vraie Croix dans la Ville de Jerusalem, &
non pas à Rome, comme Vasari l'a écrit, qui
se méprend souvent en beaucoup de choses.

Lors que la Croix de Nostre Seigneur eût esté
recouvrée, il en demeura vne partie à Jerusalem, & l'autre partie fut envoyée à Constantin, qui, selon le témoignage de Socrate, la fit
enfermer dans sa propre Statuë, qui estoit élevée sur vne haute Colonne dans la Place de
Constantinople, se promettant qu'vne si sainte Relique seroit la sauvegarde de la Ville.
Et comme l'on n'en mit qu'vne portion dans
cette Statuë, le reste fut porté à Rome dans
l'Eglise que Constantin fit bastir sur les ruines
du Temple de Venus, que l'on appelle aujourd'huy Sainte Croix en Jerusalem. Mais
la Ville de Jerusalem ayant esté prise, & pillée en 614. par Cosrhoës Roy des Perses, il
enleva tous ses tresors, & particuliérement le
Bois de la vraie Croix, que l'on y conser-
voit précieusement. Cependant quelque impie que fust ce Prince, il eût vn tel respect pour
ce sacré Bois, qu'il n'osa pas seulement découvrir la Chasse dans laquelle il estoit enfer-
mé. Il la fit porter en Perse, où elle fut gar-

dée avec autant de soin que dans l'Eglise de Jerusalem, jusques à ce qu'enfin l'Empereur Heraclius la rapporta l'an 628. Car ayant plusieurs fois défait l'armée des Perses, ausquels le Bois de la Croix n'estoit pas moins fatal, que l'Arche le fut autrefois aux Philistins, il obligea Cosrhoës de s'enfuir à Seléucie, où estant tombé entre les mains de Syroës son fils aisné, il fut conduit prisonnier dans la maison qu'il avoit fait bastir pour enfermer ses tresors. Il y souffrit toutes sortes d'affronts, & enfin vne mort cruelle, par vn juste châtiment de Dieu, contre lequel il avoit commis mille impiétez. Syroës ayant pris possession du Royaume, fit la paix avec Heraclius, luy rendit tous les captifs que son pere avoit faits, entre lesquels estoit Zacharie Evesque de Jerusalem, & le Bois de la vraie Croix, qui fut d'abord porté à Constantinople, & l'année d'après à Jerusalem. Mais cette translation se rendit memorable par vn signalé miracle : Car Heraclius s'estant revestu pompeusement de ses habits Royaux, & ayant chargé sur ses épaules la Sainte Croix pour la porter au mesme lieu d'où les Perses l'avoient enlevée, il fut contraint de s'arrester tout court à la porte de la Ville, n'estant pas en sa puissance

puissance d'avancer vn pas, & demeura ainsi sans passer outre, jusques à ce que le Patriarche Zacharie luy donnant avis de quitter les habits superbes dont il estoit revestu, il se couvrit d'vn simple vestement, & déchaussa ses soulliers, pour mieux imiter l'humilité de Nostre Seigneur, aprés quoy il ne trouva aucune difficulté à marcher, & acheva aisément le reste du chemin qu'il avoit à faire. C'est dans cét estat que Daniel a representé cét Empereur, que l'on voit suivi d'vn grand cortége, & environné d'vne infinité de personnes de tout sexe & de toutes conditions, qui adorent la Croix.

Dans la mesme Eglise de la Trinité du Mont, il y a encore vne Chapelle vis-à-vis celle dons je viens de parler, du dessein & de l'ordonnance de Daniel; mais n'ayant esté peinte que de la main de ses disciples, elle n'approche pas de la beauté de la premiére. Il travailla encore au Vatican, à la Salle des Rois. Il fit cette grotte que l'on voit à Belvedere. Il peignit mesme quelque chose au Jugement de Michel Ange, que Paul III. eût plusieurs fois dessein de faire abbatre, parce qu'il n'estoit pas bienaise de voir tant de figures nuës dans vn lieu si Saint. Mais comme vn si excellent ouvrage avoit pour protecteurs plusieurs Cardinaux, & tous les amateurs de la Peinture, qui luy firent connoître que ce seroit vne perte trop considérable, il se contenta que Daniel en couvrît quelques parties ; ce qu'il fit avec des Draperies fort déliées : Et sous le Pontificat de Pie IV. il retoucha la figure de sainte Catherine, & celle de saint Blaise, qui ne paroissoient pas assez modestement disposées. Ce fut aussi luy, qui quelque temps aprés fit le Cheval de Bronze que vous voyez icy dans la Place Royale. Car la Reine Catherine de Medicis, après la mort funeste de Henry II. ayant envoyé le sieur Strozzi en Italie, elle luy donna charge de conférer avec Michel Ange, pour dresser quelque monument à la mémoire du feu Roy son mari : Et comme Michel-Ange n'estoit plus en estat d'entreprendre de grands travaux, ils traitérent avec Daniel de Volterre, pour faire vne statuë équestre du feu Roy. Cependant il ne fit pas l'ouvrage entier ; car incontinent aprés avoir achevé la figure du Cheval, il mourut l'an 1566. âgé de cinquante-sept ans.

TADDE'E ZUCCHERO mourut dans la mesme année. Il estoit originaire d'vn lieu que l'on nomme Saint Ange *in Vado*, dans le Duché d'Urbin. Son pere, qui s'appelloit Octavien, estoit aussi Peintre. Il l'éleva jusques à l'âge de quatorze ans, qu'il l'envoia à Rome, où il souffrit beaucoup d'incommoditez, avant que d'estre en estat de pouvoir gagner de quoy vivre : Car n'ayant pas mesme le moyen de se loger, il estoit quelquefois obligé de coucher dans la Vigne d'Augustin Ghisi, où il estoit le plus souvent à estudier aprés les Tableaux de Raphaël. Cependant s'estant rendu fort capable, il trouva de l'employ ; & les premiers ouvrages qui luy aquirent de la réputation, furent deux histoires qu'il peignit de clair-obscur, au devant de la maison d'vn Gentilhomme Romain, nommé Jacopo Mattei, & qu'il acheva en 1548. n'ayant pour lors que dix-huit ans. Il fit ensuite plusieurs autres travaux dans Rome, que je ne puis vous dire à present. Il avoit vn frere nommé Frederic, plus jeune que luy, auquel ayant donné les premiéres instructions de la Peinture, il fit part de tous les ouvrages qu'il entreprenoit, & mesme c'est Frederic qui a achevé ce que Taddée avoit commencé de plus considérable : Car celuy-cy estant mort fort jeune, & à l'âge de

260 ENTRETIENS SUR LES VIES

TADDEE ZUCCHERO.

trente-sept ans, il laissa imparfait ce qu'il avoit entrepris à la Trinité, & à Caprarole, où l'on voit tout ce que ces deux freres ont fait de plus excellent. Cette Maison est située à vne journée de Rome, & fut bastie par Jacopo Barozzi, que l'on connoist mieux sous le nom de VIGNOLE.

Est-ce pas luy, interrompit Pymandre, qui a aussi basti le Chasteau de Chambor?

C'est luy qui en a donné le dessein, repartis-je. Il estoit originaire de Boulogne ; & estant allé fort jeune à Rome, il s'adonna à la Peinture : mais ayant beaucoup plus d'inclination pour l'Architecture, il desseignoit souvent plusieurs morceaux d'édifices pour Jacopo Melighini, qui estoit alors Architecte de Paul III. Et mesme comme il y avoit dans Rome vne Academie de personnes de qualité, qui s'appliquoient à la lecture des Livres de Vitruve, entre lesquels estoit le Seigneur Mattei, M. Marcello Cervini, qui fut depuis Pape, & plusieurs autres, le Vignole s'attacha à leur service. Il mesuroit les bastimens antiques, & desseignoit pour eux toutes les choses qu'ils souhaitoient d'avoir : ce qui luy fut beaucoup avantageux, tant pour son étude particuliére, que parce qu'il trouvoit par là vn honneste

ET SUR LES OUVRAGES DES PEINTRES. 261
moyen de fubfifter. Cela fut caufe de ce que le Primatice eftant allé à Rome, fe fervit de luy pour mouler vne grande partie des ftatuës antiques qu'il apporta en France pour jetter en Bronze; & mefme de ce qu'il l'amena pour luy aider dans cette grande entreprife, & pour travailler dans les chofes d'Architecture, dont il s'aquita avec beaucoup de foin & de jugement.

TADDEE ZUCCHERO.

Aprés avoir demeuré deux ans en France, il retourna à Boulogne, où il baftit vne Eglife; & lors que Jule III. fut créé Pape, il le fit venir à Rome, & luy donna des emplois, mais veritablement peu avantageux à fa fortune. Enfin le Cardinal Farnefe, qui connoiffoit fon efprit & fa capacité, ayant refolu de faire baftir fon Palais de Caprarole, le rendit Maiftre abfolu de cette entreprife, & voulut que tout ce qu'on feroit fût de fon invention, & fous fa conduite. Ceux qui ont veû cette Maifon avoüent qu'il ne pouvoit mieux choifir, & qu'elle a beaucoup de grandeur & de nobleffe. Elle eft de figure Pentagone, & divifée en quatre appartemens, fans comprendre le cofté de devant, où eft la principale entrée. C'eft dans ces diverfes Chambres que Taddée & Fréderic Zucchero ont

K k iij

fait vne infinité de Peintures conformes aux lieux qu'ils ont voulu embellir.

Dans vne des Salles est representé en plusieurs Tableaux tout ce qui regarde l'histoire de la maison Farnese ; les hommes illustres, & les alliances de cette famille avec les plus grands Princes de l'Europe. L'on voit d'vn costé comme le Duc Octave Farnese épouse Madame Marguerite d'Autriche. D'vn autre costé le Duc Horace, qui prend pour femme la sœur du Roy Henry II. avec cette inscription au bas du Tableau : *Henricus II. Valesius, Galliæ Rex, Horatio Farnesio Castri Duci, Dianam filiam in matrimonium collocat anno salutis.* 1552.

Dans ce Tableau sont representez au naturel cette Princesse, ornée d'vn Manteau Royal, le Duc son époux, la Reine Catherine de Medicis, M. Marguerite sœur du Roy, le Roy de Navarre, le Connestable, le Duc de Guise, le Duc de Nemours, l'Amiral, le Prince de Condé, le Cardinal de Lorraine encore jeune, le Cardinal de Guise, mais qui n'estoit pas encore Cardinal, le Seigneur Pierre Strozzi, Madame de Montpensier, & Mademoiselle de Rohan. D'vn autre costé le Portrait du Roy Henry II. paroist

ET SUR LES OUVRAGES DES PEINTRES. 263

avec cette inscription : *Henrico Francorum Regi Max. Familiæ Farnesiæ Conservatori.*

TADDEE ZUCCHE- RO.

Dans vn autre Tableau est representé le Pape Paul III. qui revest d'vn habit Sacerdotal le Duc Horace à genoux devant luy, & le fait Préfet de Rome. Le Duc Pierre Loüis Farnese est à costé, avec plusieurs autres Seigneurs. Cette inscription est au dessous du Tableau: *Paulus III. P. M. Horatium Farnesium nepotem, summæ spei adolescentem, Præfectum Vrbis creat anno 1549.*

Il y a encore dans la mesme Salle d'autres Portraits & d'autres Tableaux d'histoires qui regardent la maison Farnese. On y voit comme le Pape Jule III. confirme le Duc Octavien & le Prince son fils dans le Duché de Parme & de Plaisance ; Et comme le Cardinal Farnese fut envoyé Legat vers l'Empereur Charles V.

Dans le Salon qui suit est peint comme Paul III. aprés avoir esté éleû Pape, fut couronné le mois de Novembre 1534. Comme ensuite il benit les Galeres à Civittavecchia pour aller à Thunis, en 1535. Comme il excommunie le Roy d'Angleterre, en 1537. Comme l'on équipe vne flotte aux frais de l'Empereur & des Venitiens, qui devoit aller contre le Turc, fous l'autorité du Pape, en 1538. Comme ceux de Peroufe implorent le pardon de Sa Sainteté, en 1540. aprés s'eftre révoltez contre le Saint Siége.

L'on voit encore dans le mefme lieu, & dans des Tableaux plus grands que ceux dont je viens de parler, l'Empereur Charles V. qui à fon retour de Thunis baife les pieds du Pape Paul III. en l'an 1535. La Paix faite par l'entremife de Sa Sainteté entre l'Empereur & le Roy François I. Comme le Pape envoie le Cardinal *de Monte* Legat au Concile de Trente ; Et enfin comme le mefme Pape eft au milieu des Cardinaux, & difpofe les chofes neceffaires pour la convocation du Concile.

Enfuite de ce Salon eft vne chambre de parade, embellie de Peintures, & d'ouvrages qui feroient trop longs à fpecifier. De cette chambre l'on paffe dans vne autre à coucher; Et comme c'eft vn lieu confacré au fommeil, c'eft là que Taddée entreprit de reprefenter ces belles inventions qu'Annibal Caro luy fournit par l'ordre du Cardinal Farnefe. Je ne vous en parlerai pas ; vous pouvez voir dans les Lettres de Caro ce qu'il en écrivit alors ; & l'excellent difcours qu'il en a fait

ne

ET SUR LES OUVRAGES DES PEINTRES. 265
ne vous fera pas moins agréable que les Pein- TADDEE
tures. Vous y trouverez mefme quelque chofe ZUCCHE-RO.
de plus que dans les Tableaux : Car Taddée
& Frederic ne pûrent pas reprefenter mille
chofes ingenieufes & agréables qui font dans
ces lettres, parce que le lieu n'eftoit pas capable de contenir vne fi grande abondance de
fujets.

A cofté de cette chambre il y en a vne autre confacrée à la Solitude. Jefus-Chrift paroift
dans le defert, enfeignant fes Apoftres; & à
cofté on voit S. Jean Baptifte, le modelle des
folitaires. Vis-à-vis de cette Peinture il y en
a vne autre, où font reprefentées plufieurs perfonnes, qui fe retirent dans les forefts pour
fuïr la compagnie des hommes ; & pendant
que d'autres tâchent de les en empêcher, &
les pourfuivent à coups de pierre, il y en a
qui fe crevent les yeux, pour ne plus rien voir.
A cofté de ce Tableau eft le Portrait de Charles-Quint avec cette infcription au bas : *Poft
innumeros labores ociofam quietamque vitam
traduxit.*

A l'oppofite de ce Portrait eft celuy de Soliman Empereur des Turcs qui vivoit alors,
& aimoit beaucoup la retraite. Ces mots font
au deffous : *Animum à negocio ad ocium revo-*

cavit. Tout proche est representé Aristote, & au dessous est écrit: *Anima fit, sedendo & quiescendo, prudentior.* Sous vne autre figure de la main de Taddée est écrit: *Quemadmodum negocij, sic & ocij ratio habenda.*

Sous vne autre sont ces mots: *Ocium cum dignitate, negocium sine periculo.*

D'vn autre costé est encore écrit au bas d'vne figure: *Virtutis & liberæ vitæ magistra optima solitudo.*

Sous vne autre: *Plus agunt qui nihil agere videntur.* Enfin pour comble de loüanges à l'honneur de la solitude & du repos, on voit sous la derniére figure ces paroles: *Qui agit plurima, plurimum peccat.*

Tous ces divers lieux sont enrichis d'ornemens de Stuc, de Peintures, & d'or, d'vn ouvrage tres-exquis.

Outre les Tableaux, ausquels Frederic travailla du vivant de son frere, & sous sa conduite, & ceux qu'il acheva aprés sa mort, il en a fait vne infinité en son particulier, tant à Rome, à Venise, à Florence, qu'en plusieurs endroits d'Italie. Il vint en France, où il peignit pour le Cardinal de Lorraine. Ensuite il alla en Flandres, où il fit quelques desseins pour des Tapisseries. De là il passa en Angle-

ET SUR LES OUVRAGES DES PEINTRES. 267
terre, où il fit le Portrait de la Reine Elizabeth. Il alla en Espagne, où il travailla à l'Escurial pour Philippe II. Enfin estant de retour en Italie, il fit encore plusieurs ouvrages à Florence pour le Grand Duc, à Rome pour le Pape Gregoire XIII. en Savoye, à Urbin, & en d'autres lieux. Ce fut luy qui fonda l'Academie des Peintres dans Rome ; mais parce que je tâche de garder l'ordre des temps que j'ay observé jusques icy, je ne vous en diray rien que je n'aye parlé des autres Peintres qui sont morts avant cét établissement, & qui estoient contemporains de Taddée ; car MICHEL-ANGE vivoit encore alors. Il est vray que sa mort preceda celle de Taddée d'environ deux ans ; & quoy que son grand âge ne luy permist plus de travailler comme il avoit fait, son sçavoir neantmoins le rendoit toûjours considérable, & l'on suivoit ses avis dans toutes les entreprises les plus importantes.

Je vous ay parlé de beaucoup de Peintres ; mais de tous ceux que je vous ay nommez, il n'y en a point eû dont la réputation ait esté aussi grande, & le merite aussi connu que le sien. Comme il nâquit dés l'an 1474. & qu'il vescut prés de 90. ans, il fut connu de plufieurs Papes, & de quantité de Souverains, qui tous eûrent de l'eſtime pour ſa vertu, & luy donnérent occaſion de faire paroiſtre ce qu'il ſçavoit dans la Peinture, dans la Sculpture, & dans l'Architecture, où l'on peut dire qu'il a excellé. Car encore que dans celuy de la Peinture nous ayons fait voir la différence qui eſtoit entre luy & Raphaël, dont quelques diſciples meſmes avoient des qualitez que Michel-Ange ne poſſedoit pas, il eſt pourtant vray qu'il eſt le premier des modernes qui a fait paroiſtre ce qu'il y a de plus grand dans cét Art, & qui a peut-eſtre donné la hardieſſe à ceux qui l'ont ſurpaſſé de pouſſer plus avant qu'ils n'auroient fait, s'il ne leur en avoit pas montré le chemin. Jamais perſonne n'a plus travaillé que luy pour aquerir la parfaite connoiſſance de tout ce qui compoſe le corps de l'homme. Auſſi a-t-il deſſeigné le plus ſçavamment, & mieux ſceû les attachemens des os & des muſcles, qu'aucun Peintre dont nous ayons les Ouvrages. Je ne ſçay pas s'il euſt pû ſe rendre auſſi parfait dans toutes les autres parties de la Peinture, en s'y appliquant; mais peut-eſtre qu'il a préferé de tenir le premier rang dans le deſſein, en quoy il eſt certain qu'il a heureuſement réüſſi, puis

qu'en cela il a furpaffé tous les Peintres mo- MICHEL-
dernes. ANGE.

Quoy qu'il ne fuft pas d'vne famille fort accommodée des biens de la fortune, il eſtoit néanmoins noble. Son pere fe nommoit Louïs Buonarruoti Simoni, de l'ancienne maiſon des Comtes de Canoſſe. Il nâquit dans vn Château appellé Chiuſi, dans le Païs d'Arezzo, où ſon pere & ſa mere demeuroient alors: Et quelque temps aprés eſtant retournez à Florence, ils le mirent en nourrice à trois milles de là, dans vn Village nommé *Settignano*, dont les Habitans pour la pluſpart eſtoient Sculpteurs & Tailleurs de Pierre. C'eſt pourquoy il diſoit quelquefois qu'il avoit, avec le lait de ſa nourrice, qui eſtoit femme d'vn Sculpteur, fuccé l'Art de la Sculpture.

Auſſitoſt qu'il fut capable d'apprendre, on l'envoia aux Eſcoles: Mais il avoit vne ſi forte inclination au deſſein, qu'il déroboit le temps de ſes eſtudes pour s'y appliquer; ce qui le faiſoit ſouvent châtier de ſes Maiſtres, & de ſon pere, qui n'ayant peut-eſtre pas aſſez de connoiſſance de la grandeur de l'Art, dont ſon fils tâchoit d'apprendre les principes, le conſideroit comme vne choſe indigne de la Nobleſſe de ſa maiſon. Cependant Michel-

MICHEL-Ange ayant fait connoissance avec Francesque
ANGE. Granacci, qui travailloit sous Domenique
Ghirlandaio, tiroit par son moyen plusieurs
desseins, qu'il copioit incessamment ; de sorte
que son pere ne pouvant l'en détourner, fut
conseillé de le mettre en apprentissage avec le
Ghirlandaio, qui estoit en grande estime, non
seulement à Florence, mais par toute l'Italie.
Michel-Ange avoit pour lors quatorze ans ; &
se voyant en liberté de travailler, il s'y appliqua de telle sorte, que son Maistre estoit
estonné de voir combien il s'avançoit dans sa
profession. A l'âge de seize ans il se mit à tailler des figures de marbre, qui surprirent tous
ceux qui les virent, & furent cause que Laurent de Medicis, qui en ce temps-là estoit le
Protecteur des gens vertueux, le prit chez
luy, où il travailla jusques à la mort de ce
digne Amateur des beaux Arts, aprés quoy
il quitta Florence, pour faire quelques voia-
ges à Venise & à Boulogne. Comme sa réputation se répandoit par tout, il alla à Rome,
où il demeura environ vn an avec le Cardinal de S. George, & où il s'avança de telle
sorte dans son Art, que tout le monde ad-
miroit la facilité avec laquelle il exécutoit ses
hautes pensées. Il fit en ce temps-là pour le

Cardinal de Roüanois vne Nostre-Dame de MICHEL-
Pitié de marbre, qui est dans l'Eglise de Saint ANGE.
Pierre.

Il est vray que l'on ne peut rien voir de mieux que le Corps du Christ, dont la beauté & le soin qu'il a pris à en rechercher & bien exprimer toutes les parties, m'arrêteroient trop long-temps, si je voulois vous en faire vne exacte description. Il fit ensuite plusieurs autres ouvrages; & comme il fut invité par quelques-vns de ses amis de retourner à Florence, il s'y en alla, & y fit plusieurs statuës, & des desseins de Tableaux qu'il devoit peindre en concurrence de Leonard de Vinci. Mais le Saint Siége estant venu à vaquer par la mort d'Alexandre VI. Jule II. qui luy succeda le fit venir à Rome pour travailler à son Tombeau. Michel-Ange n'avoit alors que vingt-neuf ans; & cette entreprise estoit vne des plus grandes que l'on eust jamais veuë. Car ce Tombeau devoit estre de forme quarrée, isolé de toutes parts, afin que l'on vist les quatre costez, qui devoient estre ornez de quarante figures de marbre, de plusieurs enfans, de festons, & d'vne infinité d'autres ornemens. Il se passa plusieurs mois avant que le Pape eust encore rien arresté. Enfin il résolut de faire commencer cette Sepulture. Mais comme il arrive souvent que les grands desseins ne s'accomplissent pas, & qu'ils sont d'ordinaire interrompus, ou par la mort de ceux qui les entreprennent, ou par des changemens inopinez, cét ouvrage n'a point esté achevé. Michel-Ange finit seulement quelques figures, entr'autres vne Victoire, vn Moïse, & deux Esclaves, dont il fit present à Robert Strozzi, qui les envoia au Roy François I. & qui aprés avoir esté long temps à Equan, furent enfin portez à Richelieu, où ils sont maintenant.

Comment, dit Pymandre, cét ouvrage demeura-t-il imparfait, puis que le Pape vescut assez long temps aprés qu'il fut commencé?

Plusieurs choses, repartis-je, contribuérent à cela; l'humeur prompte du Pape, & celle de Michel-Ange, qui n'estoit pas capable de rien souffrir, outre les grands emplois qui se presentoient tous les jours à luy.

A peine eût-il fait venir de Carare le marbre necessaire pour ce Tombeau, qu'il abandonna toutes choses, & s'en retourna à Florence, prétendant avoir esté maltraité du Pape:

ET SUR LES OUVRAGES DES PEINTRES. 273
Pape : Car ayant fait conduire dans la Place MICHEL-ANGE. de Saint Pierre tous les marbres qui eſtoient arrivez, il alla pour parler au Pape, afin de faire payer les Voituriers; mais n'ayant pû avoir audience, il retourna chez luy les payer de ſon argent. A quelques jours de là eſtant allé pour voir le Pape, il fut arrêté par vn Palefrenier, qui luy dit vn peu rudement d'attendre, & qu'il n'avoit pas charge de le laiſſer entrer. Et comme il ſe rencontra vn Eveſque, qui voulant rendre office à Michel-Ange, dit au Palefrenier qu'il priſt garde à ce qu'il faiſoit, & que peut-eſtre ne connoiſſoit-il pas celuy auquel il refuſoit l'entrée : Il luy fit réponſe qu'il le connoiſſoit bien, & qu'il obéïſſoit aux ordres de ſes Superieurs, & du Pape meſme. Michel-Ange entendant cela fut ſi piqué, voyant qu'on le traittoit d'vne maniére extraordinaire, que ſans penſer s'il perdoit le reſpect, il dit au Palefrenier qu'il pouvoit aſſûrer le Pape, que quand il le chercheroit, il ne le trouveroit pas. Et au ſortir du Palais il retourna chez luy, où ayant donné charge à ſes gens de vendre ſes hardes, il partit à deux heures de nuit, pour s'en aller à Florence.

M m

Estant arrivé à Pongibonci, il s'y arresta pour se reposer, se croiant en sûreté : Mais il n'y fut pas long-temps, que plusieurs Courriers luy apportérent des Lettres du Pape, pour l'obliger de retourner : ce qu'il ne voulut jamais faire, quelques priéres qu'on luy fit ; & tous ces Messagers s'en allérent sans autre réponse de luy, sinon qu'il prioit Sa Sainteté de luy pardonner, s'il s'en estoit allé de la sorte ; que l'ayant fait chasser comme vn coquin, pour récompense de ses fideles services, elle pouvoit en chercher d'autres qui prissent sa place. Il fut pourtant contraint à quelque temps de là de retourner à Rome, parce que Jule envoya trois Brefs à la Seigneurie de Florence, pour l'obliger de le renvoyer ; Mais ce fut avec tant de répugnance, que craignant qu'on ne luy joüast quelque mauvais tour, s'il s'opiniâtroit à demeurer à Florence, il eût plusieurs fois dessein d'aller en Turquie, où Soliman luy proposoit de bastir vn Pont pour passer de Constantinople à Pera. Cependant s'abandonnant au conseil de ses amis, il résolut d'aller trouver le Pape, qui estoit alors à Boulogne.

Pierre Soderin Gonfalonier de la Seigneurie de Florence, afin de luy donner plus de sû-

ET SUR LES OUVRAGES DES PEINTRES. 275
reté, l'envoya comme personne publique, avec la qualité d'Ambassadeur, & écrivit au Cardinal Soderin son frere, de le presenter luy-mesme au Pape.

MICHEL-ANGE.

On rapporte encore d'vne autre maniére le sujet de sa sortie de Rome, disant que Jule s'estoit fâché contre luy, parce qu'il ne vouloit pas souffrir qu'il vît ce qu'il faisoit ; Et qu'vn jour ayant donné de l'argent aux gens de Michel-Ange pour entrer dans la Chapelle de Sixte, où il travailloit, Michel-Ange, qui s'estoit caché pour voir s'ils luy estoient fideles, voyant entrer le Pape, & ne sçachant pas que ce fust luy, laissa tomber vne planche d'vn échaffaut sur l'autre : ce qui donna vne telle fraïeur au Pape, qu'il s'enfuit plein de crainte & de colére. Mais de quelque façon que la chose se soit passée, il est certain qu'il se retira de Rome.

Estant arrivé à Boulogne, il fut conduit aux pieds de Jule ; & parce que le Cardinal Soderin estoit alors malade, il envoya vn Evesque de sa maison pour accompagner Michel-Ange. Jule le regardant d'vn air dédaigneux, luy dit en colére : Enfin, au lieu de venir nous « trouver, vous avez attendu que nous ayons « esté nous mesme vous chercher : ce qu'il di- «

Mm ij

soit à cause que Boulogne est plus prés de Florence, que n'est pas la Ville de Rome. Michel-Ange, sans s'étonner, repartit au " Pape, Qu'il prioit trés-humblement Sa Sainteté " de luy pardonner ; que ce qu'il avoit fait " estoit par vn mouvement de déplaisir, ne " pouvant souffrir qu'on le traittast mal ; qu'il " sçavoit bien qu'il avoit failli, mais qu'il sup-" plioit encore vne fois Sa Sainteté de luy par-" donner.

Le Vasari en cét endroit de la vie de Michel-Ange remarque vne chose assez plaisante, & qui fait bien connoître le caractere & l'humeur prompte de Jule. Il dit que l'Evesque qui avoit conduit Michel-Ange aux pieds du Pape, de la part du Cardinal Soderin, representant à Sa Sainteté, pour excuser Michel-Ange, qu'elle devoit luy pardonner, parce que les personnes de sa profession sont d'ordinaire ignorantes, & que hormis ce qui regarde leur Art, ils sont incapables de toute autre chose. Le Pape se mit si fort en colére, qu'il frappa l'Evesque d'vn " baston qu'il tenoit, luy disant : Vous estes vous " mesme vn ignorant, & vous luy faites injure, " lors que nous ne voulons pas l'offencer :
Qu'ainsi l'Evesque fut mis honteusement hors

ET SUR LES OUVRAGES DES PEINTRES. 277
de la chambre ; & le Pape ayant déchargé MICHEL-
sur luy toute sa colére, donna sa benediction ANGE.
à Michel-Ange, auquel il fit plusieurs presens, & promit encore de plus grandes ré-
compenses.

Pendant que Jule demeura à Boulogne, il
luy commanda de faire sa Statuë de la hauteur de cinq brasses, & de la jetter en bronze.
Si-tost qu'il en eût fait le modelle de terre, il
le montra au Pape. Cette figure hauffoit vn
bras, dans vne action si fiére, que le Pape
demanda à Michel-Ange si elle donnoit la
benediction ou la malediction. A quoy il fit
réponse, qu'elle avertissoit le peuple de Boulogne qu'il fût plus sage à l'avenir ; Et comme
il demanda au Pape s'il mettroit pas vn livre
dans l'autre main : Mettez-y plûtost vne épée, «
luy repartit le Pape, car je ne suis point «
vn homme de lettres : réponse veritablement «
peu conforme à vn Pape, mais bien à l'humeur de Jule.

Michel-Ange ne fut pas plus de seize mois
à mettre cette figure dans sa perfection, aprés
quoy on la plaça au frontispice de l'Eglise de
San Petronio, où elle ne demeura pas long-
temps, car elle fut ensuite renversée, & mise
en piéces par les Bentivoglio, & venduë au

Duc de Ferrare, qui conserva seulement la teste, & du reste de la matiére en fit faire vne piéce d'Artillerie, qu'on nomma la Julienne.

Pendant que Michel-Ange travailloit à cette Statuë, Bramante voyant le credit qu'il prenoit auprés du Pape, par le moyen de ses ouvrages de Sculpture, fut des premiers à persuader à Sa Sainteté de ne point hâter la structure de son Tombeau, parce qu'il sembloit qu'il voulust presser sa mort, & que cela estoit d'vn mauvais augure ; Qu'il faloit mieux occuper Michel-Ange à peindre la voûte de la Chapelle que Sixte son oncle avoit fait faire dans le Vatican ; esperant par ce moyen de procurer à Michel-Ange vn employ, dont il ne pourroit pas si bien s'aquiter, & qu'ainsi il n'auroit pas tant de credit auprés du Pape. Quoy qu'il en soit, Michel-Ange estant de retour de Boulogne, le Pape luy fit sçavoir qu'il vouloit remettre le travail de sa Sepulture à vn autre temps, & qu'il desiroit qu'il peignist la voûte de la Chapelle Sixte. L'on dit que souhaitant beaucoup plus de travailler à ce tombeau, il fit ce qu'il pût pour ne point mettre la main aux couleurs, & tâcha de se décharger sur Raphaël;

mais sa resistance ne servoit qu'à rendre encore le Pape plus résolu dans son dessein : De sorte qu'il fut obligé de commencer cét ouvrage, qui n'estoit pas à moitié fait, que le Pape impatient de son naturel, le voulut voir ; & ayant fait abbatre les échaffauts, tout Rome y courut. Enfin Michel-Ange se mit à l'achever ; & quoy qu'il travaillast seul, n'estant pas seulement assisté d'vne personne qui broyast ses couleurs, il n'y employa que vingt mois de temps.

Il est vray qu'il se plaignoit souvent de l'impatience du Pape, qui luy ostoit les moyens de le pouvoir finir autant qu'il eust voulu ; & mesme comme il luy demandoit vn jour avec empressement, quand il auroit achevé : Michel-Ange luy répondit, que ce seroit lors qu'il seroit satisfait de son travail, dans ce qui regardoit son Art. Et nous voulons, luy repliqua le Pape, que vous nous contentiez aussi, dans le desir que nous avons que vous le finissiez promptement ; luy disant enfin que si ce n'estoit bientost, il le feroit jetter de dessus ses échaffauts à bas : Ce qui obliga Michel-Ange, qui connoissoit l'humeur du Pape, & qui craignoit sa furie, de peindre toutes ses figures au premier coup, sans

MICHEL-ANGE. retoucher à fec plufieurs endroits, aufquels il euft donné plus de grace & de tendreffe, & mefme enrichi d'or & de couleurs plus éclatantes certains ornemens, comme avoient fait ceux qui avoient peint avant luy dans la mefme Chapelle. Ce que le Pape luy recommandoit fouvent de faire, difant que ce qu'il peignoit luy fembloit pauvre, auprés de l'or qui paroiffoit dans les autres Tableaux. Mais Michel-Ange voyant que cela l'euft occupé bien du temps, & que le Pape le preffoit fans ceffe de finir, il luy difoit quelquefois avec affez de liberté, que ceux qu'il reprefentoit ne portoient point d'or en ce temps-là; que c'eftoit des hommes Saints, qui avoient méprifé les richeffes.

Cependant le Pape fut tres-fatisfait de Michel-Ange; & quoy qu'il le traitaft quelquefois affez rudement, & mefme avec injure, il avoit néanmoins beaucoup d'eftime & d'amitié pour luy, & fouvent luy en donnoit des marques par des largeffes & des bienfaits, comme il fit vn jour, tâchant par là de reparer fes emportemens: Car Michel-Ange luy ayant demandé permiffion d'aller
» à Florence, il luy répondit : Et cette Cha-
» pelle, quand fera-t-elle finie? Quand je pourray,
Saint

Saint Pere, luy répondit-il. Quand je pour- «MICHEL ANGE. ray, quand je pourray, repartit le Pape: Je « te la feray bien finir; & dans le mesme temps « luy donna d'vn baston qu'il tenoit. Michel-Ange se retira aussi-tost chez luy ; mais à peine y fut-il arrivé, que le Camerier du Pape luy apporta cinq cens escus, afin de l'appaiser, luy faisant connoître que les promptitudes de Sa Sainteté estoient des témoignages de son amitié, & plûtost des faveurs & des marques de privauté, que des offenses. Aussi Michel voyant que cela réüssissoit à son avantage, ne se fâchoit plus, & n'en faisoit que rire.

Aprés qu'il eût fini la voûte de la Chapelle Sixte, il voulut s'appliquer tout de bon à la sepulture de Jule : mais Dieu qui prend souvent plaisir à renverser les desseins orgueilleux des hommes, ne permit pas qu'on élevast alors dans son Temple vn Mausolée si superbe, pour couvrir vn corps qui devoit estre la pasture des vers : Car la mort de Jule estant survenuë, ce grand dessein fut abandonné; & Leon X. qui luy succeda, voulant laisser aprés luy des marques de sa magnificence, dans le lieu mesme où il estoit né, fit travailler Michel-Ange à Florence. Ce fut là qu'il fit

MICHEL-ANGE.

En 1523.

quantité d'ouvrages pendant le Pontificat de Leon & d'Adrian VI. Mais aprés la mort d'Adrian, Clement VII. qui fut éleû Pape, n'ayant pas moins d'amour pour les beaux Arts, que Leon X. & ses prédécesseurs, obligea aussi-tost Michel-Ange de venir à Rome.

Je serois trop long, si je voulois m'arrester à vous dire tout ce qu'il fit sous le Pontificat de Clement, soit à Rome, soit à Florence, où les guerres & les divers évenemens arrivez de son temps interompirent souvent ses desseins. Enfin ce fut pourtant sous ce Pape qu'il fit la Chapelle des Ducs de Florence, & les belles figures qui ornent leurs Tombeaux. Vous sçavez bien qu'outre celles de Laurent & de Julien de Medicis, il y en a quatre autres qui representent le Jour, la Nuit, l'Aurore, & le Crépuscule, qui sont d'vne beauté admirable. Il me souvient de quatre vers que l'on fit en ce temps-là sur la figure de la nuit, qui peut-estre ne vous déplairont pas.

La Notte, che tu vedi in sì dolci atti
Dormir, fu da vn Angelo scolpita
In questo sasso, e perche dorme ha vita;
Destala se n'ol credi, e parleratti.

ET SUR LES OUVRAGES DES PEINTRES. 283

Michel-Ange, pour y répondre, fit ceux-cy, MICHEL-ANGE. où il feint la Nuit, qui replique :

Grato m'è il sonno, e più l'esser di sasso
Mentre che il danno, e la vergogna dura:
Non veder, non sentir m'è gran ventura;
Pero non mi destar; deh parla basso.

Il acheva encore plusieurs autres Statuës que vous aurez pû voir à Florence. Il fit aussi quelques Tableaux, entr'autres celuy d'vne Leda, que François Mimi, qui avoit demeuré long-temps avec luy, apporta en France, & vendit à François I. Clement VII. luy fit faire aussi le dessein du Jugement de la Chapelle Sixte; mais la mort de ce Pape estant survenuë en 1533. ce fut sous Paul III. son successeur qu'il commença ce grand ouvrage que vous avez veû, & qu'il acheva sur la fin de l'année 1541. aprés y avoir travaillé huit ans.

Ensuite il fit le Tombeau de Jule II. non pas selon son premier dessein, mais tel qu'on le voit à Rome dans l'Eglise de Saint Pierre aux liens. Il peignit aussi au Vatican dans la Chapelle Pauline, deux grands Tableaux, dont l'vn represente la Conversion de S. Paul,

& l'autre le Martyre de S. Pierre ; & lors que Antonio da San Gallo, qui avoit la conduite de la Fabrique de S. Pierre, vint à mourir, le Pape donna sa place à Michel-Ange, qui fit alors paroistre dans ce magnifique Bastiment, & dans ce qu'il fit au Campidoglio, au Palais Farnese, & en plusieurs autres endroits, combien il estoit grand Architecte. Enfin ayant glorieusement vescu quatre-vingt-huit ans onze mois, aimé & desiré des Papes Jule II. Leon X. Clement VII. Paul III. Jule III. Paul IV. estimé de François I. de Charles-Quint, de Cosme de Medicis, des Venitiens, & mesme de Soliman Empereur des Turcs, & de tout ce qu'il y avoit de Princes & de grands Seigneurs dans l'Europe, il mourut dans Rome le 17. Février 1564. comblé d'honneur, & peu de temps aprés fut transporté à Florence, où tout ce qu'il y avoit de beaux esprits dans les Arts, & dans les Sciences, travaillérent à luy faire des obseques magnifiques.

Comme j'eûs cessé de parler, Pymandre me regardant, L'on voit bien, dit-il, que vous voulez vous mesnager avec les disciples de Michel-Ange, & qu'en cachant ses défauts, vous vous contentez de parler de ses Ouvrages,

& du grand credit qu'il a eû pendant sa vie : Car aprés ce que vous m'avez dit de Raphaël, je ne vois pas, quelque réputation que Michel-Ange ait euë, qu'il luy soit comparable.

MICHEL-ANGE.

Les comparaisons, repartis-je, ne peuvent jamais estre justes. Il est vray que Raphaël tient le premier lieu parmi les Peintres ; mais les grandes qualitez qu'il avoit ne peuvent pas détruire celles des autres, ni l'honneur qu'il a aquis, effacer celuy que tant de grands personnages ont merité.

Alors Pymandre m'interrompant, Pouvez-vous, me dit-il, mettre Michel-Ange au rang des plus grands personnages, luy dont la réputation est plus fondée sur la faveur de ceux de sa nation, que sur son propre merite, & que tant de Papes mesmes n'ont consideré qu'à cause qu'il estoit Florentin comme eux ; qui n'a surpris les esprits de ce temps-là, que par la bizarrerie & l'extravagance de ses pensées, la grandeur de ses desseins, & la hardiesse qu'il avoit de les mettre à exécution ? Vous estes surpris sans doute, continua-t-il en me regardant, de m'ouïr parler de la sorte ; mais ne vous en estonnez-point. J'ay veû il n'y a pas long-temps des gens qui n'estoient pas de son Païs, & qui jugeant de ses Ouvrages avec

Nn iij

MICHEL-ANGE. liberté, ne se mesnageoient pas comme vous pour en dire leur avis. Ils estoient bien éloignez, non seulement de le mettre au rang des Raphaëls, & des Jules Romains, mais par vn judicieux examen de ses Tableaux faisoient voir qu'il estoit si peu digne de leur estre comparé, que s'il eust paru dans ces temps libres, où la Grece jugeoit équitablement du merite des grands hommes, il n'eust esté consideré parmi les Peintres, que comme vn Sophiste parmi les vrais Philosophes, ou comme vn Tailleur de Pierres, & vn Maçon dans les Atteliers des Architectes.

Pymandre voyant que je le regardois assez fixement, Il ne faut pas, poursuivit-il, que vous fassiez l'étonné ; car ne demeurerez vous pas d'accord que ce qu'il a desseigné est mal plaisant, & d'vne maniére dont je ne puis pas trouver les veritables termes pour me bien exprimer ; qu'il n'a representé que des Païsans ; & qu'à voir ses figures, il semble qu'il n'ait travaillé qu'aprés des Portefaits? Dites-moy, je vous prie, que peut-on dire pour défendre son Tableau du Jugement? A-t-il observé cette partie du Costume ou bienséance, que je vous ay ouï dire estre si necessaire dans les grands Ouvrages? Celuy dont je parle n'est-il pas vn Ouvrage tout profane, & rempli d'vn infame libertinage, vne composition où il n'y a rien qui represente ce grand jour du Jugement, tel qu'il doit paroistre, ni qui soit conforme à ce que l'Escriture nous en dit?

Quelle confusion de corps nuds n'y voit-on point? Ce lieu ne ressemble-t-il pas à vne estuve, comme vous disiez tantost que l'appeloit vn Pape? Peut-on dire que ce Peintre ait eû le moindre talent de la Peinture, puis qu'il ne sçait ni observer la verité de l'Histoire, ni garder vne agréable convenance dans les figures, & moins encore l'honnesteté, si necessaire à vn tel sujet, ni enfin ce grand mode dans l'Art d'exprimer les choses? Il n'a pas seulement peint les Anges avec des ailes, pour les distinguer des Saints & des Démons, & les rendre reconnoissables parmi les Eleûs, & les Réprouvez qui résuscitent: Mais y a-t-il rien de plus insolent, que d'avoir representé vne fable du Paganisme, en peignant Caron dans vne barque sur les bords du Styx? N'est-ce pas vne impiété qui ne peut estre défenduë? Combien d'actions & de choses ridicules n'a-t-il point fait voir sous la figure des Démons? Enfin, vous avoüerez qu'il n'y a que de la bizarrerie & de l'extravagance dans tout ce qu'il a fait, & qu'il n'a point esté vn aussi grand personnage que les Florentins l'ont voulu faire croire.

Pymandre parloit avec tant de chaleur, que je ne voulus ni l'interrompre, ni le contredire en aucune des choses qu'il avançoit : Mais comme il eût cessé de parler, & que je vis qu'il attendoit ma réponse, je luy dis, Je vois bien que vous avez oüi parler des personnes qui ne sont pas amis de Michel-Ange : Car si les Florentins ont parlé en sa faveur, il y en a d'autres * qui ne l'ont pas épargné, & qui ont dit il y a long-temps vne grande partie des choses que vous venez de luy reprocher. Je ne prétens pas prendre son parti contre Raphaël, ni mesme excuser ses défauts. Je demeureray d'accord, si vous voulez, qu'il a esté bizarre en beaucoup de choses ; qu'il a pris des licences contre les regles de la Perspective ; qu'il a esté quelquefois trop hardi dans les expressions des figures ; que dans les accommodemens des draperies qu'il a faites, on n'y voit pas toute la grace qu'on peut souhaiter ; que son coloris n'est pas toûjours ni vray ni agréable ; qu'il n'a pas encore sceû l'artifice du clair & de l'obscur. Voilà bien des

ET SUR LES OUVRAGES DES PEINTRES. 289
des choses que j'ajouste à ce que vous ve- MICHEL-ANGE.
nez de dire; mais cependant l'on ne peut pas
soustenir qu'il n'ait eû aucun talent de la
Peinture, puis qu'il est certain que jamais
homme n'en a mieux possedé les principes,
personne n'ayant mieux desseigné que luy,
& le dessein estant le fondement de cét Art.
Que pensez-vous que soient en comparaison
du dessein toutes les autres parties, dont vous
avez parlé avec tant d'éclat ; comme la bienseance, c'est à dire, la maniére de traitter l'Histoire avec toute la vraysemblance qu'elle
demande; la Perspective mesme, si vous voulez; & j'y ajousteray encore les couleurs, &
la maniére de traitter les jours & les ombres
que j'estime beaucoup? Toutes ces choses ne
sont rien au prix du dessein, parce qu'elles ne
subsistent que sur cette premiére partie, sans
laquelle vn Ouvrage ne peut estre plein que
de grands défauts. On voit assez de gens,
qui sans grande étude mettent des Bastimens
en Perspective : il ne faut pour cela qu'vne
regle & vn compas; l'étude, non pas de plusieurs années, mais de peu de jours, voire de
quelques heures, & vn peu de pratique les
rend assez habiles. Combien de Peintres trouvent les veritables teintes des corps, & trait-

O o

tent les jours & les ombres si parfaitement, qu'il n'y a rien de plus naturel? Cependant il y a bien de ces sortes d'Ouvrages qui ne sont d'aucune considération; la bienséance qu'on demande dans les Tableaux, & qui est en effet necessaire pour la belle expression, & pour l'intelligence de l'Histoire, est vne partie purement de speculation, ou plûtost de lecture & de memoire. Tout le monde y peut estre aussi sçavant que les Peintres, ausquels il n'est pas plus malaisé d'armer vn soldat à la Romaine, qu'à la Gauloise, ou vestir vne femme à la Turque, qu'à la mode d'Italie, quand on sçait de quelles armes ces differens peuples se servoient, & quels estoient leurs habits. Le grand effort de cét Art est lors que la main exécute heureusement, & par des traits bien formez, ce que l'esprit a conceû, en sorte que ces traits & ces figures exposent à la veuë les vraies images des choses qu'on veut representer; mais de telle sorte, qu'il y ait vne belle proportion dans les corps, & vne vive expression dans leurs actions, & dans leurs mouvemens. Voilà en quoy consiste le dessein : c'est luy qui marque exactement toutes les parties du corps humain, qui découvre ce qu'vn Peintre sçait dans la science

ET SUR LES OUVRAGES DES PEINTRES. 291
des os, des muscles, & des veines; c'est luy MICHEL-ANGE.
qui donne la ponderation aux corps pour les
mettre en équilibre, & empefcher qu'ils ne
femblent tomber, & ne pas fe fouftenir fur
leur centre; c'eft luy qui fait paroiftre dans
les bras, dans les jambes, & dans les autres
parties, plus ou moins d'effort, felon les
actions plus fortes ou plus foibles qu'ils doivent faire ou fouffrir; c'eft luy qui marque
fur les traits du vifage toutes ces differentes
expreffions qui découvrent les inclinations &
les paffions de l'ame; c'eft enfin luy qui fçait
difpofer les veftemens, & placer toutes les chofes qui entrent dans vne grande ordonnance,
avec cette fymmetrie, cette belle entente, &
cét Art merveilleux, que l'on admire dans les
travaux des plus grands hommes, fans que les
couleurs mefmes foient neceffaires pour faire
comprendre ce qu'ils ont voulu reprefenter.
Jugez donc, je vous prie, fi vn homme qui a
poffedé cette partie, au point que tout le
monde doit demeurer d'accord que Michel-
Ange a fait, ne doit eftre compté parmi les
Peintres que comme vn Tailleur de Pierres
parmi les Architectes?

Quand il y auroit dans fon Tableau du
Jugement quelques défauts de bienféance, il

O o ij

ne doit pas pour cela paſſer pour vn ignorant dans ſon Art. Le Titien, pour avoir peint vn des Pelerins d'Emaüs avec vn chapelet à ſa ceinture, doit-il eſtre eſtimé vn méchant Peintre ? S'il y a quelque Ouvrage où Raphaël ait manqué dans la Perſpective, perdra-t-il pour cela ſa réputation ? Paul Veroneſe a-t-il eſté égal dans toutes les parties de la Peinture ? Cependant il a du merite & de l'eſtime. Je demeureray ſi vous voulez d'accord que Michel-Ange euſt pû choiſir vn ſujet plus convenable pour le lieu où il a repreſenté ſon Jugement ; mais s'il n'a pas réüſſi dans ſon choix, peut-on dire qu'il ait fait vn mauvais Ouvrage, & blaſmer ſi fort la maniére dont il l'a traitté ? S'il a peint les Démons en pluſieurs ſortes d'actions extraordinaires, elles ſont conformes à leur malheureux eſtat. Il y en a vn qui conduit vne barque, & qui reſſemble, dites vous, au Caron des Payens : ſi c'eſt vne faute, il ne l'a commiſe qu'aprés le Dante, qui dans la Deſcription de ſon Enfer, aprés avoir parlé des ames qui ſont aux bords du Fleuve d'Acheron, repreſente vn Batelier qui vient dans ſa barque pour les paſſer.

ET SUR LES OUVRAGES DES PEINTRES. 293

MICHEL-ANGE.
Infer.
Cant. 3.

Ed ecco verso noi venir per nave
Un vecchio bianco per antico pelo,
Gridando, guai a voi anime prave.

Et ensuite :

Caron dimonio con occhi di tragia
Loro accenando, tutte le raccoglie,
Batte col remo qualunque si adagia.

Le Dante estoit vn Poëte Chrestien, qui parloit de la sorte; & comme la Peinture est vne Poësie muette, Michel-Ange n'a pas crû faire vn crime, en imitant vn Poëte qui n'avoit point esté condamné pour s'estre servi de ces sortes d'expressions, & qui dans vn autre endroit represente encore les Furies infernales de la mesme sorte que les Payens.

Quest' è Megera dal sinistro canto:
Questa che piange dal destro, è Aletto;
Tesifone è nel mezzo, &c.

Cant. 9.

Quoy que l'Ecriture Sainte ne represente les Damnez que dans des flâmes, parmi les pleurs & les grincements de dents, il y a eû

O o iij

néanmoins des Peres de l'Eglise qui ont encore exprimé leurs peines avec plus de force. Quand Saint Chrisostome parle d'vne Ame que Dieu rendra participante de sa gloire, il dit, „ Qu'elle n'éprouvera point le feu de l'Enfer, „ le ver qui ronge & qui ne meurt point, les „ grincemens de dents, les chaînes qui ne se „ peuvent rompre, les tourmens, & les mise- „ res, les tenebres profondes, les FLEUVES „ DE FLAME, qui ne s'éteindront jamais, les „ blasphémes horibles, & les lieux de dou- „ leurs & de tortures effroiables.

Mais supposé que Michel-Ange n'eust aucun exemple de ce qu'il a fait ; qu'il eust mesme manqué en quelque sorte contre la bienséance du lieu, par l'exposition d'vn sujet rempli de trop de nuditez, devez-vous pour cela le traitter d'impie, & de libertin; luy dont la vie a toûjours esté tres-Chrestienne, & les mœurs tres-reglées ; qui n'a jamais esté acusé d'aucunes débauches ; qui aimoit la beauté dans les Ouvrages de l'Art, mais qui n'avoit aucuns desirs deshonnestes ; Qui vivoit mesme d'vne maniére si austére & si retirée, qu'étant jeune, il se passoit d'vn peu de pain & de vin, employant tout son temps au travail, & à la lecture des bons Livres,

ET SUR LES OUVRAGES DES PEINTRES. 295
particuliérement de l'Ecriture Sainte, & qui MICHEL-ANGE. dans tout ses Ouvrages n'a pensé qu'à bien faire ce qui regardoit son Art? Aussi comme on luy dit vn jour, que Paul IV. trouvoit que les figures de son Jugement estoient trop découvertes, & qu'il desiroit qu'on y retouchast; il fit réponse à celuy qui luy parloit de la part du Pape, que cela estoit peu de chose, & qu'il pouvoit aisément y remedier; que Sa Sainteté remediast aux desordres qui se passoient dans le monde, & que pour ses Peintures il les auroit bientost corrigées. Ce n'estoit donc pas par vn mouvement deshonneste qu'il exposoit des figures nuës; mais parce qu'elles ne faisoient dans son esprit aucune mauvaise impression, & qu'il ne croioit pas que ces images fussent capables de donner de mauvaises pensées à des Chrestiens, lors qu'en les voyant dans la composition d'vn sujet qui les doit remplir de crainte & de frayeur, ils se representeroient le jour épouvantable de leur dernier jugement, qu'il avoit peint plûtost qu'aucune chose, pour avoir lieu de faire paroistre sa science dans la representation du corps humain, que l'on y voit en toutes sortes d'attitudes. Enfin, quand son intention ne seroit pas approuvée, peut-on

dire pour cela qu'il ait esté vn ignorant, lui qui pendant vne si longue vie a tenu le premier rang parmi les Peintres, les Sculpteurs, & les Architectes, & dont les Ouvrages sont encore des marques de son grand sçavoir, & parleront en sa faveur tant qu'ils subsisteront, principalement le superbe Temple de S. Pierre de Rome, qu'il a mis dans l'estat où il est? Car ce fut luy qui rectifia tous les desseins que Bramante, & les autres Architectes, qui vinrent aprés, en avoient fait, & qui par vne force d'esprit, & vne grandeur de dessein, inconnuë mesme aux anciens, dit sans s'estonner à ceux qui loüoient le Bastiment de la Rotonde, qu'il en vouloit faire vn de mesme grandeur encore plus admirable, puis qu'au lieu que celuy-là estoit basti sur la terre ferme, il éleveroit le sien en l'air : Ce qu'il exécuta en effet, en bastissant la Coupe de S. Pierre, qui n'est portée que sur quatre pilliers à vne hauteur prodigieuse, & dont le diamettre n'est pas moindre que celuy de la Rotonde.

Alors Pymandre prenant la parole, Quoy que je crûsse, dit-il d'vn ton vn peu bas, avoir quelque connoissance des qualitez de Michel-Ange, par ce que vous m'en aviez dit autrefois, & par ce que j'en ay oüi dire encore
depuis,

ET SUR LES OUVRAGES DES PEINTRES. 297
depuis, j'avoüe néanmoins que je n'en ju- MICHEL-
geois pas comme je dois, & qu'en luy don- ANGE.
nant vn rang assez considérable parmi les
Peintres, je ne laissois pas de luy faire peut-
estre tort, par la trop grande difference que je
mettois entre luy & Raphaël.

Ces deux personnages, luy répartis-je, ont
esté les plus excellens hommes qui ayent paru
depuis que les Arts se sont renouvellez en
Italie; & ce sont eux qui les ont élevez à la
gloire qu'ils possedent aujourd'huy. Rien n'é-
chapoit à Raphaël de toutes les choses qui
peuvent servir à l'excellence d'vn Ouvrage:
Mais si Michel-Ange n'avoit pas cette beauté
& cette grace qui paroissent dans les Tableaux de Raphaël, il possedoit vne grandeur
de dessein, qui donnoit vne merveilleuse force
à tout ce qu'il faisoit.

Pymandre m'interrompant, Je voy bien,
dit-il, qu'en termes de Peinture, le mot de
dessein a diverses significations. C'est pourquoy, afin que je tire de nostre entretien
toute l'vtilité que je desire, souffrez que je
vous demande ce que vous entendez particuliérement par le mot de dessein, lors qu'il
semble que vous en attribuez toute la perfection à Michel-Ange.

Pp

Il eſt vray, répondis-je, que ce mot eſt pris en divers ſens parmi les Peintres; car ils appellent deſſein, l'eſquiſſe d'vn Tableau, ou le projet de quelque Ouvrage, repreſenté ſeulement ſur du papier avec le crayon, ou à la plume. On appelle encore deſſein la penſée, ou la volonté qu'on a de faire quelque choſe : ainſi avant que d'arreſter quelque hiſtoire, vn Peintre dit qu'il en a formé le deſſein dans ſon eſprit. Mais le mot de deſſein, dans ſa plus ordinaire ſignification, & comme je m'en ſuis ſervi en parlant de Michel-Ange, eſt proprement les traits avec leſquels le Peintre repreſente les choſes qu'il doit imiter, indépendamment du coloris, des jours & des ombres, & cét aſſemblage de lignes diverſement contournées, par le moyen deſquelles on forme les figures. Or il ne faut pas douter que cette partie ne ſoit, comme je vous ay dit, la premiére & la plus eſſentielle de la Peinture, puis qu'en vain vn Peintre auroit appris ce qui regarde l'hiſtoire, la fable & les expreſſions, s'il ne ſçavoit les repreſenter dignement par le moyen du deſſein. Il y a, comme je vous ay dit, pluſieurs choſes dans cét Art qui concernent la Theorie, & leſquelles, pour peu de jugement qu'vn Pein-

ET SUR LES OUVRAGES DES PEINTRES. 299
tre puisse avoir, il luy est aisé de s'en servir quand il sçait bien desseigner: Mais le dessein dépend de la pratique; il faut que la main agisse avec l'esprit; & c'est vne chose tellement difficile, qu'il se trouve des personnes si malheureuses, qu'encore qu'elles ayent vne passion tres-grande de bien faire, & qu'elles passent les jours & les nuits à étudier, elles ont néanmoins vne main si lourde, & qui répond si peu à la volonté, qu'elles ne peuvent representer ce qui est devant leurs yeux, ou dans leur esprit, de la maniére qu'elles le voient, ou qu'il doit estre.

Ce n'est pas, interrompit Pymandre, vne chose extraordinaire, de ne pas toûjours bien exprimer nos pensées. L'esprit conçoit & enfante avec vne promptitude si grande, que souvent l'image des choses qu'il produit est plûtost effacée de nostre memoire, que nous n'avons le loisir de la faire connoistre: Mais je ne croy pas que la difficulté qu'on rencontre dans le travail vienne de la main, qui est l'instrument dont l'on se sert, ny du sujet qu'on veut imiter; c'est plûtost des moyens que l'on garde, & de la mauvaise conduite qu'on observe. Car j'ay peine à croire qu'vne personne, qui recherche quelque

Pp ij

chose avec paſſion, emploie inutilement ſon temps, puis qu'il eſt certain que les Sciences, auſſi bien que la Vertu, ſe communiquent à ceux qui les aiment avec ardeur, & qui les recherchent avec perſeverance.

Il y a bien eû des Peintres, repartis-je, qui les ont recherchées avec autant de paſſion que Michel-Ange, leſquels n'en ont pas eſté favoriſez comme luy. Pour devenir excellent dans cét Art, il faut avoir le veritable genie de la Peinture. Je veux dire qu'il ne faut pas y eſtre porté malgré ſoy, ny meſme eſtre de ceux qui ſe contentent d'vne legere & ſimple inclination; & qui ne voulant connoiſtre que les commencemens, apprehendent vn trop grand travail. Les Atheniens avoient raiſon de laiſſer à leurs enfans la liberté de choiſir les Sciences & les Arts, qui devoient occuper le reſte de leur vie; car l'eſprit qui n'eſt point contraint s'attache toûjours plus volontiers à ce qui eſt conforme à ſa nature. C'eſt pourquoy j'ay bonne opinion d'vn jeune homme qui ſe porte de luy-meſme à l'étude. De combien de Peintres avons nous parlé qui ſe ſont appliquez d'eux-meſmes à deſſeigner, lors qu'ils n'eſtoient encore que de jeunes enfans? Quand la nature s'eſt déclarée de la ſorte, il ne reſte plus qu'à ſe bien conduire, & ne pas ſe détourner du droit chemin, ſi l'on veut courir dans cette carriére, & parvenir au terme de la perfection.

Alors Pymandre m'interrompant, N'eſt-ce pas, me dit-il, la nature qui doit nous mettre elle-meſme dans ce veritable chemin? Car Michel-Ange & Raphaël ayant de beaucoup ſurpaſſé leurs Maiſtres, n'avoient pas appris d'eux vn ſecret & vne ſcience qu'ils ignoroient eux-meſmes.

Il ne faut pas douter, repris-je, que la belle nature, c'eſt à dire vn eſprit bien éclairé, ne trouve de luy-meſme les voyes les plus faciles, & les ſentiers les plus courts ; mais il eſt certain auſſi qu'il peut recevoir vn grand ſecours des lumiéres & du travail des autres, & qu'vn beau naturel trouve bien du ſoulagement, quand il rencontre dabord vn guide qui le conduit dans vn Païs où il n'a jamais eſté. Annibal Carache, aprés avoir veû ce que Leonard de Vinci a écrit ſur la Peinture, eſtoit fâché de n'avoir pas eû plûtoſt entre les mains ces excellens préceptes, parce, diſoit-il, qu'ils luy auroient épargné vingt années de travail, s'il les euſt leûs dés ſa jeuneſſe.

Je croy aussi, dit Pymandre, qu'vn jeune homme, auquel on feroit comprendre de bonne heure quantité de choses dont nous avons parlé dans nos conversations, en tireroit vne vtilité considérable.

Il peut bien estre, repartis-je, que parmy les remarques que nous avons faites, il y en ait qui pourroient profiter à ceux qui ont de l'amour pour la Peinture : Mais c'est l'ordre & la conduite qu'on garde aujourd'huy dans l'Academie Royale des Peintres, qui est trés-avantageuse à ceux qui vont y prendre des Leçons. Les Conferences qu'on y fait, les prix qu'on y propose, & que la magnificence Royale répand, sont d'vne vtilité si grande, qu'on en voit déja des marques dans le merveilleux progrés que font les jeunes Eleves.

Comme tous ceux, repartit Pymandre, qui aiment la Peinture, ne peuvent pas se trouver dans cette celébre Academie, pour y recevoir des Leçons, vous me diriez bien si vous vouliez vostre sentiment sur la maniére dont l'on doit se gouverner pour instruire quelqu'vn, ou pour s'instruire soy-mesme.

Vous pourriez, luy repartis-je, apprendre cela des sçavans hommes, qui enseignent dans cette illustre Assemblée, bien mieux que de moy. Mais pour ne vous pas refuser ce que vous demandez, je vous en diray volontiers mon avis. Supposé qu'vne personne ait tout l'amour qu'on peut avoir pour la Peinture, & qu'il ait avec cela vne volonté déterminée de s'y perfectionner, la première chose qu'il doit faire, est de commencer à desseigner d'aprés de bons desseins toutes les parties du corps humain, jusques à ce qu'il les sçache parfaitement. Si c'est vn jeune homme qui ait vn Maistre qui le conduise, ce Maistre doit avoir la discretion de ne le pas charger d'vn trop grand travail, mais plûtost luy donner des préceptes qui servent à rendre son travail plus facile ; & à mesure qu'il profitera, luy donner d'autres desseins, non seulement sçavans, mais agréables, afin que sa veuë estant satisfaite par la nouveauté, & par la grace des choses qu'il aura pour objet, il prenne plus de plaisir à les copier. L'on peut mesme montrer aux jeunes gens diverses façons de desseigner. Comme ils trouvent du plaisir dans la variété, ils se persuadent que l'Art est plus facile qu'il n'est, & ainsi se perfectionnent peu à peu.

Ces particularitez vous sembleront peut-eftre baſſes & inutiles; mais il faut s'y arreſter avant que de paſſer à d'autres: Et meſme comme il y a quantité de choſes neceſſaires à cét Art, il eſt beſoin que celuy qui enſeigne, meſnage l'eſprit de ſes diſciples, de crainte de les rebuter, ne leur montrant dans les commencemens que ce qu'il y a de plus facile & d'agréable; la nature par aprés les portera à rechercher ce qui eſt de plus malaiſé, & leur découvrira les moyens de bien réüſſir, chacun faiſant des obſervations particuliéres en mille rencontres qui n'ont pas eſté faites par d'autres, & qui demeurent propres à celuy qui les a trouvées.

Lors qu'on commence de ſe plaire dans le travail, & d'y trouver de la facilité, il ne faut pas ſe laſſer, ny ſe rendre trop aſſidu; il ſuffit de bien connoiſtre, & de bien choiſir ce qu'on veut imiter.

Il me ſemble pourtant, interrompit Pymandre, qu'on ne ſçauroit trop s'exercer, parce que le travail eſt la nourriture de l'Art, & qu'il eſt meſme difficile, ſelon le dire d'vn Ancien, de conſerver ce que nous avons appris, ſi nous ne l'entretenons par vn exercice continuel.

Pl. lib. 8.
Ep. 14.

Je n'entens pas, repartis-je, interdire le travail,

travail, quand je le modere; au contraire, lors qu'on ne deſſeigne pas, il faut s'appliquer à la conſidération de tout ce qui concerne cét Art; examiner ce qu'on veut imiter, en obſerver toutes les parties, s'affermir dans les premiers traits du deſſein, & avant que de former des figures entiéres, ſçavoir bien faire les plus petites parties d'vn membre, parce que les moindres choſes negligées dans les commencemens, donnent par aprés beaucoup plus de peine à apprendre, & ſont de grandes fautes, ſi l'on vient à ignorer la maniére de les faire. Sur tout il eſt bon d'avertir ceux qui commencent de ne ſe point haſter dans leur travail; mais au contraire, de donner tout le temps neceſſaire pour bien terminer vn deſſein.

Il eſt certain, dit Pymandre, que les choſes faites avec loiſir ſont les plus nettes & les mieux arreſtées, & que celles qui ſont faites à la haſte ont plus de confuſion & d'obſcurité. J'avois crû néanmoins qu'en Peinture il eſtoit bon d'eſtre diligent, & de ſe faire vne maniére prompte. Il me ſemble meſme d'avoir veû quelques Ouvrages où l'on eſtime plus l'Art & l'entente, que le ſoin & la peine qui ſe remarquent en d'autres.

Cette diligence, repris-je, est considérable dans quelques Tableaux des meilleurs Maistres, où l'on voit la grandeur de leurs idées, & la force de leur imagination. Il est mesme vray qu'vn homme seroit digne d'vne grande loüange, qui pourroit en beaucoup moins de temps qu'vn autre, mettre vn Tableau en sa perfection. C'est dont l'on estima extrêmement cét Ancien Peintre, que je vous ay nommé autrefois; qui ayant entrepris vn Ouvrage pour Aristratus Prince de Sicione, & le temps qu'il avoit pris pour le livrer estant fort proche, sans qu'il y eust commencé, travailla avec tant de diligence, & le fit d'vne maniére si prompte & si expeditive, qu'il trompa l'attente de tout le monde, & par la beauté mesme de son travail appaisa la colére de ce Prince, qui dans la crainte qu'il avoit que le Peintre ne luy manquast de parole, l'avoit déja fait menacer d'vn mauvais traittement.

<small>Nicomaque.</small>

Mais nous ne parlons pas icy de ces grands hommes, qui sont comme les Maistres de l'Art; nous parlons de ceux qui s'instruisent encore, & qui voulant terminer vn Tableau, doivent y employer tout le temps necessaire. C'est pourquoy, aprés avoir desseigné quelque temps aprés les deſſeins des meilleurs Maiſtres, il faut étudier les Statuës antiques, les Baſreliefs, & le naturel, & s'y attacher plûtoſt qu'aprés les Tableaux, quelques excellens qu'ils puiſſent eſtre. Car ſi vn jeune homme a l'ambition de devenir vn grand perſonnage, pourquoy ira-t-il conſulter les Eſcoliers plûtoſt que le Maiſtre? Et pourquoy ne s'addreſſera-t-il pas à la nature meſme, qui eſt celle qui a donné les leçons à tous les Peintres qui ont jamais eſté?

A ce conte, interrompit auſſi-toſt Pymandre, vous ne voulez pas qu'on aille étudier ſous Raphaël, & ſous les autres Peintres anciens, & vous condamnez les diſciples de ces grands hommes.

Je voudrois, repris-je, que l'on conſultaſt Michel-Ange, Raphaël, Jule Romain, & les plus grands Peintres, pour apprendre d'eux comment l'on doit deſſeigner le naturel, & ſe ſervir de l'antique; de quelle ſorte ils ont ſceû corriger les défauts de la nature meſme, & donner de la beauté & de la grace aux parties qui en ont beſoin; Mais que l'on s'attachaſt entiérement à l'antique & au naturel, afin qu'en prenant ſur le corps de l'homme la veritable forme de tous ſes membres, &

sur les Statuës antiques la belle proportion, l'on ne tombast point dans la maniére d'vn autre Peintre. Car qu'elle apparence, je vous prie, de vouloir imiter des personnes, qui, quoy que tres-sçavantes, auroient toûjours quelques défauts, & ausquels celuy qui les voudroit suivre, ne feroit qu'ajoûter encore les siens.

Est-il pas vray que si le Valentin n'eust point pris pour Maistre le Caravage, il ne seroit pas tombé dans vne maniére si noire? Les Caraches qui ont suivi la nature, ont bien mieux réüssi; & s'ils eussent plûtost veû l'antique, leurs Ouvrages auroient toute la perfection que l'on peut desirer.

Si l'on veut donc imiter les grands hommes, il ne faut pas que ce soit dans leur maniére de travailler, mais dans leur conduite. Considerons les bonnes qualitez qu'ils possedoient, les connoissances qu'ils ont aquises, quelle grandeur paroist dans leurs Ouvrages, quel raisonnement, quel choix, quelle disposition, & enfin examinons en détail les parties qui composent vn beau tout; gardons-en vne image dans nostre memoire, qui serve ensuite à nous conduire dans la representation des sujets que nous aurons choisis.

ET SUR LES OUVRAGES DES PEINTRES. 309

Le PRIMATICE est vn de ceux qui avoit beaucoup consideré les Ouvrages des plus grands Maistres, particuliérement de Jule Romain sous lequel il avoit travaillé : Mais parce qu'il s'estoit trop attaché à vne maniére particuliére, l'on voit dans les grandes compositions qu'il a faites, qu'il y manque encore quelque chose, pour estre dans la derniére perfection. Vous avez veû ce qu'il a peint de plus considérable : Car bien que ces premiers Ouvrages soient en Italie, il n'y a rien néanmoins qui approche de ceux qui sont à Fontainebleau. On le nomme quelquefois Boulogne, à cause qu'il estoit natif de Boulogne en Italie. Il travailloit à Mantouë, lors que François I. le fit venir en France, où M⁰ Roux estoit déjà arrivé, & avoit commencé de travailler dés l'année précedente. En 1531.

LE PRIMATICE.

Mais ce fut le Primatice qui fit les premiers Ouvrages de Stuc & de Peinture à fraisque, & neuf ans aprés le Roy l'envoya à Rome pour acheter des marbres antiques, où en peu de temps il amassa vn grand nombre de busts & de figures entiéres. Il y fit mouler par le Vignolle & quelques autres Scupteurs le cheval de Marc-Aurelle, qui En 1540

LE PRI-
MATICE.
fut long-temps exposé en plastre dans la grande Cour de Fontainebleau, qu'on appelle encore, à cause de cela, la cour du Cheval blanc. Il fit aussi mouler vne grande partie de la Colonne Trajane, le Laocoon, le Tibre, le Nil, & la Cleopatre, qui est à Belvedere, dont il apporta tous les creux en France, & fit jetter en bronze plusieurs de ces figures.

En ce temps-là Me Roux estant venu à mourir, le Primatice acheva vne Gallerie qu'il avoit laissée imparfaite, & eût la conduite de tous les Ouvrages de Fontainebleau. Comme le Roy estoit satisfait de luy, il le recompensa d'vne Charge de Valet de Chambre; & en l'an 1544. luy donna l'Abbaye de S. Martin de Troye en Champagne, dont il le jugea digne, tant à cause de ses merites, que pour sa naissance, qui estoit trés-noble.

Les grands biens que le Roy luy fit ne l'empescherent point de continuer ses travaux. Il avoit auprés de luy plusieurs Peintres excellens, qui travailloient sur ses desseins, entr'autres Giovambatista Bagnacavallo, Ruggieri da Bologna, Damiano del Barbieri, Prospero Fontana, Nicolo de Modene, que l'on connoist assez sous le nom de MESSER NICOLO, & qui surpassoit de beaucoup tous les autres: Car c'est luy qui sur les desseins du Primatice a peint à Fontainebleau la grande Salle du Bal, & la grande Gallerie, où il a representé l'Histoire des travaux d'Ulysse, à son retour du Siége de Troye, dont les sujets sont tirez de l'Odyssée d'Homere; mais qu'il travailla d'vne maniére si particuliére, qu'il n'y avoit rien alors de plus beau que cette fraisque, parce qu'il ne se servoit que de terres pures, avec peu de blanc, & ne retouchoit point son Ouvrage à sec, comme les autres ont accoutumé de faire. Il peignit encore la Chambre, qu'on appelle de S. Louïs, où dans huit Tableaux on voit les principales actions d'Ulysse, qu'il prit de l'Iliade d'Homere: Et dans vne autre Chambre, qui est entre la Salle du Bal & la Salle des Gardes, il a representé quelques actions particuliéres d'Alexandre le Grand. Il y a plusieurs autres endroits de cettte Royale Maison qui sont enrichis de ses Peintures. Il travailla aussi à Meudon pour le Cardinal de Lorraine, aprés les desseins du Primatice. Damiano del Barbieri faisoit les Ornemens de Stuc, avec vn autre Sculpteur Florentin, nommé

LE PRI-
MATICE
ET
NICOLO.

Ponce, qui a fait plusieurs Ouvrages dans Paris. Nicolo peignit aussi à l'Hostel de Guise & à l'Hostel de Montmorency, qui est à present à Monsieur le President de Mesme, & dans vne maison proche les Bernardins.

On voit encore plusieurs Ouvrages de sa main dans le Chasteau de Beauregard, proche de Blois, qui appartient à Monsieur le President Ardier. Les plus considérables sont dans la Chapelle qu'il a peinte à fraisque sur les desseins du Primatice. Il y a au dessus de l'Autel vne descente de Croix. Ce Tableau est composé de sept figures grandes comme le naturel. La principale est celle du Corps mort de Nostre Seigneur Jesus-Christ étendu contre terre, & soûtenu par Joseph d'Arimathie. La Magdelaine est aux pieds de son Maistre, qu'elle baise & arrose de ses larmes. La Vierge & les deux Maries sont tout proche, & au-de-là de toutes ces figures, on voit celle de S. Jean, qui occupe vne place considérable: ce que le Peintre voulut faire, à cause que celuy à qui appartenoit alors cette maison, se nommoit Jean du Thier *. Le haut de la Croix, qui est dans ce Tableau, se termine dans la voute de la Chapelle, qui estant en croix d'Ogive, a dans chacune

* Il estoit Secretaire d'Estat sous Henry II.

ET SUR LES OUVRAGES DES PEINTRES. 313

chacune des quatre parties du pendentif, ou efpaces qui font entre les areftiers, fix figures d'Anges, qui portent les inftrumens de la Paffion de Noftre Seigneur. Au tour de la Chapelle font peints les Myftéres de la Refurrection. Dans le premier Tableau eft repreſenté Noftre Seigneur, qui fort glorieux du Tombeau où les Juifs le gardoient. Dans le fecond, on voit comme l'Ange eft affis à l'entrée du Sepulcre, & parle aux femmes qui alloient pour embaûmer le Corps du Fils de Dieu. Dans le troifiéme, comme Noftre Seigneur apparut à la Magdelaine en forme de Jardinier. Dans le quatriéme, comme il s'entretient avec les deux Pellerins qui vont en Emaüs. Et dans le cinquiéme, comme il fait toucher fon cofté à S. Thomas.

Tous ces differens Ouvrages ont efté commencez fous le Regne de François I. & continuez fous Henry II. fous François II. & fous Charles IX.

Lorsque François II. vint à la Couronne, le Primatice eût l'Intendance génerale des Baftimens, qui eftoit déja vne Charge confidérable, & qui avoit efté exercée par le Pere du Cardinal de la Bourdaifiére, & par Monfieur de Villeroy. Et aprés la mort de ce Prince, il commença à

PRIMATICE ET NICOLO.

S. Denys, par l'ordre de Henry III. & de la Reine Catherine, la sepulture de Henry II. ornée de Statuës & de basreliefs, de bronze, & de marbre d'vne si grande beauté, que si elle eust esté finie, comme il en avoit fait le dessein, il n'y auroit rien de plus magnifique.

Ce que je vous puis dire, c'est que nous sommes redevables au Primatice, & à Messer Nicolo, de plusieurs beaux Ouvrages; & l'on peut dire qu'ils ont esté les premiers qui ont apporté en France le goust Romain, & la belle idée de la Peinture, & de la Sculpture antique. Avant eux tous les Tableaux tenoient encore de la maniére Gottique, & les meilleurs estoient ceux, qui à la maniére de Flandre, paroissoient les plus finis, & de couleurs plus vives. Mais comme le Primatice estoit fort pratiqué à desseigner, il fit vn si grand nombre de desseins, & avoit sous luy, comme je vous ay dit, tant d'habilles hommes, que tout d'vn coup il parut en France vne infinité d'Ouvrages d'vn meilleur goust, que ceux qu'on avoit veûs auparavant. Car non seulement les Peintres quittérent leur ancienne maniére, mais mesme les Sculpteurs, & ceux qui peignoient sur du verre, dont le nombre estoit fort grand. C'est

ET SUR LES OUVRAGES DES PEINTRES. 315
pourquoy l'on voit encore des vitres d'vn gouft tres-exquis, comme auffi quantité de ces Emaux de Limoge, & des vafes de terre, peints, & émaillez, qu'on faifoit en France, auffi-bien qu'en Italie. Il fe trouve mefme des Tapifferies du deffein du Primatice. Il y en a vne Tenture à l'Hoftel de Condé, peinte fur de la toille d'argent avec des couleurs claires, qui eftoit autrefois à Monfieur de Montmorancy. Pour des Tableaux à huille de Meffer Nicolo, il s'en trouve plufieurs dans Paris. Vous avez veû ceux de Monfieur le Marquis d'Alluye, que Monfieur le Duc de Liancour avoit amaffez avec grand foin. Il eft vray que dans les Ouvrages du Primatice, & de Meffer Nicolo, il y a encore quelque chofe à defirer; car s'eftans fait vne maniére particuliére & expeditive, comme je vous ay dit, ils n'ont pas pris affez de foin de rendre leurs Ouvrages accomplis dans toutes les parties de la Peinture : Et ceux qui travailloient fous eux ne tachans qu'à les imiter, font tombez dans les défauts que les jeunes gens doivent éviter, lors qu'ils ont affez de courage pour ne pas vouloir demeurer de fimples copiftes, ou du moins les imitateurs de leurs Maiftres.

316 ENTRETIENS SUR LES VIES

PRIMA-TICE ET NICOLO.

Comme j'eus cessé de parler, Je croy, dit Pymandre, qu'il est necessaire qu'il se rencontre des personnes qui copient les Tableaux des autres, afin de renouveller ce que les anciens ont fait, & n'en pas laisser perdre la memoire. Ne m'avez vous pas autrefois parlé d'vn Peintre de Grece, qu'on estimoit beaucoup, à cause des choses antiques qu'il prenoit plaisir de copier pour les faire revivre ?

Nicopha-ne.

Je demeure d'accord avec vous, repris-je, qu'il faut qu'il y ait toutes sortes de Peintres, parce que tous ne peuvent pas avoir vn mesme genie ; mais ayant à donner des avis à quelqu'vn, je ne luy conseillerois pas de demeurer sans cesse à copier les Ouvrages des autres, puis qu'il a, comme je vous ay déja dit, devant les yeux le mesme modelle qu'avoient les plus sçavans Peintres, qui est la Nature.

Il ne seroit donc pas besoin, dit Pymandre, en m'interrompant, d'aller en Italie pour devenir plus excellent Peintre ?

Il est certain, repartis-je, que l'on peut étudier la Nature en toutes sortes de Païs. Il y a eû de grands hommes en France, en Allemagne, & ailleurs, qui n'ont jamais veû les beautez de Rome. Mais comme les Univerſitez ſont d'vn grand ſecours, pour former l'eſprit des jeunes gens dans les Lettres humaines, & pour les perfectionner dans les ſciences; de meſme, il eſt avantageux d'étudier les beaux Arts dans les lieux où l'on s'y exerce davantage, parce que parmi vn grand nombre de perſonnes qui aſpirent à vne meſme fin, il y en a toûjours qui excellent en quelque partie, & dont l'on peut beaucoup apprendre, & encore dans les lieux où il reſte des exemples de ce qui a jamais eſté fait de plus beau. Albert Dure, Lucas & Holben, ſans parler de pluſieurs autres, ont aquis beaucoup de reputation: Néanmoins parce qu'ils n'avoient point veû les differens Ouvrages des anciens, ils ne ſe ſont pas rendus parfaits dans toutes les parties de la Peinture. Les Peintres meſmes d'Italie, comme les Lombards, qui n'ont pas veû les belles antiques, n'ont point poſſedé cette grande reputation qu'ont eû ceux de l'Eſcole de Rome, où il ſe trouve vne infinité de belles choſes qu'y enſeignent les Maiſtres, & donnent encore de nouvelles lumiéres aux eſprits les plus éclairez. Auſſi depuis que les François, & ceux des autres Païs ont eſté en Italie obſerver ce qu'il y a de plus beau, ils se sont rendus encore plus sçavans dans la Peinture : Car ce n'est pas vn Art que les Italiens ayent inventé, ny mesme qu'ils ayent déterré eux seuls. Lors que Crimabué & Giotto commencerent à le faire revivre, on le pratiquoit au-deçà des Monts aussi-bien qu'en Italie, où l'on peut dire que depuis Constantin les Ouvrages de Sculpture & de Peinture n'estoient pas d'vn meilleur goust dans Rome que ceux qu'on faisoit icy.

Il m'est tombé depuis peu entre les mains vn vieux livre en parchemin d'vn Auteur François, dont les caracteres & le langage témoignent estre du douziéme siécle. Il y a quantité de figures à la plume, qui font connoistre que le goust de desseigner estoit alors aussi bon que celuy d'Italie l'estoit du temps de Crimabué. Aussi a-t-on veû que les Arts ne se sont pas plûtost perfectionnez sous Raphaël & sous Michel-Ange, qu'ils ont en mesme temps commencé à paroistre en ces quartiers avec plus de beauté qu'auparavant ; & l'on peut dire qu'en cela les graces du Ciel furent en mesme temps également distribuées presque par toute l'Europe, puis qu'en Allemagne, en Holande & Flandre, il parut de grands hommes, dont la reputation alloit jusques à Rome, comme celle des Peintres Italiens fe répandoit ailleurs. Il y a long temps que l'on pratique la Peinture en France ; nos anciennes vitres en font des preuves, & je vous ay mefme dit que le premier qui fut peindre à Rome fur du verre eftoit natif de Marfeille. Auffi comme les Peintres de France travailloient beaucoup fur le verre, & qu'ils eftoient tout enfemble Peintres & Vitriers, on voit que dés l'an 1520. il fe faifoit beaucoup de vitres dans les Eglifes d'vn gouft tres-excellent, & dont nos couleurs font admirables ; je ne dis pas feulement pour la beauté & l'éclat de la matiére, j'entens pour le mélange des couleurs, & ce que les Ouvriers nomment l'appreft. Les noms néanmoins de ces excellens hommes ne font point venus jufques à nous, & l'on ne fçait pas quels eftoient ceux qui travailloient avant que le Roy François I. euft fait venir d'Italie Me Roux, & les autres Peintres que j'ay nommez. Les Flamans ont eû plus de foin de conferver la memoire de leurs Peintres; & quoy qu'ils n'en ayent pas cherché l'origine fi loin que Vafari a fait de ceux d'Italie, on trouve que dés l'an 1366. HUBERT VAN-EYCK nafquit à Mafcyh, Ville fituée fur la riviére de Meufe. On préfume qu'il eftoit fils d'vn Peintre, parce que toute sa famille embrassa cette profession, & qu'il avoit mesme vne sœur nommée Marguerite, qui pour excercer cét Art avec plus de liberté, ne voulut jamais estre mariée. Hubert eût vn frere plus jeune que luy, qui fut son disciple, & duquel je vous ay déja parlé; car c'est luy qu'on nomme JEAN DE BRUGE, qui trouva l'invention de peindre en huille, & qui eût la gloire de faire de cette maniére les premiers Ouvrages que l'on ait jamais veûs. Je vous ay dit comme vn Peintre de Messine partit exprés de Naples pour venir en Flandre, où il apprit ce secret, qu'il porta en Italie.

Hubert & Jean firent ensemble plusieurs Tableaux, & entr'autres pour le bon Duc Philippes de Bourgogne, Comte de Flandre, celuy que l'on voit encore dans l'Eglise de S. Jean de Gand, où est representé l'Agneau de l'Apocalypse au milieu des quatre animaux & des vingt-quatre Vieillards.

Ce fut le dernier Ouvrage auquel Hubert travailla avec son frere, & mesme il ne le vit pas dans sa perfection, car il mourut avant qu'il fust achevé. Jean le finit, & representa dans l'vn des volets ce Duc à cheval, & à costé son frere & luy.

ET SUR LES OUVRAGES DES PEINTRES. 321

Il fit aussi Adam & Eve, que l'on conserve cherement dans le mesme lieu ; & ensuite il alla demeurer à Bruges, où il se plaisoit davantage qu'à Gand. Il peignit dans l'Eglise de S. Donat vne Vierge avec plusieurs Saints. Il fit aussi vn Tableau pour la Prevosté de Saint Martin d'Ipre ; & comme il travailloit d'vne manière toute nouvelle, il n'y eût gueres de Princes en Europe qui ne voulussent avoir de ses Ouvrages. {HUBERT ET JEAN VAN-EYCK.}

Il envoya vn Saint Jerôme à Laurent de Medicis, & vn autre Tableau au Duc d'Urbin, où il avoit representé vne Estuve. Le Duc Philippes fit tant d'estat de son merite, qu'il luy donna place dans son Conseil. Il mourut à Bruges, & fut enterré dans l'Eglise de Saint Donat, où il avoit choisi sa Sepulture.

Ce fut environ ce temps-là que nâquit à Nuremberg ALBERT DURER, dont le nom ne s'est pas moins répandu par tout le monde, que ceux des plus grands Peintres dont je vous ay parlé. Son pere, qui estoit Orfevre, luy fit apprendre à desseigner dés ses plus jeunes années, & le retint assez long-temps dans sa boutique, avec intention de le faire Orfevre comme luy. Mais Albert ayant {En 1470.}

S s

ALBERT DURER. fait connoiſſance avec vn certain Hupſe Martin, apprit de luy à graver, & à manier les couleurs. Ne voulant rien faire voir qui ne fuſt excellent, il chercha à ſe perfectionner avant que de mettre ſes Ouvrages au jour. Comme il n'avoit fait aucunes études, il s'appliqua à celles qu'il crût les plus neceſſaires pour la profeſſion qu'il embraſſoit. Il apprit l'Arithmetique, la Géometrie, la Perſpective, & l'Architecture ; & ayant fait de ces ſciences vn fondement, ſur lequel il peuſt baſtir avec ſeûreté, il ſe mit à travailler, & ne commença qu'à l'âge de vingt-ſept ans à mettre ſes Ouvrages en lumiére. Auſſi ne vit-on rien paroiſtre de luy qui reſſentiſt ſon Apprentif; on y remarqua vne maniére faite, & des coups de Maiſtre. La premiére pièce qui parut gravée au burin, fut celle où il a repreſenté les trois Graces, portant vn globe ſur leurs teſtes.

En 1497. Enſuite il fit pluſieurs autres Figures, comme l'Hiſtoire de la Paſſion ; les Portraits du Duc de Saxe, de Mélanthon, & pluſieurs autres, tant en cuivre qu'en bois, avec vne infinité de deſſeins, parce qu'il eſtoit fertile en penſées, & travailloit avec facilité.

Pour des ouvrages de Peinture, il n'en a

pas fait vn si grand nombre. Ceux d'entre ses Tableaux qu'on a les plus estimez, sont l'Adoration des trois Rois, qu'il fit en 1506. En 1507. il peignit Adam & Eve d'vne si grande beauté, qu'vn Gaspard Ursinus Velius prit occasion de faire ces deux vers en voyant ce Tableau :

Angelus hos cernens miratus dixit : Ab horto
Non ita formosos vos ego depuleram.

En 1508. il representa nostre Seigneur en Croix, & le Martyre de plusieurs Saints. Il s'y peignit aussi tenant vne banniére, dans laquelle son nom est écrit. Il fit encore vn semblable sujet de Jesus en Croix, où sont le Pape, l'Empereur, plusieurs Cardinaux, & où il paroist luy-mesme tenant vn rouleau, où est écrit : *Albertus Durer, Noricus, faciebat anno de Virginis partu* 1511.

La pluspart de ces Tableaux-là estoient à Prague, dans le Cabinet de l'Empereur. Ceux de Nuremberg ont aussi conservé cherement ce qu'ils ont pû avoir de luy.

Lors qu'il fut en Hollande pour y voir Lucas, que sa grande reputation luy donna envie de connoistre, il fit son portrait ; & pour lier amitié avec Raphaël d'Urbin, il luy envoya le sien, car il avoit vne estime particuliére pour tous les gens de merite. Il n'y eût jamais homme plus accort, plus charmant, ny plus agréable que luy. Ses vertus & fon fçavoir luy acquirent l'amitié de l'Empereur Maximilien, qui pour luy en donner des marques l'annoblit.

Enfin, aprés avoir glorieufement vefcu cinquante-huit ans, il mourut à Nuremberg, au mois d'Avril 1528. & fut enterré dans le Cimetiére de Saint Jean, fous vne tombe de marbre, où eft fon Epitaphe. Outre les Tableaux & les Eftampes que l'on voit de luy, il a laiffé des Traittez d'Architecture, & de Perfpective; mais entre autres, quatre livres de la Symetrie, & des proportions du corps humain.

Dites-moy, je vous prie, dit alors Pymandre, quelle eftime vous faites d'Albert & de fes Ouvrages, & quelle difference vous mettez entre luy & les meilleurs Peintres d'Italie dont vous avez parlé?

Albert, repartis-je, eftoit de ceux qu'on peut dire avoir vn beau naturel pour la Peinture, & qui ne manquant pas de jugement pour fe conduire, avoit exactement obfervé la Nature, & deffeignoit parfaitement bien les chofes comme il les voyoit: Mais s'eftant trouvé comme renfermé dans ses propres connoissances, & ne voyant rien au tour de luy qui luy donnast des idées plus nobles & plus hautes, il ne s'est pas apperceû qu'il y a dans la Peinture vne infinité d'autres parties, qu'il faut sçavoir pour s'y rendre parfait : Ainsi il n'a pas connû ce qui est necessaire pour les grandes & nobles ordonnances, selon la difference des sujets.

Il a ignoré le choix qu'il faut faire des plus belles parties, la noblesse des expressions, les divers accommodemens des draperies ; & quoy qu'il sceust la Perspective, il ne la pas neanmoins pratiquée dans toute son étenduë, n'ayant pas sceû celle qu'on appelle aërienne, ny cét affoiblissement des couleurs, des jours & des ombres, s'attachant vniquement à bien desseigner toutes les parties d'vn Tableau, à les finir avec soin, & à employer de belles couleurs. Il n'a pas pensé en étudiant chaque chose en particulier, qu'elles font vn autre effet toutes ensemble ; & que dans vne grande ordonnance de plusieurs figures, la distance qu'il faut à l'œil pour les considerer, les fait paroistre d'vne autre maniére que quand on les regarde de prés, & separément. Il ne s'est pas mis non plus en peine de representer d'autres veſtemens que ceux de ſon temps, & n'a point choiſi d'autres proportions que celles des corps qu'il voyoit. Car il ne faut pas, comme je vous ay dit, ayant la nature pour modelle, ſe contenter de la copier comme on la voit. Il faut la connoiſtre dans toute l'étenduë de ſes parties, quoy que l'on n'en repreſente ſouvent que ce qui eſt découvert, & qu'il reſte beaucoup de choſes cachées. C'eſt pourquoy dans le meſme temps qu'on deſſeigne les parties d'vn corps, il faut ſçavoir le rapport & la belle proportion qu'elles doivent avoir les vnes avec les autres, afin de ne pas manquer dans la compoſition du tout enſemble.

Si Albert, dit Pymandre, a fait vn Traitté des proportions, pouvoit-il manquer d'obſerver luy-meſme ce qu'il enſeignoit aux autres?

Ce qu'il en dit, repartis-je, ne peut pas ſervir de regle aſſeûrée; car ce ſont des meſures qu'il a priſes veritablement ſur la Nature, mais il n'a pas fait choix de la belle Nature.

Il n'y a donc pas, interrompit Pymandre, vne meſure arreſtée pour toutes ſortes de corps?

Non asseûrément, repliquay-je; car premiérement il n'y en a point pour les enfans, dont toutes les parties changent à mesure qu'ils croissent. La Nature, qui dés leur naissance leur donne vne teste plus grosse à proportion que tout le reste des membres, comme si elle se hastoit de former le lieu qui doit estre la demeure de l'esprit, ne donne pas à cette teste dans la suite des temps vn accroissement égal aux autres parties. Il se trouve que dés l'enfance la teste a autant de hauteur que les deux épaules ensemble ont de largeur, quoy que dans les hommes faits il n'y ait d'vne épaule à l'autre que la mesure de deux faces : de sorte que jusqu'à ce qu'on soit hors de l'enfance, il n'y a point de proportion certaine. C'est sur cela qu'Albert Durer, & quelques autres ont fait plusieurs remarques, ausquelles il ne faut pas s'arrester, si l'on veut suivre l'avis de Leonard de Vinci, qui conseille aux Peintres de faire eux-mesmes des observations sur la Nature, & de considerer de temps en temps de quelle sorte elle travaille dans la formation, & dans l'accroissement du corps de l'homme.

Lors qu'il est dans sa perfection, Vitruve qui le mesure par la grandeur de son pied,

ALBERT DURER. veut que pour estre d'vne belle proportion, il en ait dix de hauteur. Il y en a d'autres, qui prennent la teste pour mesurer les autres parties, comme d'autres encore se servent de la grandeur du visage, c'est à dire de l'espace qui est depuis le bas du menton jusques au haut du front, où commence la racine des cheveux. Et parce qu'il y a des corps de diverses tailles & grandeurs ; que les vns sont plus courts, les autres plus hauts, & dechargez ; ils ont aussi donné plus ou moins de mesure à ces corps. Car ils en ont fait qui n'ont que sept testes de haut, d'autres huit, d'autres neuf ; & il y en a mesme qui ont esté jusques à dix, & cela tant à l'égard des hommes que des femmes, comme l'on peut voir dans Albert Durer & dans Lomazzo.

Cependant, ceux qui ont soigneusement mesuré les plus belles antiques n'y trouvent point toutes ces diverses mesures. Leur difference ne consiste que dans les largeurs qui les rendent plus grosses ou plus menuës, & les fait paroistre ou plus suëltes ou plus ramassées. Et j'ay appris des plus excellens hommes en cét art, qu'il n'y a dans toutes les Antiques qu'vne seule mesure pour les hauteurs, tant des hommes

mes que des femmes, qui eſt de huit teſtes ou dix faces.

Et de quelle ſorte, interompit Pymandre, ont-ils diſtribué toutes ces meſures?

Ce ſeroit, repartis-je, vn diſcours qui ſeroit ennuieux, ſi j'entreprenois de vous les rapporter toutes. Je vous diray ſeulement en peu de mots, que le corps d'vn homme & d'vne femme ſe diviſe en dix faces; c'eſt à dire, dix meſures, qui ſont chacune de la grandeur du viſage, à prendre, comme je viens de dire, depuis la racine des cheveux juſques au bas du menton. La premiére comprend l'eſpace qui eſt depuis le haut de la teſte juſques au bout du nez. La deuxiéme, depuis le nez juſques au haut de l'eſtomac. La troiſiéme, depuis le haut de l'eſtomach juſques au creux de la poitrine. La quatriéme, depuis le creux de la poitrine juſques au nombril; d'où juſques au bas du ventre, l'on compte la cinquiéme, & où ſe trouve le milieu du corps. Car de là juſques au genoüil il y a deux hauteurs de viſage, & trois autres du genoüil juſques à la plante des pieds. La main eſt de la longueur du viſage; & depuis la jointure de la main juſques à celle de l'épaule, il y a trois faces. D'vne épaule à l'autre,

Tt

il y en a deux : de forte que de l'extrémité d'vne main à l'autre, il fe trouve la mefme longueur, que depuis les pieds jufques au haut de la tefte.

La tefte fe divife en quatre parties. Le vifage en contient trois, dont la premiére comprend l'efpace qui eft entre le haut du front, ou la racine des cheveux, & les fourcils. La deuxiéme, celuy qui eft depuis les fourcils jufques fous les racines. Et la troifiéme, depuis les narines jufques fous le menton. Je ne penfe pas qu'il foit neceffaire que je vous faffe vn détail de toutes les autres parties du vifage; cela feroit trop long, & inutile à prefent.

Je ne croy pas mefme, dit Pymandre, qu'on en puiffe rien dire de fort certain, puifque la Nature les rend fi differens, que de tous ceux que nous voyons, il n'y en a point qui fe reffemblent.

Vous fçavez bien, repliquay-je, qu'en parlant ce matin des parties qui fervent à la compofition d'vn beau corps, nous n'avons confideré que celles qui peuvent contribuer à former vne feule & vnique beauté. De mefme, quand je vous parle de la mefure que doivent avoir ces parties pour engendrer vne parfaite symetrie, je m'arreste seulement à la mesure que les plus grands Maistres ont gardée, quand ils ont formé ces anciennes Statuës, qui sont les vrais modelles de la belle proportion.

Cependant, vous remarquerez, comme vne chose considerable, que quand on étudie cette parfaite beauté, & ces belles proportions, ce n'est pas pour les mettre continuellement en pratique ; c'est afin de connoistre ce qu'il y a de plus beau & de plus noble dans le corps humain, mais non pas pour representer les corps d'vne mesme maniére : il faut que les Figures ayent rapport aux sujets que l'on traitte, & les changer selon les personnes que l'on represente ; Hercule ne devant pas estre peint comme Appollon, ny Bacchus comme Syleme.

Il me semble, interrompit Pymandre, avoir autrefois ouy dire à quelques Peintres, que pour bien donner ces differentes beautez, il faut considerer chaque corps selon l'influence des sept Planettes.

Ce sont, repris-je, les méditations de quelques Auteurs Italiens, dont je veux bien vous expliquer la pensée. Pour donner de la beauté à vn Ouvrage, il est besoin, comme je viens de dire, qu'il foit diverfifié dans toutes fes parties, & non feulement dans les actions des Figures, mais encore dans leurs airs de tefte, dans leurs grandeurs, & dans leurs proportions, parce que les Peintres doivent imiter la Nature, qui n'eft pas égale dans tous les hommes. S'ils donnoient vne mefme proportion à tous les corps, & vne pareille beauté à tous les vifages, il fembleroit qu'ils n'auroient imité qu'vne feule figure, & que leurs peintures feroient faites fur vn mefme modelle. Il faut qu'il y ait vne difference vifible & aifée à connoiftre entre vn Roy & vn Soldat, vn homme de la Cour & vn villageois, fi l'on veut rendre vn Ouvrage vray-femblable & dans fa perfection : & c'eft, à vous dire vray, ce qui ne fe trouve pas dans les Ouvrages d'Albert ; l'on a mefme fort bien remarqué le défaut de Perrin del Vague, qui donnoit à toutes les figures de femmes qu'il peignoit, vn air de vifage tout femblable, parce qu'il ne prenoit jamais que fa femme pour modelle. Or il y a des Peintres Italiens qui ont écrit, que pour trouver toutes ces differences, il faut confiderer quatre chofes dans le corps de l'homme ; fçavoir les quatre élemens, ou les quatre humeurs principales dont il eft com-

<small>Commme a fait Lomazzo.</small>

posé : Car si ce sont les quatre humeurs qui émeuvent les passions, elles font encore d'autres effets dans la substance des corps. Ils disent premiérement, que ceux qui tiennent le plus du feu, ont vn temperament chaud & sec, dont les propriétez sont d'accroistre & d'endurcir ; ainsi les personnes dominées par la Planette de Mars, & qui tiennent de ce temperament, sont d'ordinaire plus puissantes que les autres, & qu'elles ont les parties du corps rudes, nerveuses, & couvertes de poil. Ceux qui tiennent de l'air chaud & humide ne sont pas si forts, & ont les parties du corps délicates au toucher. Ceux de ce temperament sont dominez par Jupiter.

Le temperament de ceux qui sont gouvernez par la Lune tient de l'eau froide & humide : ce qui fait que leur taille n'est pas si haute que celle des seconds, leurs proportions si justes, les parties du corps si fortes, ny si vigoureuses.

Pour les corps qui tiennent de la terre, & qui sont attribuez à Saturne ; comme ils participent beaucoup du froid & du sec, les membres en sont d'ordinaire plus rudes, & plus resserrez que ceux qui dépendent de Mars, mais n'ont pas tant de force.

Du mélange de ces quatre élemens, ou qualitez principales, se forment tous les autres corps, dont les vns tiennent du Soleil, les autres de Venus, & les autres de Mercure.

Ils disent encore que ceux qui sont dépendans du Soleil, n'ont pas les parties du corps si rudes que ceux qui tiennent de Mars, mais aussi vn peu plus que ceux qui dépendent de Jupiter, & qu'ils sont d'vne moindre taille.

Les personnes dominées par Venus ont la taille belle & grande, bien proportionnée. Ils ont rapporté ces observations, pour montrer que la beauté d'vn Tableau dépend de bien former toutes ces sortes de corps, chacun selon le temperament des personnes, & la Nature du païs que l'on veut representer. Car il y a vne grande difference entre la taille & la mine d'vn Anglois, & celle d'vn Armenien ; entre vn Allemand & vn Espagnol. Si vous avez bien pris garde dans les bas-reliefs de la Colonne Trajane, dans ceux de l'arc de Constantin, & dans quelques autres qui nous restent, vous verrez que les Sculpteurs anciens observoient cela tres-soigneusement, & qu'on remarque dans leurs Ouvrages la difference qu'il y a entre vn Romain & vn

Barbare ; de forte que le Peintre doit par les Hiſtoires, & les lumiéres de la raiſon, apprendre à bien marquer toutes ces differences.

Le temperament le plus convenable à vn Roy eſtant celuy qui tient du Soleil, il doit donner à la Figure qu'il en fait vne proportion de membres, qui ait rapport aux corps ſujets à cette Planette, tâchant d'imprimer en luy toute la majeſté & la grace qui ſe doit rencontrer en la perſonne d'vn Prince.

Et parce que la proportion la plus propre à vn Soldat eſt celle qui eſt attribuée aux corps ſujets à la Planette de Mars, il fera conſiſter ſa principale beauté dans la force de ſes membres, & dans la vigueur de ſes actions. Pour celuy qui eſt ſujet aux influences de Venus, ſa beauté doit paroiſtre dans vne grace & vne délicateſſe amoureuſe, qui ſe remarquera dans la conſtitution de ſon corps, & dans l'expreſſion de ſes actions.

Quand vn Peintre ne ſe ſent pas aſſez fort pour entreprendre les grandes compoſitions, qui demandent vne recherche exacte de toutes ces parties, il vaut mieux qu'il ſe borne dans de moindres ſujets : car pourveû qu'il exécute bien ce qu'il entreprend, il aura toûjours la gloire d'avoir bien réüſſi.

Dans le mesme temps qu'Albert Durer travailloit en Allemagne, il y avoit en Flandres vn Peintre en reputation, & dont les Tableaux eſtoient fort eſtimez, parce qu'en effet, n'entreprenant pas de grandes Ordonnances, il exécutoit aſſez heureuſement ce qu'il faiſoit. Vous en avez ſans doute oüi parler ; car c'eſt ce fameux Mareſchal, dont les Tableaux ſont encore ſi eſtimez par ceux de ſon Païs.

<small>Quintin Mesius.</small> Il ſe nommoit QUINTIN MESIUS ou MATSIS, & naſquit à Anvers ſur la fin du quatorziéme ſiécle. Dés ſon enfance il eût beaucoup d'inclination pour le deſſein ; mais ſon pere ne voulant pas qu'il s'y arreſtaſt, le contraignit d'apprendre le meſtier de Mareſchal, qu'il exerça encore aprés la mort de ſon pere, afin de gagner ſa vie, & pouvoir nourrir ſa mere. Cependant, comme il n'eſtoit pas d'vne complexion aſſez forte pour vn travail ſi rude, il tomba dans vne longue & perilleuſe maladie ; & n'ayant pas moyen de ſe faire aſſiſter, fut porté à l'Hoſpital.

Entre les perſonnes charitables qui le viſiterent, il y en eût vne qui luy donna vne Image en taille de bois ; & ne ſçachant à quoy ſe divertir pendant qu'il revenoit en convaleſcence, il luy prit envie de la peindre, &

en-

ET SUR LES OUVRAGES DES PEINTRES.

enfuite il en fit encore quelques autres. Mais ayant recouvré fa fanté, il retourna dans fa boutique, & prenant le marteau continua fon travail ordinaire. Néanmoins ayant vn efprit qui ne pouvoit s'arrefter à de gros Ouvrages, il entreprit de couvrir, & d'environner de fer vn puits qui eft proche la grande Eglife d'Anvers, où il fit paroiftre l'excellence de fon efprit, par l'artifice & la délicateffe de fon travail : car le fer eft fi bien manié dans vne infinité de feuïllages & d'ornemens qu'on y voit encore, que dés lors tout le monde jugea avantageufement de l'Ouvrier, & connût bien qu'il eftoit capable d'vn autre emploi que de celuy où il s'occupoit. Il fit de la mefme maniére vn Baluftre qui eft à Louvain ; & peut-eftre auroit-il continué dans ce penible meftier, fi l'amour ne fe fuft point mêlé de fes affaires.

QUINTIN MESIUS.

Il avoit environ vingt ans, lors qu'il devint éperduëment amoureux d'vne fille de fa condition, qu'vn Peintre recherchoit en mariage. Elle témoigna à Quintin qu'elle avoit plus d'inclination pour luy que pour le Peintre ; mais qu'elle avoit beaucoup d'averfion pour fon meftier de Marefchal : De forte que fe voyant obligé de le quitter, s'il vouloit poffeder cette fille, & ayant sceû d'elle que la profession de Peintre luy estoit tres-agréable, il resolut d'apprendre cét Art, quelque difficile qu'il fust, & s'y appliqua dés ce moment avec tant de soin & d'assiduité, qu'en peu de temps il se rendit comparable aux meilleurs Maistres qui fussent en Flandres. Ainsi il épousa celle qu'il recherchoit avec tant de passion, & donna en mesme temps vne marque du pouvoir de la beauté sur vn esprit sensible à ses charmes.

Depuis que l'Amour luy eût mis le pinceau à la main, il ne le quitta point. Il continua aprés estre marié dans l'exercice de la Peinture, & fit quantité d'excellens Tableaux qui donnerent de l'étonnement à tout le monde, principalement à ceux qui l'avoient veû auparavant dans vn travail si rude, & si different de celuy de la Peinture.

Son Chef-d'œuvre fut vne descente de Croix, qu'il fit pour la Confrairie des Menuisiers d'Anvers, qui la mirent dans vne Chapelle de l'Eglise Cathedrale. Ce Tableau est couvert de deux volets. Dans l'vn est representé le Martyre de Saint Jean l'Evangeliste ; & dans l'autre Hérodias qui danse tenant la teste de S. Jean Baptiste. Lors que le Roy d'Espagne Philippes II. alla en Flandres, il eust bien voulu emporter ce Tableau, mais on luy témoigna qu'on ne pouvoit l'oster du lieu où il estoit. Toutefois dans les troubles qui arriverent ensuite, lors que les Heretiques briserent quantité d'Images, Martin de Vos Peintre, qui craignoit que cette Peinture ne fust perduë, persuada aux Magistrats de l'acheter des Maistres de la Confrairie pour la mettre en seûreté : ce qu'ils firent, & en payerent quinze cens livres, dont les Maistres acheterent vne maison pour faire leurs assemblées.

<small>Quintin Mesius.</small>

Ce Peintre a fait quantité d'autres Tableaux, qui ont esté répandus de tous costez. Il y avoit dans le Cabinet du feu Roy d'Angleterre Charles I. les Portraits d'Erasme & de Petrus Ægidius dans vne mesme Ovale; le dernier tenoit vne Lettre, que Thomas Morus, qui estoit intime amy de tous les deux, luy avoit écrite. Il y a des Vers de ce Chancelier d'Angleterre sur le sujet de ces deux Portraits que j'ay appris autrefois d'vn de mes amis, amateur des belles Lettres, & qui a fait plusieurs recherches sur les vies des personnes illustres dans toutes les sciences*. C'est aussi de luy que j'ay sceû plusieurs choses qui regar-

<small>* M. Ballart d'Arras.</small>

QUINTIN MESIUS. dent quelques Peintres Flamans. Je vas vous dire les Vers, si je puis m'en souvenir.

C'est le Tableau qui parle.

Quanti olim fuerant Pollux & Castor amici,
Erasmum tantos Ægidiúmque fero,
Morus ab his dolet esse loco sejunctus amore,
Tam prope quàm quisquam vix queat esse sibi.
Sic desiderio est consultum absentis ut horum
Reddat amans animum littera, corpus ego.

Et aprés Morus parle luy-mesme à Quintin en cette sorte :

Quintine, ô veteris Novator artis
Magno non minor artifex Appelle!
Mire composito potens colore
Vitam adfingere mortuis figuris
Hei! cur effigies labore tanto
Factas tam benè, talium virorum
Quales prisca tulere secla raros,
Quales tempora nostra rariores,
Quales, haud scio, post futura, an ullos
Te juvit fragili indidisse ligno
Dandas materiæ fideliori
Quæ servare datas queat perennes:
O si sic poteras tuæque famæ, &
Votis consuluisse posterorum
Nam si sæcula quæ sequentur, ullum
Servabunt studium artium bonarum

ET SUR LES OUVRAGES DES PEINTRES. 341

Nec Mars horridus obteret Minervam, QUINTIN
Quanti hanc posteritas emat tabellam. MESIUS.

Il y avoit chez le Duc de Bouquingan, & chez le Comte d'Arondel plusieurs Portraits de la main de Quintin. Les plus beaux qui se voyent encore de luy estoient il n'y a pas long-temps chez vn Marchand d'Anvers nommé Stenens, dont l'vn represente vn Banquier & sa femme qui comptent & pesent de l'argent, & qui fut fait dés l'an 1514. Il y en a d'autres, où l'on voit des gens qui joüent aux Cartes. Le sieur Corneille Vander-Geest avoit aussi vne Vierge que l'on estimoit beaucoup. Il y a dans l'Eglise de Saint Pierre de Loüvain vn Tableau de Sainte Anne ; & ceux de cette Ville qui en font grand estat ont soûtenu que ce Peintre estoit né chez eux : mais ceux d'Anvers leur disputent cét honneur. Il y mourut l'an 1529. & fut enterré dans l'Eglise des Chartreux, qui estoit dans les fossez de la Ville, d'où cent ans aprés ses os ont esté retirez par les soins de ce Corneille Vander-Geest, qui les fit mettre au pied de la Tour de l'Eglise Cathedrale de Nostre-Dame d'Anvers, & au dessus fit élever l'Image de Quintin taillée de Marbre blanc avec cét Epitaphe.

V u iij

QUINTINO MATSYS
INCOMPARABILIS ARTIS
PICTORI, ADMIRATRIX
GRATAQUE POSTERITAS
ANNO POST OBITUM
SÆCULARI
CIƆ IƆCXXIX. *Posuit*.

Et plus bas est écrit sur vn Marbre noir en lettres d'or.

CONNUBIALIS AMOR DE MULCIBE
FECIT APELLEM.

Il fit beaucoup mieux les Portraits que les autres Tableaux d'Histoires. Il laissa de son mariage vn fils nommé Jean, qui fut aussi Peintre, & imita la maniére de son pere.

Comme ces Peintres n'avoient pas vn grand fond de science, ils ne s'adonnoient d'ordinaire qu'à faire des Portraits, prenant plaisir à représenter des visages de Vieillards ou de Vieilles, & quelques actions communes & basses, parce qu'il est bien plus aisé de repreſenter les défauts de Nature, que de bien imi-

ET SUR LES OUVRAGES DES PEINTRES. 343
ter l'estat de ceux ausquels il ne se trouve rien à reprendre.

Il y avoit encore dans le mesme temps vn Peintre d'Anvers nommé JOOS VAN-CLEEF, qui faisoit des Portraits, & representoit des Banquiers comme faisoit Quintin, mais il donnoit plus de force à sa Peinture. Un JEROSME BOS natif de Bolduc, qui faisoit des Grotesques & des Figures boufonnes. Il y a vne tanture de Tapisserie de son dessein dans le Gardemeuble du Roy. *[marginalia: VAN-CLEEF. JEROSME BOS.]*

Mais pendant qu'Albert se rendoit considerable en Allemagne, & que Quintin estoit estimé par ceux de son païs, LUCAS travailloit en Hollande avec vne grande approbation. Il estoit de Leyden, & porta toûjours le nom de cette Ville, où il vint au monde l'an 1494. Son pere, qui se nommoit Hugo Jacob, estoit vn fort mediocre Peintre: Ce fut luy neanmoins qui le premier seconda par ses enseignemens les inclinations de son fils, & qui d'abord luy apprit à desseigner. Ensuite il le mit sous Corneille Engelbert Peintre, qui alors avoit quelque reputation. Il estoit tellement attaché au travail, qu'il ne prenoit pas seulement le temps de se reposer pendant la nuit, de sorte que sa mere estoit *[marginalia: LUCAS.]*

obligée de luy oster la chandelle pour l'empescher de veiller.

Dés l'âge de neuf ans il grava quelques piéces qu'il donna au Public. A douze ans il peignit vn Tableau à détrempe qui fut assez estimé. A quinze ans il en fit vn autre plus considérable, où il representa comme Mahomet estant yvre, tua vn Moine de sa Secte. Ce fut dans ce mesme temps qu'il grava pour les Vitriers de Leyden neuf piéces de l'Histoire de la Passion de Nostre Seigneur. Il representa aussi la tentation de Saint Antoine, & la Conversion de Saint Paul. Il n'avoit que seize ans lors qu'il fit vn *Ecce Homo*, Adam & Eve chassez du Paradis Terrestre, & plusieurs autres piéces.

Il se maria fort jeune, & épousa vne fille de la noble famille de Bosthuisen. Estant richement pourveû, il vivoit splendidement; & quoy qu'il aimast la bonne chere, il ne perdoit pas pour cela vn moment du temps destiné à son travail ; il sembloit mesme quand il avoit plus beû qu'à l'ordinaire, que le vin luy donnoit davantage d'esprit: ce qu'on remarquoit dans quelques piéces qu'il avoit gravées au sortir de la débauche, qui paroissoient meilleures que les autres, comme l'Histoire de Saül, qui

ET SUR LES OUVRAGES DES PEINTRES. 345
lance vn javelot contre David, qui jouë de la Lucas.
Harpe; vn Païsant à qui vne femme tire l'argent de sa bourse, pendant qu'vn Charlatan luy arrache vne dent de la bouche; vne autre piéce, où l'on voit vn Vieillard & vne femme qui accordent chacun vn instrument de Musique; celuy de l'homme est monté de grosses cordes de Luth, & celuy de la femme est vn Cistre. On dit que par là il vouloit representer ce que Plutarque écrit, que pour faire vn bon accord dans vne famille, l'homme doit tenir vn ton haut & grave, & la femme le plus bas & le plus doux.

Il fit aussi le Portrait de l'Empereur Maximilien, lors qu'il fit son entrée à Leyden. Il avoit appris à graver au burin d'vn Orfevre, amy de son pere; & à l'eau forte d'vn Armurier qui gravoit fort bien des armes. Comme Albert Durer estoit alors en reputation d'estre le plus excellent Graveur de ce temps-là, Lucas ayant veû quelques vnes de ses piéces, les copia, & fit en sorte par aprés qu'elles tomberent entre les mains d'Albert, qui fut surpris de voir vn si excellent Competiteur. Néanmoins au lieu d'en estre jaloux, il témoigna de la joye; & aprés avoir beaucoup loüé les Ouvrages & l'Ouvrier, il n'eût point de

Xx

repos qu'il ne l'euſt veû, & n'euſt fait amitié avec luy : ce fut pour cela, comme je vous ay dit, qu'il fit le voyage de Hollande. Ces deux excellens hommes s'eſtant rencontrez, comme firent autrefois Appelle & Protogene, & rendus des témoignages d'eſtime & d'amitié, par des careſſes mutuelles, firent encore le Portrait l'vn de l'autre.

Quant aux Tableaux de Lucas, on a eſtimé beaucoup celuy où Noſtre Seigneur guerit vn Aveugle. Goltius l'acheta vne ſomme conſidérable : il eſtoit couvert de deux volets, ſur leſquels Lucas peignit d'vn coſté le Portrait d'vn homme, & de l'autre celuy d'vne femme, avec les Armes de leur maiſon. Il fit auſſi vne Venus grande comme Nature, tenant vn petit Amour par la main, où l'on mit des Vers Grecs & Latins ; il me ſouvient encore des Latins :

Oceani quondam ſpumis Venus orta ferebar :
Nunc ſpumis, Luca vivo renata tuis.

Il y a encore dans l'Hoſtel de Ville de Leyden vn Tableau, où Lucas a repreſenté le Jugement dernier ; & ſur les deux volets, il a peint Saint Pierre & Saint Paul. L'Empereur Rodolphe, amateur des belles choſes, avoit vn

Tableau de luy, qu'il eſtimoit beaucoup. On y voyoit la Vierge à demy corps, tenant le petit Jeſus, & à coſté la Magdeleine, & vne femme à genoux, & ſur les volets qui le cachoient vne Annonciation ; il n'avoit que vingt-deux ans lors qu'il le fit. Il y a vne infinité d'autres Tableaux de ſa main, diſperſez en pluſieurs endroits d'Allemagne, & des Païs-Bas ; comme chez vn Marchand d'Amſterdam l'Hiſtoire du Veau d'or ; à Leyden l'Hiſtoire de Rebecca ; & à Delft en Hollande chez vn Bourgeois l'Hiſtoire de Joſeph, lors qu'il eſt en priſon avec l'Eſchançon, & le Pannetier de Pharaon. Il a auſſi fait pluſieurs Portraits de ſes amis ; car il ne voulut pas ſe captiver à peindre d'autres perſonnes. Il a encore peint ſur du vérre ; mais comme c'eſt vne matiére fragile, il ſe trouve peu de ces morceaux là : Goltius néanmoins avoit conſervé vne piéce où eſtoit repreſenté David victorieux, & pluſieurs filles qui vont danſant audevant de luy.

Lucas ſe voyant comblé d'honneurs & de biens, reſolut d'aller viſiter les Provinces de Brabant, de Flandres, & de Zelande, pour ſe divertir ; & par tout où il paſſoit, il traitoit ſplendidement ceux de ſa profeſſion. Eſtant à

Middelbourg, il fit connoissance avec vn Peintre nommé Jean de Maubuge, & firent plusieurs fois la débauche ensemble.

Il y avoit entre eux beaucoup de jalousie, parce qu'ils estoient égaux en reputation & en richesses; de sorte que c'estoit à qui paroistroit avec plus d'éclat. Lors qu'ils se virent, Maubuge estoit vestu d'vn habit de drap d'or, & Lucas d'vne robe de Camelot de Soye fort riche. Ils entrerent dans vne si grande défiance l'vn de l'autre, que Lucas se persuada qu'il avoit esté empoisonné; & cette opinion fit vn tel effet dans son esprit, qu'estant retourné chez luy, il tomba malade, & fut six ans au lit, toûjours languissant. Il ne laissoit pas néanmoins de peindre, & de desseigner continuellement; & mesme ayant fait faire des instrumens propres pour s'en servir sur son lit, il grava au burin plusieurs Piéces encore plus étudiées qu'auparavant.

On trouva sous le chevet de son lit, aprés qu'il eût expiré, vne planche, où estoit representée vne Pallas, qu'il avoit achevée peu d'heures avant sa mort.

Il ne laissa qu'vne fille richement mariée. Il mourut l'an 1533. âgé de trente-neuf ans, avec la reputation du plus artiste Graveur, & du

ET SUR LES OUVRAGES DES PEINTRES. 349
meilleur Peintre que l'on connût dans les Païs- LUCAS.
Bas. Ce fut luy qui perfectionna l'Art de peindre sur le verre.

Outre tous les Ouvrages dont je vous ay parlé, Lucas a encore fait des desseins de Tapisseries. Il y en a douze Piéces * dans le Garde- *De 37. aunes de cours.
Meuble du Roy, où sont representez les douze mois de l'année ; & * vne autre tanture qui *Contenant 28. aunes 1/2 en sept Piéces.
represente les sept Ages.

Le Roy n'a-t-il pas aussi, dit Pymandre, des Tapisseries du dessein d'Albert Durer ? Il y
a quatre Tantures, repartis-je, qui ont toûjours passé pour estre de luy, dont l'vne * re- *De 25. aunes en 8. Piéces.
presente l'Histoire de Saint Jean ; * vne autre, la
Passion de Nostre Seigneur ; * la troisiéme, sont *De 9. aunes en 5. Piéces.
ces belles Chasses de l'Empereur Maximilien, *De 60. aunes 1/2 en 12. Piéces.
qui estoient autrefois à Monsieur de Guise :
elles sont toutes relevées d'or. Il n'y a que
la quatriéme *, qui n'est que de soye, & qui *De 27. aunes 2/3
represente la vie humaine ; mais il est vray
que pour les Chasses, il n'y a point d'apparence qu'elles soient d'Albert. Aussi l'on m'a
asseuré qu'elles estoient de la main d'vn Peintre de Bruxelles, nommé BERNARD VAN- BERNARD VAN-ORLAY.
ORLAY, qui travailloit du temps de Raphaël, & qui a fait exécuter toutes les Tapisseries que les Papes, les Empereurs, & les

X x iij

Roys faisoient faire en Flandres d'aprés les desseins d'Italie. D'abord sa maniére estoit gottique ; mais à force de voir des Ouvrages de Raphaël, & de Jule, il la changea, & mesme il y en a qui ont voulu dire que les Tapisseries de l'Histoire de Saint Paul, qui sont dans le Garde-Meuble du Roy, & qui ont toûjours passé pour estre de Raphaël, sont de son dessein : ce qui n'est pas vray-semblable ; car on y voit trop la maniére de ce grand Maistre. Peut-estre ce Bernard les a-t-il conduites sur de legers desseins de Raphaël, y ayant en effet quelques parties, qu'on voit bien n'estre pas tout-à-fait arrestées. Car c'estoit luy qui prenoit le soin de tous les Ouvrages de Peintures & d'étoffes que l'Empereur Charles V. faisoit faire, & mesme des Vitres qui sont dans les Eglises de Bruxelles. Il avoit sous luy vn nommé TONS, grand Païsagiste, qui a travaillé aux Chasses de l'Empereur Maximilien ; & vn autre de ses Eleves nommé PIERRE KOECK, natif d'Alost, fort bon Peintre & Architecte. Celuy-cy alla en Turquie, d'où il apporta le secret des belles couleurs pour les teintures des Soyes & des Laines.

Je ne m'estonne pas, dit Pymandre, si les Tapisseries de ce temps-là sont si belles, puis que l'on prenoit tant de foin à les rendre parfaites, & par les deſſeins des plus excellens Maiſtres, & par la bonté de la matiére. Il eſt vray auſſi qu'il n'y a rien de plus beau que ces Chaſſes dont vous parlez ; & quoy que ce Peintre-là ne fuſt pas d'Italie, je ne voy pas qu'il en merite moins d'honneur : Car il me ſouvient qu'il y a des figures ſi animées, des viſages ſi naturels, des veſtemens ſi riches, & des Païſages ſi agréables, qu'il n'y a rien à mon ſens de plus beau ; & pour moy je vous avouë que je n'y apperçois pas ce qui peut tenir du gouſt que vous nommez gottique. Pour ce qui eſt des Ouvrages d'Albert & de Lucas, il eſt vray que vous m'en avez fait voir autrefois, dont les habits & la maniére de peindre ne me plaiſoit pas ; mais où il y avoit auſſi certaines choſes, que je trouvois bien faites.

Ce ſont, repris-je, ces differences qui diſtinguent ſi fort les grands Peintres Italiens d'avec ces Maiſtres dont je viens de parler, qui ne ſe ſont eſtudiez qu'à bien faire quelques parties ; mais qui n'ont point travaillé à la recherche des autres. Vous voyez dans leurs Tableaux des teſtes bien peintes & bien finies ; mais les jours, les lumiéres, les beaux contraſtes de membres, & les grandes diſpoſitions ne s'y rencontrent pas. Leurs figures font couvertes d'habits riches, mais à la mode de leur païs, & comme on les portoit en ce temps-là, parce qu'ils n'étudioient point la belle maniére de les veſtir, quoy que cela leur fuſt aſſez neceſſaire, n'ayant gueres fait de compoſitions où l'on voye beaucoup de nuditez.

J'avouë, dit Pymandre, qu'on ne peut pas les en accuſer, comme Michel-Ange; auſſi n'avoient-ils pas beſoin de ſe rendre ſi ſçavans dans l'Anatomie.

C'eſt pourtant, repartis-je, vne des principales choſes qu'vn Peintre doit ſçavoir, quand meſme il ne repreſenteroit jamais que des figures veſtuës.

Quoy-que Michel-Ange en euſt fait ſa premiére & principale eſtude, il ne laiſſoit pas de s'y attacher continuellement; & pour s'y perfectionner davantage, faiſoit ſouvent diſſequer des corps morts, afin de voir la conſtruction & l'origine de tous les os, leur incaſtrature, les ligatures des muſcles & des nerfs, les diviſions des veines, & enfin tout ce qui compoſe le corps de l'homme, & qui ſert à donner mouvement à toutes ſes
differentes

ET SUR LES OUVRAGES DES PEINTRES. 353
differentes parties. Non feulement il faifoit ces obfervations fur le corps humain, mais encore dans les animaux, particuliérement dans les chevaux: auffi jamais Peintre ne l'a égalé dans la connoiffance de l'Anatomie, qu'on peut dire tres-neceffaire à cét Art.

Comme l'on ne reprefente gueres de fquelettes, dit Pymandre, ny de corps décharnez, je ne m'eftois pas imaginé que cette eftude fuft auffi neceffaire à vn Peintre que celle de bien reprefenter la chair, & de fe perfectionner dans le beau coloris: c'eft pourquoy j'aurois excufé les Peintres Flamans dont nous avons parlé, de ne l'avoir pas fceûë, n'ayant voulu reprefenter que des figures veftuës.

C'eft, repartis-je, que vous ne jugez des chofes que par les apparences, & ne confiderez dans vn Ouvrage que ce qu'il y a de plus éclatant. Cependant il fe rencontre dans vn beau Tableau beaucoup de chofes que l'on n'y apperçoit pas, & qui font pourtant les plus difficiles à bien exécuter, & les plus importantes dans vn ouvrage.

Car il faut confiderer le corps de l'homme comme le corps d'vn navire. Vous fçavez bien que ce ne font pas les planches qui

Y y

le couvrent, & les ornemens dont il eſt enrichi qui le compoſent entiérement. Les groſſes piéces de bois, dont on forme d'abord comme vn ſquelette, en font le corps principal, & ſont comme les os qui le ſoûtiennent. Si dans la figure d'vn homme la chair n'eſt ſoûtenuë des os, c'eſt vn corps qui n'a nulle fermeté : Et de meſme que la perfection d'vn horloge, & la juſteſſe de ſes mouvemens dépendent de la bonté des reſſorts; auſſi le corps des animaux & leurs mouvemens dépendent de la fabrique des os, & de la ſituation des muſcles & des tendons qui les ſoûtiennent, & les font agir.

Comme il y a vne infinité de parties dans le corps qui ſont diſſemblables, & qui toutes, ou la pluſpart agiſſent differemment, il eſt neceſſaire que le Peintre remarque, avec vn ſoin tres-exact, leurs divers effets; Et lors qu'il les a bien compris, il faut qu'il travaille encore à les bien repreſenter, & à leur donner la forme, la force, & la grace qui leur eſt neceſſaire.

Je ne croy pas, dit Pymandre, qu'il ſoit ſi difficile à vn Peintre de s'inſtruire de ce qui regarde les os, que de ce qui dépend des nerfs & des muſcles; parce qu'il me ſemble que les os sont toûjours les mesmes, & servent comme d'essieux aux membres du corps.

Il faut néanmoins, repartis-je, considerer attentivement leur incastrature ou enchassement : car c'est par là qu'on connoist que quelque effort que les bras & les jambes fassent, elles ne peuvent ployer que du costé où les os ont leurs mouvemens libres. Comme les muscles & les nerfs sont plus souples & plus obeïssans, & qu'ils se retirent & s'allongent, selon l'effort que l'on fait, ils changent en toutes sortes de rencontres ; de sorte qu'il est necessaire de connoistre ces divers changemens, qui grossissent ou étressissent les parties du corps.

Ce qui apporte du changement dans les nerfs & dans les muscles, est le mouvement que fait le corps, ou le poids dont il se trouve chargé : ainsi dans vne jambe qui pose à terre, & qui porte le corps, l'on voit des nerfs & des muscles plus marquez & plus ressentis que dans l'autre jambe qui sera levée, & qui se soulagera. Mais je ne m'arresteray pas à vous parler de ces differens effets, puis que tout ce que j'en pourrois dire ne vous instruiroit pas assez. Il faut les observer sur le naturel, dans les temps aufquels le corps agit plus librement. Et c'eſt pourquoy Leonard de Vinci conſeille ſi ſouvent aux Peintres de n'eſtre jamais ſans tablettes, afin de remarquer ce qu'ils voyent dans vne infinité de rencontres, eſtant impoſſible de poſer vn modelle dans vne attitude auſſi naturelle que celle où nous voyons les perſonnes qui travaillent, ou qui ſont touchées de quelque forte paſſion.

Je comprens bien, dit Pymandre, que les mouvemens du corps ſont tres-neceſſaires dans les Tableaux, & ſervent ſi fort à l'expreſſion des ſujets, qu'vn Peintre n'eſt pas habile homme, s'il ne ſçait les repreſenter tels qu'ils doivent eſtre.

Non ſeulement, repris-je, il n'eſt pas habile, mais il peut paſſer pour ignorant, quand il péche dans cette partie, qui dépend du deſſein, comme je vous ay dit.

Leon. Baptiſte Albert. Un de ceux qui ont le mieux écrit de la Peinture, parlant des mouvemens & de la ponderation des corps, dit que pour bien repreſenter la ſituation des membres, & leurs differentes actions, il faut conſiderer ce que la nature nous apprend elle-meſme, en remarquant premiérement que le milieu du corps eſt toûjours ſoumis à la teſte. Que ſi quelqu'vn se tourne & se soûtient sur vn pied, ce mesme pied se trouve directement sous la teste, comme s'il estoit la base de tout le corps; que la teste est presque toûjours tournée du mesme costé que le pied qui la soûtient, c'est à dire, dans les actions naturelles, & qui ne sont point forcées. Mais cét Auteur a observé que la teste n'est presque jamais tournée d'vn costé, qu'il n'y ait en mesme temps vne partie du corps qui fasse le mesme effet, comme pour la soûtenir, ou qui ne s'abandonne & ne se jette de l'autre costé pour faire l'équilibre. Il dit encore que la teste ne se renverse en arriére pour regarder en haut, qu'autant qu'il est necessaire, pour voir le milieu du Ciel, & qu'elle ne se tourne jamais davantage d'vn costé ou d'vn autre, que pour toucher du menton les os des épaules. Quant à ce qui est des efforts que nous faisons en tournant le corps depuis la ceinture en haut, ce détour ne va tout au plus qu'à faire qu'vne épaule se rencontre en droite ligne sur le nombril. Les mouvemens des jambes & des bras sont vn peu plus libres; toutesfois dans les actions ordinaires les mains ne s'élevent gueres plus haut que la teste; le poignet plus haut que l'épaule; le pied plus haut que le genoüil, & vn pied ne s'éloigne gueres plus de l'autre que d'vn pied de distance. Lors qu'on éleve vn des bras, aussi-tost toutes les parties de ce costé-là suivent le mesme mouvement, en sorte que le talon qui est du mesme costé, s'élevera de terre par l'action que fera le bras.

Si tous ceux qui se meslent de peindre, interrompit Pymandre, avoient bien fait ces remarques, je m'asseûre qu'ils se corrigeroient de beaucoup de défauts; car il y en a qui font des figures si forcées & si contraintes, qu'on en voit l'estomac & le dos en mesme temps: ce qui estant impossible dans la Nature, est encore plus desagréable dans les Tableaux.

Pour ne se pas tromper dans ces sortes de mouvemens, repris-je, & pour bien connoistre ceux dont le corps est capable, il le faut considerer d'abord comme immobile. Parmy les Peintres, bien qu'vne figure n'agisse point, & qu'elle paroisse en repos, on ne laisse pas de dire qu'elle est dans vne belle attitude: Car comme ils appellent l'ordonnance d'vn Tableau, cét assemblage de toutes les figures qui le composent, ils nomment aussi l'*attitude* de la figure, la situation & la disposition de tous ses membres.

ET SUR LES OUVRAGES DES PEINTRES. 359

Il me semble, dit Pymandre, qu'on devroit plûtost nommer cela sa posture lors qu'elle n'agit point, puisque le mot d'*attitude* signifie quelque mouvement.

Il est vray, repartis-je, que par le mot d'attitude l'on entend principalement la disposition d'vne Figure qui fait quelque action. Neanmoins l'on dit aussi quelquefois l'attitude d'vn Portrait, quoy-que bien souvent il n'y ait que la teste & les épaules, & mesme d'vn corps mort ; ce mot s'estant mis en vsage, & ayant pris la place de celuy de disposition qui est commun à ce qui se meut, & à ce qui est en repos.

Or dans quelque attitude que l'on considere vn homme, il faut remarquer sa situation, pour voir s'il est bien planté ; si les parties de son corps sont posées dans vn tel équilibre, ou contrepoids, qu'il se puisse tenir ferme sur ses membres ; qu'il ne soit point contraint, & qu'il agisse facilement sans sortir de son centre, ou du moins hors du cercle de son activité, & des termes prescrits à ses forces, & aux mouvemens qu'il est capable de faire. Si vn Peintre veut representer vne Figure toute droite, & dans la mesme disposition que l'Hercule de Farnese, il considerera sur quel pied elle doit estre posée ; & si c'est sur le pied

droit, il faut que toutes les parties du coſté droit tombent ſur ce pied-là, & qu'à meſure qu'elles viennent à baiſſer, & à décroiſtre en ſe ramaſſant enſemble, celles du coſté gauche qui leur ſont oppoſées augmentent & ſe hauſſent à proportion. La clavicule du col doit répondre directement ſur le pied droit, qui devenant le centre de tout le corps, en porte le faix, comme je diſois tantoſt. Il faut concevoir la meſme choſe d'vn homme qui marche, puiſqu'en cette action les parties qui ſe trouvent appuyées ſur la jambe où poſe tout le corps, ſeront toûjours plus baſſes que les autres, comme j'euſſe pû vous faire remarquer dans la ſtatuë d'Atalante que nous avons veüë ce matin. Neanmoins dans les mouvemens prompts, cette difference de hauteur & de baſſeſſe n'eſt pas ſi grande, ny meſme ſi remarquable, que dans les mouvemens lents & tardifs, parce que les mouvemens prompts donnant au corps vn balancement continuel, & comme imperceptible, ils empeſchent que toutes les parties ne deſcendent juſqu'au centre de leur gravité: ce que nous voyons dans vn homme qui court ſur du ſable, lequel n'imprime jamais ſi avant les marques de ſes pieds que celuy qui va lentement, à cauſe que l'effort
qu'on

qu'on fait en courant donne au corps quelque espece de legereté.

Or comme l'équilibre vient du repos que tous les membres reçoivent quand ils font foûtenus fur leur centre, auffi cét équilibre venant à manquer, il faut que le mouvement fuive, & qu'il fe porte en quelque lieu ; ou bien fi vous aimez mieux, il faut que le mouvement commence auffi-toft que les parties ceffent d'eftre en équilibre; non pas néanmoins de telle forte, que l'équilibre abandonne entiérement les agitations, & les diverfes actions des corps : car le mouvement fe ruineroit luy-mefme, fi l'équilibre ne demeuroit toûjours comme fa guide & fon gouvernail pour le conduire, & le redreffer lors qu'il paffe d'vn lieu à vn autre, & comme vn contrepois dans les mains d'vn homme qui danfe fur la corde. Ainfi vn homme qui leve le pied gauche ne fe peut fouftenir fur le pied droit, fi l'équilibre ne s'y rencontre : & s'il veut changer, & fe mettre fur le pied gauche, il faut en quittant l'équilibre qui le maintient fur le pied droit, qu'il en trouve vn autre fur le gauche.

C'eft encore ainfi qu'vn homme qui lance vn dard, ou vne pierre, fe renverfe pour avoir plus de force, & met le centre de sa pesanteur sur le pied qu'il tire en arriére; puis s'abandonnant à l'effort qu'il fait en jettant son trait, ou sa pierre, quitte par ce mouvement cét équilibre, & en trouve vn autre sur le pied de devant, où il rencontre son repos. Il en arrive encore de mesme à vn homme qui frappe sur quelque chose avec violence.

Si l'équilibre vient de l'égale pesanteur qui se rencontre sur la partie qui sert de centre aux autres, & si sans cette juste ponderation le corps ne peut ny agir ny se soûtenir; il est donc important que le Peintre prenne garde à charger la partie qui sert de centre & de base à sa Figure, en sorte qu'elle se soustienne avec fermeté, par la position de tous les membres du corps qui doivent s'entre-aider à soulager la partie la plus chargée, ou à charger celle qui ne le seroit pas assez. Il est facile d'éprouver que nous ne pouvons agir avec force, si la partie qui sert de soûtien à l'action que nous faisons n'est également chargée, parce qu'autrement elle seroit emportée d'vn costé ou d'vn autre.

Considerez, je vous prie, vn homme qui se bat l'épée à la main, est-il pas vray qu'au mesme temps qu'il s'abandonne pour fraper son ennemy, s'il n'avance le pied pour soûtenir son corps, il faut indubitablement qu'il tombe par terre. C'est ce qu'on peut voir dans cette belle Statuë antique, qui represente vn Gladiateur. Confiderez quelqu'vn qui a vn fardeau fur l'épaule droite, vous verrez que l'épaule gauche & les parties de ce cofté-là baiffent pour prendre leur part de la charge que le cofté droit foûtient, & faire par ce moyen que le balancement du pois foit toûjours égal à l'entour de la ligne du centre qui fe trouve dans l'vn des pieds.

Pour concevoir encore cecy plus facilement, prenez garde que vous ne fçauriez avancer la partie fuperieure du corps, de quelque cofté que ce foit, qu'au mefme temps vne des parties inferieures ne recule ou n'avance pour le foûtenir; comme fi vous vous panchez en arriére, il faut qu'vne des jambes recule. Enfin la démonftration de cela eft fi évidente, & chacun la peut fi-bien remarquer en fa perfonne, que je m'eftonne de ce que plufieurs Peintres ont manqué dans ces obfervations, faifant voir des Figures qui femblent tomber, & dont les jambes font fi éloignées l'vne de l'autre, & les actions fi violentes, qu'elles n'ont aucune force ny beauté dans leur expreffion.

Il y a quatre choses qui me semblent encore assez necessaires à observer, lors qu'on veut representer vne personne qui remuë vn fardeau : car il faut considerer s'il le leve de bas en haut ; si c'est quelque chose qu'il tire en bas, comme vne corde attachée à vne poulie ; ou bien qu'il pousse en avant, ou qu'il traisne derriére luy.

Quand l'on peint ces sortes d'actions, l'effort doit paroistre d'autant plus grand, que la partie du corps qui s'abandonne pour tirer, ou pour pousser, sera éloignée du centre de l'équilibre. Par exemple, si pour traisner quelque chose de fort pesant, j'avance le corps en poussant la terre des deux pieds, & me roidissant sur la corde que je tiens, je ne sois soûtenu que par cette mesme corde, qui venant à rompre, causeroit ma chûte ; n'est-il pas vray qu'alors la pesanteur du fardeau que je traisne me sert d'équilibre & de soûtien, & que je marque d'autant plus la difficulté qui se rencontre à le tirer, que je fais paroistre d'abandonnement dans tout mon corps ? Car il n'y a personne qui ne voye bien, qu'estant éloigné de l'appuy de mes jambes, je n'en ay point d'autre que celuy que je trouve dans la resistance de la chose que je traisne. Et c'est ainsi que l'on fait voir l'effort de ceux qui tirent ou remorguent vn vaiſſeau, & que l'on exprime plus ou moins de force dans des gens qui travaillent à élever quelque fardeau. Il y a d'autres ſortes de mouvemens qui ne ſont point cauſez par vn corps étranger, mais qui ſont lents ou prompts ſelon les mouvemens de l'eſprit, ou la paſſion qui les fait agir.

Quand il n'y a que l'eſprit qui agit, le corps exerce ſes actions ſimplement, & avec facilité, ſans qu'il paroiſſe rien de contraint dans ſes membres, parce que les paſſions n'y ayant point de part, les ſens font leurs fonctions ſans trouble, & avec tranquillité.

Vous n'eſtes pas d'avis, je m'aſſeûre, continuay-je en regardant Pymandre, que j'examine en particulier tous les mouvemens que l'eſprit fait faire au corps; & peut-eſtre meſme ne pourrois-je pas m'en aquiter: Car ayant rapport aux penſées & aux imaginations des hommes, il y en a de tant de ſortes, ſelon le temperament, l'âge, le ſexe, & la condition des perſonnes, qu'il ſeroit bien difficile de s'en ſouvenir.

C'eſt pour cela, comme je vous ay dit, qu'il faut que le Peintre étudie avec grand ſoin le temperament, & les diverſes inclinations des hommes, afin que sçachant les effets qu'elles produisent, il ait moins de peine à les comprendre sur le naturel; qu'il connoisse par avance comment l'air des visages change selon la diversité des pensées qui occupent l'esprit; les passions qui l'agitent; la qualité des humeurs qui dominent; les accidens ausquels les hommes sont sujets, soit dans le travail, soit dans le repos, soit dans la santé, soit dans la maladie; qu'il considere les principaux endroits où ces mouvemens paroissent le plus sur le visage qui change, comme disoit le premier des Orateurs, à toutes les differentes passions que l'homme ressent.

Cic. 3. de Orat.

Cette partie est celle qui engendre la beauté, & qui donne la vie aux Ouvrages de la main. Raphaël l'a possedée si parfaitement, qu'on voit sur le visage de toutes ses Figures ce qu'elles semblent avoir dans l'esprit.

Pour les mouvemens du corps engendrez par les fortes passions de l'ame, le Peintre ne sçauroit jamais les mieux apprendre qu'en considerant le naturel. Si par hazard il se rencontre dans vn lieu où des gens se battent, c'est-là qu'il peut voir tous les effets de la colere, & qu'il peut examiner de quelle sorte vn homme en cét estat a le visage composé,

& toutes les parties de son corps disposées, selon l'agitation de son esprit. Il remarquera les actions differentes de ceux qui sont presens, qui les regardent, ou qui tâchent de les separer. Il verra la difference qu'il y a entre les mouvemens des jeunes hommes & ceux des personnes plus âgées; il s'y trouvera peut-estre quelques femmes affligées, quelques enfans épouvantez, des gens qui en passant leur chemin, s'arrestent inopinément à la rencontre de ces desordres ; enfin c'est dans ces occasions où Leonard de Vinci veut que le Peintre fasse provision d'expressions naturelles, pour s'en servir dans le besoin, parce qu'il ne peut en avoir de plus vrayes , & qu'alors il peut considerer aisément de quelle sorte tous les membres se meuvent, & font des actions naturelles, & conformes à l'agitation de leur esprit : Car la diversité des expressions , qui donne la grace aux choses , ne consiste pas simplement à mettre des figures en differentes postures.

Les Peintres qui se sont le plus tourmentez l'esprit pour en inventer , n'ont pas laissé beaucoup de marque de leur jugement dans les autres parties de la Peinture qui sont plus necessaires & plus nobles.

Si l'on veut imiter les Maiſtres de l'Art, j'entens les Raphaels, les Jules Romains, les Polidores, & ceux de leur Eſcole, il faut non ſeulement éviter tous les mouvemens forcez, qui fatiguent les yeux, mais prendre ceux qui ſont les plus naturels ; & pour cét effet les étudier dans toutes ſortes de perſonnes, en conſiderant de quelle ſorte elles font leurs actions differemment les vnes des autres, lors qu'elles agiſſent ou qu'elles ſouffrent : Car il eſt certain que la colere paroiſt autrement exprimée ſur le viſage d'vn honneſte homme, que ſur celuy d'vn païſan ; qu'vne Reine s'afflige d'vne autre maniére qu'vne villageoiſe ; & que dans les mouvemens du corps, auſſi-bien que dans ceux de l'eſprit des perſonnes qu'on peint, il doit y avoir de la difference.

M. Pouſſin a peint la femme de Germanicus d'vne maniére convenable à la grandeur & à la generoſité d'vne Princeſſe qui voit mourir ſon mari. S'il euſt repreſenté vne Païſane touchée d'vne ſemblable douleur, il l'auroit peinte dans vne poſture plus deſeſperée, parce que le ſimple peuple, qui ne prévoit jamais les maux, s'abandonne au deſeſpoir quand ils arrivent; Mais la douleur des perſonnes de condition &
d'eſprit

d'esprit n'est jamais accompagnée de meséance, & de trop d'emportement.

Le Peintre qui aura donc remarqué la difference qui se rencontre dans les mouvemens des hommes, selon leur qualité, considerera celle qui se trouve dans les differens âges. Il observera de quelle maniére les enfans expriment, par leurs petites actions, les passions de leurs ames; comment ils s'abandonnent à la joye dans leurs jeux & dans leurs divertissemens. Le Titien a peint dans vn Tableau plusieurs Amours, où l'on peut remarquer de quelle sorte il a exprimé la promptitude de leurs mouvemens, & la liberté de leurs gestes. Il faut encore prendre garde qu'ils sont ordinairement timides en presence des personnes âgées, faciles à pleurer pour les moindres déplaisirs, & qu'ils portent aussi-tost les mains à leurs yeux, lors qu'ils sont fâchez, ou qu'ils souffrent quelque douleur.

Les jeunes filles doivent estre modestes & gracieuses; toutes leurs actions plûtost tranquilles qu'agitées; bien qu'Homere, dont Zeuxis suivoit, à ce qu'on dit, les pensées, aimast à voir dans les femmes de l'enjouëment & de la gayeté.

Quant aux jeunes hommes, il faut les representer avec des mouvemens plus vifs, qui marquent vne promptitude d'esprit, vne liberté & vne force de corps. Dans les hommes faits, il faut faire paroistre des mouvemens plus fermes & plus posez, des attitudes nobles, & propres à remuer les bras & les jambes, avec force & facilité. Leonard de Vinci observe que les vieilles femmes doivent paroistre audacieuses & promptes ; qu'il doit y avoir dans leurs actions quelque chose d'extraordinairement animé ; mais que ces expressions doivent estre sur leurs visages & dans leurs bras, & leurs mains, plûtost que dans leurs jambes. Les vieillards au contraire seront peints avec des mouvemens lents & tardifs. Il faut qu'il paroisse dans leurs membres vne foiblesse & vne lassitude, en sorte que non seulement ils soient ordinairement posez sur les deux pieds, mais encore appuyez sur quelque chose qui les soûtienne.

Je vous diray de plus que ce n'est pas seulement dans les hommes & dans les femmes qu'vn Peintre doit observer les actions & les mouvemens ; il faut qu'il étudie ceux des autres animaux, pour les representer conformément à leurs especes. Et comme la partie la plus élevée de ceux qui ont quatre pieds, reçoit beaucoup de changement lors qu'ils marchent, à cause de l'agitation des quatre jambes, il doit prendre garde que ce changement est d'autant plus considérable, que l'animal est grand.

Il doit considerer encore le mouvement des choses inanimées, comme des arbres, dont les branches, lors qu'elles sont agitées du vent, font divers tours, & se ployent en plusieurs maniéres, selon qu'elles sont poussées, tantost d'vn costé, tantost d'vn autre; quelquefois se renversant en arriére contre le tronc, & d'autrefois se jettant en dehors, & se baissant vers la terre. Les plis des draperies ont presque les mesmes agitations : Car comme il sort diverses branches d'vn arbre, de mesme il sort d'vn vestement plusieurs plis, qui se répandent & se jettent en differentes maniéres, selon que le vent ou le mouvement du corps les agite.

Je ne puis m'empescher de repeter encore que tous ces divers mouvemens doivent estre representez doux, moderez & agréables, aussi-bien que ceux des figures, en sorte qu'ils se fassent moins admirer par le travail & le soin qu'on aura pris à les bien finir, que par la grace & la facilité qui doit y paroistre.

Et à cause que les habits sont ordinairement pesans, & tendent contre terre, il faut, quand on veut faire joüer les plis, qu'il y ait dans la personne qui les porte, vn mouvement plus fort, ou bien vn vent qui les agite & les souleve; Mais aussi il faut que ce vent souflé également sur toutes les autres Figures du Tableau, lors qu'elles sont dans vn lieu propre pour le recevoir, & ne pas faire des draperies, dont les vnes soient emportées d'vn costé, & les autres d'vn autre, ny aussi que leurs plis soient trop rompus & trop arrangez : Car il s'en voit qui paroissent comme des tuiaux d'orgues; d'autres qui vont diminuans de grosseur, comme les cordes d'vne harpe; & enfin d'autres si cassez, qu'ils ressemblent à de la carte, ou à du papier plié.

Ce n'est pas vne petite science que de bien draper vne Figure. Les grands Peintres ont toûjours consideré les vestemens comme vne chose tres-malaisée; & mesme, ce qui vous paroistra incroiable, comme plus difficile que le nud. Annibal Carache, qui, aprés Raphaël, a esté vn de ceux qui a le mieux sceû les accommodemens des draperies, prenoit plus de peine à les faire, qu'à representer vne Figure nuë : Et quand il estoit obligé d'y travailler, il les deſſeignoit toûjours, ou les faiſoit deſſeigner par ſes diſciples ſur des perſonnes meſmes, & enſuite les accommodoit ſur vne de ces Figures de bois, que les Peintres appellent Manequins, pour les peindre avec plus de loiſir. L'on dit auſſi que Raphaël deſſeignoit ſouvent ſes draperies d'aprés les Peintres qui travailloient ſous luy, parce qu'ils ſçavoient mieux que d'autres perſonnes s'accommoder d'vne maniére qui fiſt paroiſtre de beaux plis.

Il me vient en penſée, dit Pymandre, que les Italiens ſe ſont plus portez à donner de l'action à leurs Figures que les Flamans, parce que naturellement ils ont l'eſprit plus vif, & le geſte plus animé.

Il eſt certain, luy dis-je, que les Peintres ſe peignans eux-meſmes, ceux d'Italie, qui en effet ont l'eſprit plus prompt, ſe ſont portez à des entrepriſes plus extraordinaires que les autres, qui n'ont repreſenté que des actions ordinaires. Ce n'eſt pas qu'il n'y ait eû des Peintres Flamans, qui ont ſceû donner de l'action & du mouvement à leurs Figures. Ce Pierre Koeck, dont je vous ay tantoſt parlé, diſpoſoit agréablement vne compoſition d'Ouvrages. Au retour de ſes voyages il grava en

A A a iij

bois toutes les cérémonies qui s'obſervent par-my les Turcs, où l'on voit dans toutes ſes Fi-gures vne grande facilité, & beaucoup d'expreſ-ſion. Il y a des cheveux fort bien deſſeignez; & les habits, & les ornemens y ſont exécu-

LE VIEUX BRUGLE. tez avec beaucoup d'entente. Le VIEVX BRVGLE, dont vous avez tant ouy parler, eſtoit ſon diſciple ; il ſe nommoit Pierre, & eſtoit natif d'vn village nommé Brugle, pro-che Breda.

Entre les Peintres qui ont encore eû de la reputation au deçà des Monts, il y en eût vn, qui du temps d'Albert, & de Lucas, travailla avec grande eſtime ; mais que la Na-ture ſeule avoit vray-ſemblablement élevé au

JEAN HOLBEN. point où il a paru. C'eſt JEAN HOLBEN, natif de la ville de Baſle. Sa manière de pein-dre toute particulière fait conjecturer que ce fut par ſon travail, & par ſon propre juge-ment, qu'il ſe perfectionna luy ſeul dans cét Art, n'ayant jamais eſté en Italie, ny veû ail-leurs des exemples ſur leſquels il ait pû ſe former. Les premières Pièces qui le firent connoiſtre fut vne danſe des Morts, qu'il pei-gnit dans l'Hoſtel de Ville de Baſle, où ſous pluſieurs Figures il a repreſenté des perſonnes de tous âges, & de toutes conditions. Lors

ET SUR LES OUVRAGES DES PEINTRES. 375
qu'il travailloit à cét Ouvrage, il fit amitié Holbein.
avec Erasme de Roterdam, qui estoit à Basle,
où il faisoit imprimer ses Oeuvres. Holben fit
son Portrait ; & Erasme fâché qu'vn si excellent homme demeurast dans vn Païs, où l'on
ne connoissoit pas assez son merite, le publia
par tout, & luy persuada d'aller en Angleterre, où le Roy Henry VIII. traitoit favorablement les hommes extraordinaires, & leur
faisoit part de ses liberalitez. Le desir d'aquerir du bien & de l'honneur le firent aisément resoudre à ce voyage ; & d'autant plus
volontiers, que ce luy fut vn honneste sujet
pour se separer d'avec sa femme, dont la mauvaise humeur l'incommodoit plus que toutes
choses : Ce qui luy faisoit souvent repeter, que
ce que dit vn Poëte Grec est bien veritable, *Euripide.*
que les Dieux ont donné aux hommes des
remedes contre les bestes, mais qu'il n'y en a
point pour se défendre contre vne mauvaise
femme. Il crût que le seul, dont il pouvoit se
servir, estoit l'éloignement ; & ainsi prenant
l'occasion qui se presentoit, il partit de Basle
pour aller en Angleterre. Erasme luy donna
des lettres de recommandation pour Thomas
Morus, Grand Chancelier d'Angleterre, son
intime ami, auquel il envoya aussi son Por-

trait qu'Holben avoit fait. Comme Erasme mandoit par ses lettres le merite d'Holben, Morus le receût avec beaucoup de joye, & fit grande estime de son Ouvrage. Il le logea chez luy, sans le faire connoistre à personne, afin de pouvoir l'entretenir plus commodément, & posseder les premiers fruits de son travail. Il fit d'abord plusieurs Portraits, entr'autres ceux de Morus, de sa femme, & de ses enfans, lesquels il plaça dans vne salle : Et le Roy s'estant trouvé quelques jours aprés à vn magnifique festin, où Morus l'avoit invité avec les principaux Seigneurs de la Cour, ils furent tous surpris lors qu'ils virent dans cette salle tant de Portraits, qui leur parurent comme autant de personnes vivantes. Morus voyant que le Roy prenoit plaisir à les regarder, le supplia de vouloir les recevoir : ce qu'il fit, & demanda s'il ne pouvoit point avoir le Peintre qui les avoit faits. Morus l'ayant fait venir, le presenta au Roy, qui luy fit beaucoup de caresses, & laissa à Morus ses Portraits, luy disant que puis qu'il avoit celuy qui les avoit peints, il en pouvoit avoir d'autres ; Et déslors le Roy prit Holben en si grande affection, qu'il luy en donna bien-tost des témoignages, & mesme cela parut à la Cour

ET SUR LES OUVRAGES DES PEINTRES. 377

Cour par vne rencontre assez fâcheuse. Comme Holben faisoit le Portrait d'vne femme, & qu'il ne vouloit pas qu'on le vist travailler, il y eût vn Seigneur des principaux de la Cour, qui demanda à entrer dans sa chambre. Holben vsa de toutes sortes de priéres pour l'en empescher : mais plus il faisoit de difficulté, & plus ce Seigneur le pressoit ; en sorte que voulant vser de violence, Holben le repoussa si rudement, qu'il le fit tomber de l'escalier en bas. Il s'écria aussi-tost, & ses gens estans accourus, & le voyant blessé, se mirent en estat de rompre la porte pour entrer, afin de venger leur Maistre. Holben se baricada si bien, qu'ils n'en pûrent venir about ; & s'estant sauvé par le haut de la maison, il alla se jetter aux pieds du Roy, qui luy pardonna, ayant sceû comme la chose s'estoit passée. Un peu aprés le Seigneur qui avoit esté blessé s'estant fait porter chez le Roy en l'estat qu'il estoit, luy fit sa plainte, & demanda que l'on punist exemplairement celuy qui l'avoit osé traitter de la sorte, imposant à Holben plusieurs choses fausses, pour aigrir davantage le Roy contre luy : Mais comme il estoit informé de la verité, & que d'ailleurs il avoit de l'affection pour Holben, il fit connoistre à ce Sei-

BBb

gneur qu'il ne pouvoit le satisfaire de la manière qu'il desiroit, dont il fut si irrité, que perdant tout d'vn coup le respect, il jura hautement qu'il sçauroit bien se venger luy-mesme. Le Roy en colere luy dit, que puis qu'il estoit assez hardi pour mépriser son autoté en parlant de la sorte, que c'estoit à luy qu'il auroit affaire, & non plus à Holben ; & qu'il vouloit bien qu'il sceust qu'il pouvoit faire quand il voudroit des Comtes comme luy, mais qu'il ne pouvoit pas faire vn Holben, & que pour cela il luy commandoit de quitter le desir de vengeance qu'il avoit. Ce Seigneur surpris de la colere du Roy, modera la sienne, & luy promit de faire ce qu'il luy commanderoit ; ainsi cette affaire demeura entiérement assoupie.

Holben continuant à travailler fit le Portrait du Roy, grand comme nature, qui parut vne chose admirable, tant il representa bien la mine de ce Prince, & les veritables traits de son visage. Il peignit aussi le Prince Edoüard, & les Princesses Marie & Elizabeth, qui estoient encore fort jeunes. Ces Portraits ont esté long-temps dans le Palais de Withal.

Il fit encore pour la Confrairie des Chirurgiens de Londres vn Tableau, où le Roy

ET SUR LES OUVRAGES DES PEINTRES. 379

Henry VIII. estoit representé assis dans vne chaise, donnant les Privileges aux Chirurgiens qu'on voit à genoux devant luy. On croit pourtant que ce Tableau n'est pas entiérement de sa main, & qu'il fut achevé par vn autre Peintre qui imita sa maniére.

Il y avoit encore dans la maison des Ostrelins, dans la salle du Convive, deux Tableaux à détrempe, qu'on a veûs icy depuis quelques années, & qu'on avoit envoyez de Flandres.

L'vn represente le triomphe de la Richesse, & l'autre celuy de la Pauvreté. La Richesse est figurée par le Dieu Plutus, qui est vn vieillard chauve, assis sur vn char à l'Antique, & magnifiquement orné. Ce char est tiré par quatre chevaux blancs superbement harnachez, & conduits par quatre femmes, dont les noms sont écrits au dessus. Le Dieu des Richesses se baisse pour prendre de l'argent dans vn coffre & dans des sacs, afin de le répandre parmi le peuple. On voit auprés de luy la Fortune & la Renommée, & à costé Cresus & Midas. Il y a autour de son char plusieurs personnes, qui s'empressent pour amasser l'argent qu'il répand.

Dans l'autre Tableau est la Pauvreté, representée par vne vieille femme maigre, assise sur vne gerbe de paille. Son char eſt rompu en divers endroits, & tiré par vn cheval & par vn aſne fort décharnez. Devant ce char marchent vn homme & vne femme, les bras croiſez, & le viſage triſte ; & toutes les figures qui l'environnent ne repreſentent que pauvreté, & que miſere. Il y a quelque choſe de ſingulier dans la diſpoſition & dans l'exécution de ces Tableaux ; & l'on dit meſme que Frederic Zuccaro eſtant en Angleterre en 1574. ſe donna la peine de les copier ; mais ce qu'il eſtima beaucoup, fut le Portrait d'vne Dame Angloiſe veſtuë de ſatin noir, qui eſtoit à l'Hoſtel de Pembroc.

Holben appelloit ſa piéce d'honneur le Tableau à détrempe, où il avoit repreſenté Thomas Morus, ſa femme, & ſes anfans, grands comme nature, parce que ce fut le premier ouvrage qu'il fit en Angleterre pour ſe mettre en reputation. On voit plus de Portraits de luy que d'autres ſortes d'ouvrages. Il fit le ſien par deux fois ; mais outre ce qu'il a peint, il a fait quantité de deſſeins pour des Graveurs, des Sculpteurs, & des Orfévres. Il y a de luy des Figures de la Bible en taille de bois, qui ſont gravées avec beaucoup de netteté, comme auſſi cette danſe des morts qu'il a peinte à Baſle.

Il eſtoit gaucher, & ne pouvoit travailler Holben. de la main droite; ce qu'il a eû de commun avec Turpilius, cét ancien Peintre, & Chevalier Romain, qui pour cela eſtoit admiré de ſon temps. Enfin, Holben ayant embelly l'Angleterre de ſes Ouvrages, & porté ſa réputation par toute l'Europe, fut attaqué de la peſte, dont il mourut à Londres l'an 1554. âgé de cinquante-ſix ans. L'année d'aprés JEAN MOSTAR mourut. Il eſtoit d'Harlem en Holande, & faiſoit des Païſages & de petites Figures.

Mais je ne me ſouvenois pas de vous parler d'vn Peintre de Bruxelles, contemporain d'Albert Dure, & qu'on peut dire avoir eſté vn des plus ſçavans de tous ceux qui paroiſſoient alors dans les Païs-bas. Il ſe nommoit ROGER VANDERVVYDE, & a peint dans l'Hoſtel de Ville de Bruxelles pluſieurs Tableaux, Roger Vandervvyde. où il a repreſenté des exemples de juſtice les plus memorables que l'Hiſtoire luy a pû fournir; entre leſquels il y en a vn qui a grand cours en Flandres, & que pluſieurs * Autheurs ont rapporté. La beauté de cette Peinture merite bien que je vous en faſſe le recit. Erchenbaldus de Burban, homme illuſtre & puiſſant, & que quelques-vns quali-

*Ceſarius *l.* 9. *c.* 38.
Cantipratenſis *l.* 2. *c.* 36. *part.* 6.
Fulgoſ. *l.* 1. *c.* 6.
Del Rio diſq. mag. *l.* 4. *c.* 6. quæſt. 3.

VANDER-VVYDE. fient de Comte, avoit vn si grand amour pour la justice, que sans faire acception de personne, il ne pardonnoit aucun crime. Comme il estoit malade, & en danger de mort, vn de ses neveux, fils de sa sœur, ayant attenté à la chasteté de quelques femmes, il commanda aussitost qu'on s'en saisist, & qu'on le menast au supplice. Ceux qui receûrent cét ordre, eûrent compassion de la jeunesse de son neveu; & l'ayant seulement averti de s'absenter, ne laisserent pas de faire sçavoir au malade qu'ils avoient exécuté ses commandemens. Mais cinq jours aprés, le jeune homme qui croyoit la colére de son oncle déja passée, alla imprudemment dans sa chambre pour le visiter. Le malade l'appercevant, dissimula son courroux, & luy tendant les bras, l'invita par des paroles obligeantes à s'approcher de luy; mais lors qu'il pût l'embrasser, il luy passa vn de ses bras sur le col, & le serrant de toute sa force, luy donna de l'autre main d'vn coûteau dans la gorge, & luy ostant la vie, devint luy-mesme l'exécuteur de la justice, qu'il avoit ordonné de faire. Le corps mort, & tout sanglant ayant esté emporté, le peuple vit avec horreur vn spectacle si tragique, & si cruel. Cependant la maladie d'Erchenbaldus commença d'augmenter; & l'Evesque du lieu estant venu pour le confesser, fut tout surpris de voir que le malade s'accusant avec vne douleur extrême de tous ses pechez, il ne parloit point du meurtre de son neveu, qu'il venoit de commettre : de quoy l'ayant averti, il soûtint qu'en cela il n'avoit commis aucun mal, n'ayant rien fait que par la crainte qu'il avoit de Dieu, & pour le zele de la Justice : ce qui fâcha si fort l'Evesque, qu'il luy refusa l'absolution, & remporta le sacré Viatique : Mais à peine estoit-il sorti de la maison, que le malade le fit appeller, & le pria de voir si la sainte Hostie estoit dans le Ciboire; & comme l'Evesque l'eût ouvert, & qu'il fut tout estonné de n'y trouver rien : Voilà, dit le malade, celuy que " vous m'avez refusé qui s'est donné luy-mesme " à moy; Et ouvrant la bouche, montra la sain- " te Hostie sur sa langue. De quoy l'Evesque fut si surpris, qu'il fut obligé d'approuver ce qu'il avoit condamné auparavant, & de faire sçavoir à tout le monde vn si grand miracle, qui arriva environ l'an mil deux cens vingt.

Cette Histoire est representée par ce Vandrewyde, qui a fait voir dans ses Figures des expressions qui surpassent tout ce que les autres Peintres, dont je viens de parler, ont jamais fait de plus beau. Il mourut en mil cinq cens vingt-neuf.

SCHOO-REL.

Quelques années aprés JEAN SCHOOREL commençoit à paroistre avec estime en Holande, où alors il y avoit quantité de Peintres, aussi-bien que dans toutes les autres Provinces des Païs-Bas. Jean fut nommé Schoorel, à cause d'vn Village qui est proche d'Almaer en Holande, où il prit naissance en l'an 1495. Il estudia d'abord à Amsterdam chez Jacob Cornille Peintre ; mais estant devenu amoureux de sa fille, qui n'avoit alors que douze ans, il alla demeurer chez Jean Maubuge, en attendant que cette fille fust en âge d'estre mariée ; & afin que le temps luy ennüiast moins, il résolut de voyager ; de sorte qu'il alla en Allemagne, où il vit Albert Dure. De là il passa à Venise, d'où il partit avec plusieurs autres, pour faire le voyage de la Terre Sainte. Il n'avoit alors que vingt-cinq ans ; & afin de profiter de ses voyages, il desseigna presque tous les lieux où il se rencontra, particuliérement ceux de la Terre Sainte, la ville de Jerusalem, & tout ce qu'il y avoit de plus remarquable. Il desseigna aussi les Costes & les Isles par où il passa ; entre

autres

ET SUR LES OUVRAGES DES PEINTRES. 385
autres celles de Candie & de Cypre. Eſtant de retour à Veniſe, il alla à Rome, où il copia tout ce qu'il trouva de plus beau, & meſme y travailla pour le Pape Adrian VI. qui le retint à ſon ſervice. Enſuite il retourna en Holande, où ayant appris que ſa Maiſtreſſe eſtoit mariée, il pourſuivit vn Canonicat dans l'Egliſe de Noſtre Dame d'Utrech ; & l'ayant obtenu, y établit ſa demeure. Il ne laiſſa pas de faire pluſieurs Tableaux, qui avoient plus du gouſt d'Italie, que ceux qu'on avoit faits juſqu'alors dans les Païs-Bas. Le Roy François I. tâcha de l'attirer en France ; & comme il avoit pluſieurs bonnes qualitez, il eſtoit cheri de toutes les perſonnes de condition. Il eſtoit Poëte, Muſicien, & joüoit fort bien de pluſieurs inſtrumens. Antoine More qui eſtoit ſon diſciple, fit ſon Portrait deux ans avant ſa mort, qui arriva l'an 1562. eſtant pour lors dans ſa ſoixante-ſeptiéme année.

Il y avoit en ce temps-là dans la Ville d'Anvers vn fameux Païſagiſte nommé MATHIAS COCK ; & dans celle de Liége vn Peintre nommé LAMBERT LOMBART, qui avoit voyagé en Italie, & qui fut Maiſtre de Hubert Goltius, de François Floris, & de quelques autres.

M. Cock.

Lambert Lombart.

CCc

FRANC-FLORE.

Ce François Floris, que l'on nomme d'ordinaire FRANC-FLORE, nâquit à Anvers l'an 1520. Son pere avoit nom Cornille Floris, Tailleur de pierre. Aprés avoir étudié à Liége fous Lombart, il s'en alla à Rome, où il deſſeigna beaucoup d'aprés les Ouvrages de Michel-Ange. Eſtant revenu à Anvers, il y vivoit ſplendidement, & ſouvent dans la débauche; il avoit meſme la réputation d'vn des plus grands beuveurs de ſon temps. Il travailloit avec facilité, d'vne maniére vn peu dure & chargée. Il a fait les travaux d'Hercules, que l'on voit gravez. Il laiſſa pluſieurs Ouvrages, & beaucoup d'Eleves, & mourut âgé de 50. ans, l'an 1570.

MARTIN HEEMSKERKE.

MARTIN HEEMSKERKE, ainſi nommé à cauſe d'vn Village de Holande d'où il eſtoit, eſtudia d'abord ſous vn Jean Lucas, puis ſous Schoorel. Il mourut à Haerlem l'an 1574. âgé de 76. ans.

Vous parlez d'vn Peintre, dit Pymandre, dont peut-eſtre ne ſçavez-vous pas tout ce qu'il a fait durant ſa vie?

J'avouë, repartis-je, que je ne m'en ſuis pas beaucoup mis en peine, non plus que de beaucoup d'autres qui vivoient alors dans ces Païs-là, parce que je n'ay recherché que les

ET SUR LES OUVRAGES DES PEINTRES. 387
Ouvrages de ceux, dans lesquels on voit quelques parties qui meritent d'estre considerées.

Ce n'est pas de ses Tableaux dont je veux parler, repliqua Pymandre; mais comme vous avez remarqué dans quelques Peintres Italiens des actions particuliéres pour me faire connoître leur humeur & leur maniére de vie, je vous feray part de ce que j'ay appris sur les lieux de ce Peintre Holandois. Ayant beaucoup travaillé pendant qu'il vivoit, il mourut assez riche ; & pour laisser quelque memoire de luy, il legua par son Testament de quoy marier tous les ans vne fille du Village d'où il estoit ; mais ce fut à condition que le jour des nopces le Marié & la Mariée, avec tous les conviez, iroient danser sur sa fosse : ce qui se pratiquoit si religieusement, à ce qu'on m'asseûra, qu'encore que le changement de Religion arrivé en ces Païs-là eust fait démolir & abbattre toutes les Croix des Cimetiéres, les Habitans néanmoins de Heemskerke n'ont jamais voulu permettre qu'on ostast celle qui est sur la fosse de ce Peintre, laquelle est de cuivre, & leur sert comme d'vn titre pour joüir du dot & de la donation faite à leurs filles.

CCc ij

J'avoüe, répondis-je, que je ne sçavois pas cette particularité, qui fait voir que s'il y a eû des Peintres qui aimoient beaucoup les richesses, comme nous en avons remarqué parmi les Italiens; il y en a eû d'autres qui ont recherché la danse, & des divertissemens jusques aprés leur mort, & qu'ils sont tous differens dans leurs mœurs, aussi-bien que dans leurs ouvrages.

Par tout ce que vous m'avez dit, repliqua Pymandre, je voy que la difference qu'il y a dans leurs Tableaux ne vient que de ce grand nombre de parties qui sont necessaires dans la Peinture; & que si l'on connoissoit les difficultez qu'il y a pour s'y perfectionner, je ne croy pas qu'il se trouvast tant de Peintres que nous en voyons.

Il n'est pas besoin, repartis-je, que tous ceux qui commencent quelque étude connoissent la peine qui s'y rencontre; c'est assez qu'ils se mettent dans le bon chemin, & qu'ils se laissent conduire par la forte inclination qui les entraîne. Celuy qui veut s'appliquer à la Peinture ne doit pas s'étonner, si d'abord il trouve beaucoup d'obstacles, & s'il n'exécute pas aisément toutes choses. Il arrivera mesme qu'il ne pourra pas en acquerir vne connoiffance génerale, comme nous avons dit tantoft, ou que l'ayant aquife il en trouvera la pratique tres-difficile. Cependant je ne confeillerois pas à cét homme-là de quitter le pinceau ; je l'exhorterois plûtoft à fe fortifier dans ce qui luy eft le plus facile, s'il n'a pas vn genie affez grand pour fe rendre vniverfel. Par exemple, s'il n'eft pas abondant en inventions, qu'il tâche au moins de poffeder parfaitement la connoiffance de fon Art, afin de ne rien faire que de correct & de judicieux ; s'il n'a pas le talent de donner à fes figures toutes la grace qu'il voudroit, qu'il les rende confidérables par la force & par la majefté. Si quelqu'vn le furpaffe dans la gentilleffe, & dans l'agréement de fes Ouvrages, qu'il s'efforce de le vaincre par fon fçavoir & par fa diligence. Quoy que tout le monde ne puiffe pas monter au degré de perfection, où les plus grands hommes font arrivez, on peut néanmoins fe rendre confidérable en quelque partie.

M'eftant arrefté, Pymandre demeura auffi quelque temps fans parler ; & aprés avoir repaffé dans fon efprit ce que je venois de dire, Vous venez, dit-il en me regardant, de remarquer autant qu'il fe peut toutes les beautez de la nature ; & il me semble que vous m'avez suffisamment fait connoistre les choses qu'on doit apprendre pour se perfectionner dans la Peinture ; mais si par ces remarques vous avez donné des enseignemens propres à choisir ce qui est beau, & rejetter ce qui est difforme ; dites moy, je vous prie, de quelle maniére vn Peintre se doit conduire dans son travail.

Ne vous ay-je pas fait voir, repartis-je, que le dessein estant le fondement & la base de toute cette grande machine de la Peinture, il faut qu'il s'y fortifie autant qu'il pourra ; qu'il desseigne ce qu'il y a de plus beau parmi les Antiques ; qu'il les confére avec le naturel, pour en corriger les défauts ; qu'il examine tout ce qu'il y a de grand, de noble, & de gracieux dans les bas-reliefs ; & qu'il ne laisse rien de ce qu'il trouvera de plus excellent, sans en faire des memoires. Raphaël estoit souvent parmi les ruines du Colisée, & des vieux Palais, où il consideroit ces beaux restes de l'Antiquité, pour s'en former vne parfaite idée : Aussi est-il vray qu'il l'a eüe si belle, que toutes ses figures ont la grace & la majesté des plus belles Statuës que les Grecs nous ont laissées.

ET SUR LES OUVRAGES DES PEINTRES. 391

Ce n'eſt pas qu'vn Peintre doive copier toutes les Statuës qu'il voit, ny tous les Tableaux qui ſont en eſtime : il y employeroit trop de temps ; il ſuffit qu'il les regarde, qu'il les obſerve, & qu'il faſſe vn choix judicieux des plus belles parties. Il doit imiter les abeilles dans l'ordre de ſes études. Quand elles vont en queſte, elles ne s'attachent qu'à vne ſorte de fleurs ; & avant que d'eſtre déchargées du butin qu'elles y ont fait, on ne les voit point voller à celles d'vne autre eſpece.

Ainſi il partagera ſon temps, tantoſt à deſſeigner, tantoſt à remarquer ce qui eſt beau dans Raphaël, & tantoſt à copier l'Antique, ſans jamais abandonner le naturel, qui doit eſtre ſon principal objet, afin de ne ſe point faire de maniére. Ariſt. hiſt. de Animal. l. 9. c. 40.

Et lors qu'il ſera bien inſtruit de toutes ces choſes, repliqua Pymandre, comment doit-il exécuter ſes penſées, & pratiquer ce qu'il a appris ?

Il y a pour cela, repartis-je, deux moyens ou deux inſtrumens principaux qui luy ſont propres, qu'il ne cherche point hors de luymeſme, & dont il ſe doit ſervir d'abord. L'vn eſt la veûë, l'autre eſt la raiſon, ou le jugement. Quoy que ces inſtrumens concourent tous deux à repreſenter les meſmes choſes, ils y arrivent néanmoins fort ſouvent par des voyes differentes. Le jugement qui ſe conduit avec retenuë, & qui cherche toûjours le chemin le plus aſſeûré, ſe ſert des moyens les plus certains pour exécuter ſon ouvrage, tâchant meſme de profiter des inventions & du travail d'autruy.

Les yeux au contraire ne ſe fient qu'à eux-meſmes, ne croyent que les choſes qui les touchent, & ne veulent repreſenter les objets que de la ſorte qu'ils les voyent. Cependant il n'y a rien, comme vous ſçavez, qui ſe trompe ſi aiſément que noſtre veüë ; car pour peu qu'il y ait d'alteration, & de changement, ou dans noſtre œil, ou dans l'objet que nous regardons, ou dans l'eſpace qui eſt entre cét objet & noſtre œil, il ſe trouvera vne notable difference entre l'original & la figure que nous en ferons. Nonobſtant cela l'œil ne laiſſe pas d'avoir la meilleure part aux choſes que nous faiſons ; c'eſt luy qui le premier les approuve, ou qui les condamne ; & nous voyons ſouvent qu'il l'emporte ſur la raiſon, quand les choſes ont le bonheur de luy plaire. C'eſt pourquoy il faut que le Peintre tâche, autant qu'il peut, d'accorder enſemble

la

la veüe & la raison, afin qu'il ne fasse rien qui ne soit au gré de toutes deux.

Pour cét effet il doit étudier la Géometrie, & la Perspective, principalement cette derniére, qui est comme vne regle certaine pour mesurer les Ouvrages, ou plûtost vne lumiére tres-claire, qui luy découvrira ses défauts, & l'empeschera de tomber dans plusieurs manquemens inévitables à ceux qui l'ignorent.

Vous sçavez bien qu'il n'y a point de difference entre plusieurs Figures qui composent l'ordonnance d'vn Tableau, & plusieurs corps d'Architectures, pour ce qui regarde le moyen de les mettre en Perspective; & que le cadre d'vn Tableau n'est consideré que comme le chassis d'vne porte ou d'vne fenestre, par laquelle on découvre plusieurs objets, qui doivent estre representez sur vne toille, comme ils paroistroient dans la nature.

Il seroit veritablement difficile de réduire toutes les parties du corps humain dans leur raccourcy avec des lignes, comme l'on feroit vn membre d'Architecture, parce qu'il y auroit vn grand embarras des différentes lignes qu'il faudroit tirer pour tracer le géometral de tous les corps qui se trouveroient en diverses attitudes dans vn mesme Tableau.

Les Peintres néanmoins doivent réduire les principales parties dans leur juste hauteur & grosseur ; & qui voudroit se donner la peine, & prendre le temps necessaire pour cela, il n'y a rien de si particulier qu'on ne pûst bien faire. Mais la veûë & la raison suppléent au défaut de la regle, & doivent exempter ceux qui travaillent, d'vne quantité de lignes qui leur causeroient vn travail presque infiny.

On desseigne mesme bien souvent à veûë d'œil, non seulement vne disposition de figures, mais encore des bastimens ; & en cela celuy qui a l'œil le plus juste réüssit le mieux, les choses se trouvant en Perspective quand elles sont bien faites : Mais comme il est difficile d'y estre toûjours assez exact, parce que l'œil se peut aisément tromper ; ceux qui veulent estre fort corrects, aprés les avoir desseignées à veûë d'œil sur le naturel, les réduisent encore en leur place par les regles de la Perspective ; & ces regles sont si necessaires, qu'il y a mesme des personnes qui se servent, ou d'vn petit treillis, ou d'vn verre, pour avoir la veritable place des objets qu'ils veulent peindre. Leonard de Vinci, & Leon Baptiste Albert conseillent au Peintre de se servir de ces deux moyens, pour desseigner aprés la bosse, parce qu'on ne peut se mouvoir si peu, que les superficies d'vne figure ne changent aussi.

C'est donc pourquoy, dit Pymandre, j'ay veû des Peintres se servir d'vn compas, pour mesurer toutes les parties du visage, lors qu'ils font des Portraits; & en effet, quand l'on en prend ainsi les grandeurs, je croy qu'on ne se peut tromper.

Encore qu'il importe fort peu, repris-je, de quelle façon l'on ait agy, lors qu'on a mis son ouvrage dans vn estat tout-à-fait accomply; il ne faut pas néanmoins s'accoustumer dans les commencemens à ces sortes de réductions, parce qu'il est beaucoup plus avantageux de comprendre les choses par la force de l'esprit, & la justesse de l'œil, que d'employer ces instrumens, dont le secours mesme embarasse, & ne fait que rendre les ouvriers plus negligens. Aussi Michel-Ange avoit accoûtumé de dire que la proportion doit estre dans les yeux des Peintres, afin qu'ils sçachent par eux-mesmes juger de ce qu'ils voient.

Mais, continuay-je, en regardant Pymandre, je croyois ne m'entretenir avec vous que des Peintres qui ont esté en réputation, & vous dire mon sentiment sur leurs ouvrages: Cependant vous m'engagez insensiblement à vous parler des regles de l'Art.

Pymandre m'interrompant auſſi-toſt, Nous n'avons pas beſoin, dit-il, pour nous entretenir, de prendre tant de précautions : nous ne quittons pas pour cela noſtre ſujet ; & puiſque l'occaſion s'en preſente, je ſeray bien-aiſe d'apprendre comment il faut ſe conduire dans la pratique de la Peinture, lors que l'on commence à s'y appliquer.

Quand vn Peintre, repris-je, ne deſſeigne que pour ſon étude particuliére, ſoit aprés la boſſe, ſoit aprés le naturel ; il importe peu de quelle lumiére il ſe ſerve, c'eſt à dire, du jour, ou de la lampe : il doit néanmoins faire en ſorte que ſon modelle ſoit diſpoſé de telle façon, que les ombres y tombent doucement, & ne cauſent point de difformitez, parce qu'il ne faut pas s'accoûtumer à rien faire qui ne ſoit beau. Pour cét effet, s'il deſſeigne à la clarté d'vne lampe, il peut mettre vn chaſſis huilé entre la lumiére & ſa figure, afin que les ombres en ſoient moins tranchées ; & s'il deſſeigne dans le grand jour, prendre vne lumiére qui tombe d'enhaut, & qui ne faſſe pas des ombres trop fortes. Que s'il travaille à faire vn Portrait, il faut conſiderer le lieu où il eſt ; car les parois peuvent donner des reflais ſi forts & ſi deſagréables ſur le viſage de la personne qui se fait peindre, que l'Ouvrier travailleroit en vain, pour faire quelque chose de beau.

C'est pour cela que Leonard de Vinci veut que le Peintre accommode vn lieu tout exprés. Quand donc il veut desseigner seulement pour son étude, il n'importe pas de quelle sorte il donne le jour à ses Figures, comme nous avons dit ; mais lors qu'il veut s'en servir dans la composition d'vn Tableau, alors il faut vser d'autres précautions. Il doit avoir égard au lieu où se passe son histoire ; si c'est à la campagne, ou dans vn endroit fermé, afin de donner des lumiéres propres & convenables à toutes les Figures.

Il n'y a point de doute qu'vne lumiére diffuse qui vient d'enhaut, & qui n'est point trop forte, est tres-avantageuse, & fait paroistre avec grace jusques aux moindres parties du corps.

Les Peintres ne desseignent pas d'abord avec justesse toutes les parties qui entrent dans vn ouvrage ; ils en font vne legere esquisse, où ils établissent seulement l'ordre de leurs pensées pour s'en souvenir. Car les images des choses qui se presentent à nous, & des passions que l'on veut representer, passent avec vn mouvement si subit, qu'elles ne donnent pas le loisir à la main de les figurer : Et lors qu'vne fois elles sont dissipées, les idées si fortes & si nettes que l'on avoit dans l'esprit, ne pouvant plus estre bien exprimées, il est difficile de donner à vn ouvrage cette beauté, & cette grace qu'on y demande : Et quelque soin qu'on prenne à bien disposer toutes ses parties, on verra néanmoins qu'elles ne sont point conduites avec vn mesme feu. C'est ce feu pourtant qu'il ne faut pas laisser éteindre, mais le bien mesnager. Virgile, à ce qu'on dit, composoit dans sa chaleur poëtique les beaux Ouvrages qu'il nous a laissez, attendant à polir ses Vers, qu'ils fussent tous enfantez; aprés quoy il les perfectionnoit, les formant, s'il faut ainsi dire, peu à peu, comme l'Ourse fait ses petits.

L'on ne peut point dire de quelle sorte le Peintre doit produire ses pensées ; cela dépend de la force de son imagination. Je diray seulement que la verité en doit estre le fondement; c'est à dire, que la vraye-semblance doit paroistre dans toutes les parties qui composent vne histoire ; Mais il faut que ce soit vne verité, dont les beautez surprenantes semblent estre cachées aux yeux du peuple, & que les esprits du commun n'appercevroient

ET SUR LES OUVRAGES DES PEINTRES. 399
pas, si d'autres plus élevez ne les découvroient: Car il y a quelquesfois des choses qui sont ridicules pour estre trop vraies, & qui pourroient rendre un ouvrage défectueux, si elles n'y paroissoient d'une maniére extraordinaire. Il faut que les Peintres, aussi-bien que les Poëtes, embellissent celles qui sont trop simples d'elles-mesmes, & qu'il y ait dans leurs Tableaux quelque nouvelle invention, qui n'ait point encore esté veüë. Or toute la force de ces belles inventions consiste dans la faculté imaginative, quoy que pourtant nous soyons redevables de la premiére connoissance que nous avons des choses, au sens de la veüë, qui porte dans l'esprit les figures & les couleurs de tous les objets qui se presentent à nous. Et bien que l'Art donne souvent à ce qu'il fait quelque chose qui n'est pas toûjours dans la nature, il n'y doit rien ajoûter neanmoins qui offense la verité, ou qui blesse les yeux. Quand Horace parle du pouvoir qu'ont les Poëtes & les Peintres de feindre quelque chose, il n'entend pas que cette fiction soit trop licentieuse, mais conduite avec artifice. *Fingendi potestas debet esse artificiosa, non etiam immoderata.*

Il y a bien des Peintres, dit Pymandre, qui ne sçavent pas quelles licences leur sont permises, ni jusques où ils peuvent porter la fiction. C'est pourquoy ils doivent prendre garde, qu'en voulant trop enrichir leurs pensées, ils ne les défigurent. Car si vn Poëte doit cacher les choses veritables qu'il raconte sous des figures indirectes & obliques, avec vne certaine grace & vne beauté qu'vn Historien ne doit pas rechercher, il me semble aussi que le Peintre doit suivre la mesme conduite.

Dans la Peinture, comme dans la Poësie, repris-je, les Ouvrages que l'on veut faire paroistre aussi-tost qu'ils sont enfantez, sont rarement corrects & achevez dans toutes leurs parties : Car ce n'est pas toûjours la raison qui les produit, c'est souvent, comme j'ay dit, vn certain feu caché, qui échauffe les Poëtes & les Peintres, & qui les porte impetüeusement à peindre & à faire des Vers. Aussi n'y en a-t-il point qui réüssissent avec plus d'éclat, que ceux que l'on y voit poussez par vn secret sentiment de leur ame ; d'où il arrive que chaque Peintre paroist encore davantage dans les choses qu'il aime. Et à dire le vray, c'est vne grace du Ciel toute singuliére d'estre bon Peintre, aussi-bien que bon Poëte ; il faut que tous les deux soient pourveûs d'vn beau naturel, qu'ils apportent en naissant vne disposition aisée à l'vn & à l'autre de ces

beaux

beaux Arts: & comme tous les hommes sont d'humeurs & de complexions differentes, aussi leurs maniéres & leurs façons de faire ne sont point semblables. Ce sont ces divers temperamens qui font que les Peintres sont si differens dans ce qu'ils font; que les vns sont agréables, les autres terribles; les vns doux & gracieux, les autres pleins de majesté & de grandeur; que les vns prennent plaisir à traiter des sujets nobles & relevez, les autres à representer des actions simples, & les choses les plus communes. Ainsi l'on a remarqué d'vn certain Ardrocydes, qu'il ne peignoit que des poissons; que Dionisius fut surnommé Antropographe, à cause qu'il ne representoit que des hommes; que Parasius se plaisoit à peindre des choses lascives; que Nicias Athenien s'appliquoit particuliérement à bien peindre des femmes; que Pausias prenoit vn singulier plaisir à exprimer la variété des fleurs; & ainsi beaucoup d'autres, qui ont parfaitement réüssi dans les choses pour lesquelles ils avoient vne inclination particuliére.

Car il faut que l'esprit d'vn Peintre entre, s'il faut ainsi dire, dans le sujet mesme qu'il represente. Il ne peut bien peindre vne action, s'il ne la met tellement dans son esprit, qu'il

E E e

la voye comme devant ses yeux, & s'il ne prend les mesmes sentimens des personnes qu'il veut figurer, comme faisoit autrefois ce Polus Comedien, dont vous avez ouï parler. Ce qui a fait dire à Horace, Si tu veux que je pleure, il faut que tu commences le premier, parce que ceux qui sont veritablement passionnez, & ausquels la nature mesme fait dire ou representer quelque chose, ne font & ne disent que ce qui convient à la passion qu'ils expriment, & ainsi sont capables d'émouvoir les autres plus puissamment, que ne peuvent faire tous les secrets de l'Art.

Aul. Gel. noct. att. l. 7.

C'est pour cela que je vous ay dit, qu'il faut s'accoustumer à bien remarquer dans toutes les occasions ce qui est digne d'estre observé, & s'en imprimer fortement les images dans l'esprit, afin d'avoir dans la memoire, comme vn magasin de diverses espéces, qui fournissent par aprés à toutes les choses dont on aura besoin. Elles serviront mesme à fortifier l'imagination, & luy aideront à produire de nouvelles Images: Car elle est si puissante, que comme a fort bien dit vn sçavant Empereur, non seulement elle donne à l'esprit à juger des choses qui sont devant nous, mais elle luy represente encore celles qui sont éloignées de

Julian. Orat. 8.

ET SUR LES OUVRAGES DES PEINTRES. 403
plufieurs lieuës, & les fait voir plus clairement, que ce qui eſt devant nos yeux, & que nous touchons.

Mais ces moyens dont je vous parle dépendent en premier lieu du genie du Peintre : Car s'il eſt grand, il ſe ſent porté à rechercher plûtoſt les belles actions, & les beaux effets de la nature, que les choſes baſſes & communes : En ſecond lieu, de la force de ſon eſprit, qui le fera entrer plus avant dans les paſſions des hommes, pour les bien exprimer dans ſes Tableaux : Et en dernier lieu, de la netteté de ſon jugement, qui luy fera choiſir ce qu'il y a de plus beau, & rejetter ce qui eſt vil & ſuperflu. Ces trois qualitez ſont neceſſaires, pour entreprendre & achever les grands Ouvrages; mais comme elles ſont vn don de nature, & que celuy-là eſt le plus favoriſé du Ciel, qui les poſſede plus parfaitement ; tout ce que l'on peut dire ſur cela ne peut, à mon avis, profiter de gueres à ceux qui n'ont pas vn eſprit déja diſpoſé à les bien comprendre. Cependant je ne laiſſeray pas d'ajoûter, que quand vn Peintre a comme enfanté ſon ouvrage; qu'il en a deſſeigné la compoſition ; qu'il en a fait meſme differentes eſquiſſes, comme faiſoit autrefois Raphaël, s'il eſt aſſez fecond

EEe ij

pour cela ; il doit enfuite raifonner fur toutes les chofes qu'il a efquiffées ; confiderer s'il n'y a point trop ou trop peu de figures pour le fujet qu'il traite ; fi elles agiffent conformément à ce qu'elles doivent reprefenter ; fi le plan ou fcit eft fpacieux, & fans embarras ; fi les lumiéres & les ombres font données à propos, felon la difpofition des figures, & l'arrengement des couleurs, afin que l'ordonnance génerale produife vn bel effet.

Quand il a fait cét examen, il doit réduire en Perfpective tout l'efpace de fon Tableau, afin de mettre fes Figures dans leur jufte diftance ; puis les prenant les vnes aprés les autres, les deffeigner toutes d'aprés nature, le plus correctement qu'il pourra ; & n'oubliant rien de ce que nous avons déja dit, qui regarde la fcience des os, des nerfs, des mufcles, & les proportions convenables, donner à fon modelle les mefmes actions, les mefmes jours, & le placer au mefme point de veûë que la Figure doit avoir dans fon Tableau, pour ne pas tomber dans les fautes de plufieurs Peintres, qui font voir les parties d'vne Figure qui ne peuvent eftre apperceûës, parce qu'ils les ont deffeignées dans vne autre diftance que celle qu'elle occupe dans leur ouvrage.

Quand le Peintre aura marqué les contours de ses Figures avec force, & avec grace, il en formera peu à peu les ombres, observant soigneusement les endroits où elles viennent à se separer des clairs.

Nous avons dit, qu'outre qu'il doit toûjours avoir la nature pour objet, il doit encore imiter les Anciens dans le beau choix qu'ils en ont fait ; néanmoins il faut qu'il se conduise, à l'égard des Statuës antiques, avec jugement; car il pourroit se servir d'vne tres-belle Figure antique, qui pourtant n'auroit pas de grace dans son Ouvrage, comme s'il vouloit donner à toutes ses figures d'hommes, les mesmes proportions de l'Apollon, & à celles des femmes, celles de la Venus de Medicis. Il y a mesme des Peintres qui tombent dans vn excés de beauté, s'il faut ainsi dire, faisant des choses, qui dans vne rencontre seroient belles, mais qui ne conviennent pas aux ouvrages qu'ils traitent ; D'autres qui repetent toûjours les mesmes choses, comme de faire toutes leurs figures sveltes & égayées, & de leur donner les marques des Antiques, jusques aux plis de leurs draperies.

Je ne sçay si les Peintres approuveroient ma pensée; mais il me semble que quand ils travaillent à faire vn Tableau, ils ne doivent point songer aux choses qu'ils ont veûës, soit de Peinture, soit de Sculpture: Il faut, ce me semble, laisser agir son genie dans la production, & l'ordonnance de ses Figures, jusques à ce qu'on ait disposé tout son sujet; & lors qu'on en a arresté la composition, on peut revoir ses desseins, & se servant de ses études, corriger ce qu'on a fait sur l'exemple des belles choses qu'on aura remarquées.

Les Antiques doivent estre aux Peintres comme des verres au travers desquels ils puissent voir la nature; ou bien des miroirs qui luy en découvrent les défauts; & non pas s'en servir, comme je viens de dire, en l'estat qu'on la trouve. Il y a bien de la difference entre vne statuë & le corps d'vn homme vivant; les jours & les ombres ne font pas sur le marbre les mesmes effets qu'ils font sur la chair. Il y a des choses dans le naturel qui ne se trouvent pas dans les ouvrages de Sculpture, comme les cheveux, la barbe, le poil des sourcils, & plusieurs autres particularitez.

Je ne repeteray point le soin qu'on doit prendre de donner à chaque Figure la proportion, la grace, la passion, le mouvement, & les habits qui luy sont propres. Je diray seulement qu'il faut varier toutes les choses qui entreront dans vn Tableau, si l'on en veut rendre la composition agréable ; mais cette diversité doit estre naturelle, sans qu'il y ait rien d'affecté, ny de contraint. Il faut que toutes les Figures semblent s'estre rangées & posées d'elles-mesmes sans trop de soin & d'étude ; & c'est ce qui fait la grace dans la disposition, de mesme que dans les membres du corps. Il y en a, qui pour donner plus de vie à leurs Figures, les font turbulentes, & dans des actions trop emportées, comme si les hommes ne paroissoient vivans, que quand ils agissent avec vehemence. Il faut fuïr ces défauts, & marquer le mouvement où il est necessaire, & le repos où il ne doit pas y avoir d'action.

Ce que j'aurois encore à dire, c'est qu'vn Peintre ne doit jamais contraindre son esprit quand il veut produire quelque ordonnance. Il doit attendre que son feu soit allumé, s'il faut ainsi dire, pour exprimer ses conceptions ; & lors qu'il est en belle humeur, se laisser emporter doucement au courant de ses belles imaginations. Car il arrive presque toûjours que le beau feu qui nous échauffe, lors qu'il seconde nos affections, & qu'il éclaire nos pensées, nous est plus favorable, & plus avantageux que tout le soin, & toute la diligence que nous pouvons apporter dans noſtre travail, pourveû que nous ne nous trompions pas nous-meſmes, par vn trop grand amour de nos propres Ouvrages. Il faut auſſi s'accoûtumer de bonne heure à faire de grandes choſes, parce que dans les petites figures les défauts ne s'y voyent pas ſi bien, mais dans les grandes, on y découvre les moindres imperfections.

Il me ſemble, interrompit Pymandre, que Galien parle pourtant comme d'vn Chef-d'œuvre de l'Art, d'vne pierre enchaſſée dans vn anneau, où il avoit veû Phaëton repreſenté dans vn char tiré par quatre chevaux, dont les plus petites parties eſtoient terminées avec vn artifice merveilleux.

Il faut, repartis-je, que les grands Peintres laiſſent cét avantage aux Graveurs, & qu'ils cherchent de la gloire à faire de plus grands ſujets. Ceux qui ſçavent exécuter les grandes choſes, feront encore aiſément les plus petites. Il eſt vray que s'il y en a qui s'arreſtent trop à de petits ſujets, il y en a auſſi qui entreprennent trop librement les plus grands ouvrages. Quand ils ont quelque facilité à inventer, ils forment auſſi-toſt de grandes ordonnances,

ces, qui demeurent imparfaites, parce qu'ils n'ont pas la force de les achever.

Mais ne vous semble-t-il pas, dis-je à Pymandre, en me levant d'auprés de luy, qu'il y a assez long-temps que je vous parle de ce qui regarde le dessein ; & si nous nous estions encore autant arrestez à remarquer ce qui appartient au coloris, je croy que nous aurions touché les principales parties de la Peinture.

Il ne tiendra qu'à vous, répondit Pymandre, de dire tout ce qui concerne cét Art, puisque je n'ay pas de plus grand plaisir que de m'en instruire.

Il vaut mieux, luy dis-je, remettre cela à vne autre fois. Nous fîmes encore vn tour dans les Tuilleries, & ensuite nous nous retirâmes, avec dessein de nous revoir bientost.

F I N.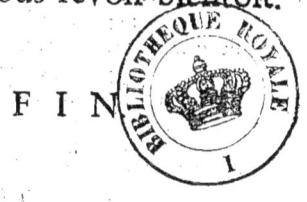

TABLE.

A

ABSALON avoit de beaux cheveux. page 19
Académie des Peintres à Rome, établie par Frederic Zucchero. 267
Académie Royale de Peinture, avantageuse aux jeunes gens. 302
Adrian VI. Pape, sa naissance, & sa promotion. 142
Albert Dure. 133. 321
Anatomie, combien necessaire aux Peintres. 352
André Amaral, Portugais, trahit les Chrétiens au siége de Rhodes. 145
André Mantegne fit graver ses Ouvrages. 133
Anneau où Phaëton estoit representé avec son char & ses chevaux. 408
Annibal Caraccio estime les écrits de Leonard de Vinci. 301
Antoine Mimi, disciple de Michel-Ange. 75
Amours peints par le Titien. 369
Aristotile Peintre Florentin. 240
Aristratus Prince de Sicione. 306
Des Armes anciennes. 158
Armes des Parthes & des Sarmates. 172
Armes faites de la corne des pieds des Chevaux. 172
Aspasie loüée pour la beauté de ses yeux. 25
Les Atheniens laissoient choisir à leurs enfans les Sciences & les Arts qui leur plaisoient. 300
Attitude, ce que c'est. 358
Augustin Venitien, Graveur. 136
L'Aurore appellée aux doigts de rose. 43

B

BAcchus inventeur des Triomphes. 87
Baccio Baldini Graveur en Cuivre. 132
Baltazar Peruzzi. 137
Baptesme de Constantin peint par Jule Rom. 173
Baptiste del Moro. 138
Baptista Franco. 245
Baptiste Peintre Venitien. 138
De la Barbe. 36
Bartolomeo da Bagnacavallo. 114
Bartolomeo. 238
Bataille de Constantin contre Maxence, peinte par Jule Rom. 149
Bastiment des Tuilleries. 51
Beauregard prés Blois, peint par Nicolo. 312

TABLE.

Beauté du corps. 14
Benedette Chirlandai. 241
Benedetto, Peintre. 75
Benedetto Pagni a peint à Mantouë sous Jule Romain. 187. & 204
Benevento Cellini Graveur en Pierre. 131
Berénice offre ses cheveux dans le Temple de Venus, pour le retour de son mary. 19
Bernardino Licinio, Peintre. 75
Bernard Van-Orlay Peintre de Bruxelles. 349
Bernazzano de Milan, Paysagiste. 69
De la Bouche. 33
Des Bras. 41
Breugle. 374

C

CAPRAROLE, Maison bastie par le Vignole, & peinte par Taddée, & Frederic Zucchero. 261
Catherine de Medicis fit bâtir les Tuilleries par de Lorme. 59
Cavalier del Pozzo, amateur de la Peinture. 83
Cérémonies observées par le peuple Romain aux jours de Triomphe. 101
Cesar da Sesto Peintre. 69
Chevaux armez anciennement. 159
Cheval de Bronze de la Place Royale fait par Daniel de Volterre. 258
Chevalier Bayard. 166
Cheveux, combien estimez. 19
Cheveux de la Reine Berénice changez en sept Estoilles. 19
Cheveux roux en aversion à tout le monde. 22

Christophe Gherardi. 228
Du Col. 37
Coiffures des femmes. 17
Comment il faut peindre les jeunes gens. 10
Comment le Corps doit estre, pour estre beau. 12
Conférences de l'Académie Royale. 302
Constantin, & l'Histoire de ses actions, peinte par Jule Romain dans le Vatican. 149. Son Baptesme. 173
Des Costez. 45
Cosrhoës Roy des Perses enleve le Bois de la vraye Croix. 255
Couleur des cheveux, & quelle est la plus estimée. 21
Corneille Engelbert Peintre. 343
Coupe de l'Eglise de S. Pierre. 296

D

DEs Cuisses. 46
Daniel de Volterre. 251. a fait le Cheval qui est à la Place Royale. 258
Danse des Morts, d'Holben. 374
David Ghirlandai. 241
Des Dents. 34
Dessein, ce que c'est. 297
Desseins de Tapisseries faits par Jule Romain. 201
Disciples de Jule Rom. 204
Diverses façons de s'armer. 158. 167
Diversité des expressions. 368
Des Doigts. 43
Domenique Beccafumi. 226. achevale pavé de l'Eglise Cathedrale de Siene, & peignit pour le Prince Doria à Genes. 227. & 228
Domenique de' Camei Milanois,

FFf ij

TABLE.

Graveur en Pierre. 127
Les *Dosses* ont peint pour le Duc d'Vrbin. 67
Des Draperies. 372
Duccio, Peintre de Siene. 227

E

EMaux de Limoge. 315
Eneas Vicus de Parme, Graveur. 138
Erchenbaldus de Burban égorge son propre neveu. 381
Escalier des Tuilleries. 4
Des Epaules. 41
Estampes de Monsieur de Maroles dans la Bibliotheque du Roy. 139
De l'estomac. 44

F

FErmo Guisoni, disciple de Jule Romain. 204
Figurino da Faenza, disciple de Jule Rom. 204
Francia Bigio. 114
Franc-Flore. 386
François Mazzuoli, Parmesan. 114
François Salviati. 248
Francesque Primatice de Boulogne a travaillé à Mantouë sous Jule Romain. 187
Francesco Torbido, dit le *More*. 122
Frederic Zucchero, & de ses ouvrages. 261. a peint en France, & fit en Flandre des desseins de Tapisseries. 266
Du Front. 17

G

GAleries de Fontainebleau. 311
Garofalo. 240
Geometrie & Perspectiue necessaires aux Peintres. 393
Gherardo Graveur. 133
Giouan-Antonio da Verzelli, dit le Sodoma. 238
Giouan-Baptista San-Marino. 238
Giouan-Antonio Lappoli. 228
Girolamo da Carpi. 240
Giuliano Buggiardini. 228
De la Gorge, & de sa beauté. 45
Granacci ingenieux dans les décorations de Theatres, & accommodemens de Mascarades. 123
Graveurs en Pierre. 125
Graveurs sur Cuivre. 132
De la Graveûre à l'eau forte. 138
Grotesques, & leur invention. 243

H

des HAnches. 45
Helene à la belle cheveleûre. 18
Helene avoit le col long. 37
Sainte Helene trouve la vraye Croix. 254
Heraclius retira le Bois de la vraye Croix d'entre les mains des Perses. 256
Histoire de l'Invention de la vraye Croix peinte par Daniel de Volterre. 254
Histoire peinte à Bruxelles, d'vn Oncle qui tuë son neveu par l'amour qu'il a pour la Justice. 381
Histoire de Psiché par Jule Romain au Palais du T. 186
Holben. 374. ses ouvrages, & le differend qu'il eût avec vn Seigneur d'Angleterre. 377
Hostel de Mesme peint par Nicolo sur les desseins du Primatice. 312
Hubert & Jean Van-Eyck, Peintres Flamans. 319

TABLE

JACOB Hugo Peintre. 343
des Jambes. 46
Jardin des Tuilleries. 49
Jaques Caraglio, Graveur. 138
Jaques Palme, dit le Vieux Palme. 118
Jean Antonio de Rofsy, Graveur en Pierre. 131
Jean Baptiste de Mantouë a peint sous Jule Rom. 187
Jean Baptiste Mantuan Graveur. 138
Jean de Bruge, Inventeur de la Peinture à huile. 320
Jean de Castel Bolognese, Graveur en Pierre. 127
Jean da Vdiné. 242. il trouva l'invention du Stuc. 243. fit excellemment les Grotesques. 244
Jean delle Corniuole Graveur en Pierre. 127
Jean Francesque Carato. 122
Jean Gougeon Sculpteur fameux. 64
Jean de Lion, disciple de Jule Romain. 204
Jean de Maubeuge, Peintre. 348
Jean Martin da Udiné Peintre. 70
Jean Mostar. 381
Jean Schoorel. 384
Jerosme Bos, de Bolduc. 343
Jerosme Cock Flamand, Graveur. 138
Jerosme Mazzuoli. 118
Jerosme de Trevisi alla en Angleterre. 75
l'Invention d'vn Tableau doit estre consideréee en deux maniéres. 182
Invention de la Graveûre sur Cuivre. 132
Joconde Relig. de S. Dominique. 119. &c.

Des Joûës. 29
Jule II. & son humeur prompte. 272
Jule Romain. 139. ses Ouvrages au Vatican. 140. à la Vigne Madame. 141. à Mantouë. 180. au Palais du T. 185. à Marmiole. 200. sa mort. 204

L

LAMBERT Lombart. 385
Liberale de Verone. 122
Lorenzo Lotto. 119
Lucas de Leyde, & ses Ouvrages. 135. 343
Luigi Anichini, Graveur en Pierre. 130
Lysippe, excellent Sculpteur observa de faire la teste petite. 16

M

MAJESTÉ, ce que c'est dans les hommes & dans les femmes. 7
Des Mains. 43
Marc Antoine Graveur. 134
Marc de Ravenne Graveur. 136
Vn Mareschal d'Anvers se fait Peintre. 338
Marmita Graveur en Pierre. 130
Martin Peintre & Graveur à Anvers. 133
Martin Heemskerke. 386. fait vn legs, à la charge qu'on ira danser sur sa fosse. 387
Mascarade faite à Florence. 123. & triomphes representez. 229
Maso Finiguerra Florentin trouve l'invention de graver sur Cuivre. 132
Matheo dal Nasaro Graveur en Pierre, vint en France sous Fran-

FFf iij

TABLE.

çois I. 128
Mathias Coock. 385
Mathurin Compagnon de Polidore. 76
Maubeuge. 348
Maxence défait par Constantin. 151.
Meudon peint par le Primatice, & par Nicolo. 311
Michel-Ange, sa naissance. 267. ses Ouvrages. 269. Grand Dessseignateur. 288
Michelino Graveur en Pierre. 127
Milice des Romains, & de leurs armes. 160
Monsignori. 122
Morto da Feltro. 114
Du Mouvement des animaux, & des choses inanimées. 370. 371
Des Mouvemens & actions du corps 356
Mouvemens du corps engendrez par les passions de l'ame. 366

N

du NEz. 31. les Perses estimoient ceux qui avoient le Nez aquilin. 31
Messer Nicolo, & ses Ouvrages. 311
Nicolo Soggi. 28

O

des ORDRES de l'Architecture. 53
des Oreilles. 30
de l'Ovation. 86
Ouvrages de terre émaillée. 246

P

PAstino Graveur en Pierre. 131

Peintures des Chambres de Caprarole. 261
la Peinture fort ancienne en France. 318
Pelegrin da San-Danielo, Peintre, & disciple de Jean Belin. 70
Pericles desagréable à cause de la forme de sa teste. 15
Perin del Vague, sa naissance. 213. il peignit au Vatican. 217. en divers lieux de Rome. 219. à Genes. 221. sa mort. 223
Perspective, comment elle doit estre pratiquée. 393
des Pieds. 46
Pierre Coock d'Aloft. 350
Pierre Maria Graveur en Pierre. 127
Pietro Poolo Galeotto Graveur en Pierre. 131
Philbert de Lorme a basti les Tuilleries. 56
Philippes de Villiers Grand-Maistre de Malthe défend l'Isle de Rhodes contre les Turcs, est bien traité de Soliman. 146
Phryné fameuse Courtisane, accusée devant le Senat d'Athenes. 44
Polidore de Caravagio peint à Rome, & en d'autres lieux. 76. &c. Sa mort. 107
De la Ponderation & Equilibre. 356
Le Pontorme, & ses Ouvrages. 229
Pomponio Amaltço Peintre. 75
Le Pordenone a peint en concurrence de Titien. 71. 72. & 73
Posthume Tuberte triompha dans Rome. 87
Primatice, & ses Ouvrages. 309. il fut Abbé de Saint Martin de

Troyes. 310
Probus fut le dernier qui triompha dans Rome. 100
Des Proportions du corps humain. 327

Q

QUINTIN MESIUS Peintre Flamant. 336

R

RAPHAEL DAL COLLE, disciple de Jule Romain. 204
Réjouïssances faites à Florence à la Promotion de Leon X. 229
Resurrection du Lazare, peinte par Sebastien de Venise, & portée à Narbonne. 207
Rinaldo a peint à Mantoüe sous Jule Romain. 187
Rhodes assiégée par les Turcs, & prise sur les Chrétiens. 145
Rodolphe Ghirlandaio. 241
Roger Vandervvyde. 381
Me Roux a Peint à Fontainebleau. 108. Sa mort. 113

S

LA Sale des Géans, peinte par Jule Romain au Palais du T. 189
Sandro Boticelli. 133
Sebastien de Venise, dit Fratel del Piombo. 204
Du Sein. 44
Sepulture d'Henry II. à S. Denis. 314
Serlio a basti à Fontainebleau, & à S. Germain en Laye. 60
Le Sodoma. 238
Soliman assiége Rhodes. 145
Soliani Peintre Florentin. 75

Sophonisbe Angusciola va en Espagne, & fait le Portrait de la Reine pour le Pape Pie IV. 240
Sourcils, comment doivent estre. 28
Statuës antiques dans le Palais des Tuilleries. 5
Statuë de Jule II. faite par Michel-Ange. 277
Syroës fait la Paix avec Heraclius, & rend le Bois de la vraye Croix. 256

T

TABLEAUX de l'Histoire de Constantin, peints par Jule Romain. 148
Tableaux de Jule Romain dans le Cabinet du Roy. 200
Tableaux de Nicolo chez Monsieur le Marquis d'Alluye. 315
Tableau du Salviati dans le Cabinet du Roy. 249
Tableau de Sebastien de Venise dans le Cabinet du Roy. 212
Tableaux peints sur des Pierres de diverses couleurs, de l'invention de Sebastien de Venise. 210
Taddée Zucchero. 258. a peint à Rome, & à Caprarole. 261
Tapisseries du Roy, du dessein de Jule Romain. 201
Tapisseries du Roy, du dessein de Lucas, d'Albert, & autres. 349
Des divers Temperamens. 332
Temple de S. Pierre de Rome. 296
Thetis aux pieds d'argent. 47
Thomas Morus peint par Holbein. 376
Le Titien va à Rome en 1546. 222
Tombeaux de Laurent, & de Ju-

TABLE

lien de Medicis, faits à Florence par Michel-Ange. 282
Tons, grand Païsagiste. 350
Tombeau de Jule II. entrepris par Michel-Ange. 271
Des Triomphes des Anciens. 83
De ceux qui ont triomphé dans Rome. 88
Triomphe de Camille peint par Polidore. 91
Triomphe de Paul Emile. 93
Triomphe de Cesar. 98
Triomphe de Scipion, representé dans les Tapisseries du Roy, du dessein de Jule Rom. 100
Triomphe de la pauvreté & de la richesse, peint par Holben. 379
Trophées antiques. 84
Trophées de deux sortes. 86
Trophées de Marbre & de Bronze. 85

V

VALENTIN imite le Caravage. 308
Valerio Vincentino Graveur en Pierre. 127
Van-Cleef Peintre d'Anvers. 343
Venus & Adonis peints par le Titien. 39
Venus peinte par Lucas. 346
Des Vestemens des Figures. 372
Vignole a donné le dessein de Chambor, & basti Caprarole. 260

Y

DEs Yeux, & comment ils doivent estre pour estre beaux. 25

Z

ZENOBIE, menée prisonniére à Rome. 99
Zeuxis suivoit les pensées d'Homere. 369

FIN.

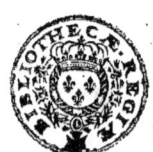

Corrections.

PAg. 17. lig. 19. frond, *lisez* front. pag. 33. lig. 22. de la Peinture, *lis.* de Peinture. pag. 39. lig. 18. gratieux, *lis.* gracieux. pag. 44. lig. 21. accusé d'impiété, *lis.* accusée. pag. 55. lig. 12. si aigaiées, *lis.* esgaiées. pag. 38. lig. 11. connoisseux, *lis.* connoisseurs. pag 61. lig. 12. élevataion, *lis.* élevation. pag. 78. lig. 18. de clair & d'obsur, *lis.* de clair-obscur. pag. 84. lig. 10. des desseins, *lis.* de desseins. pag. 129. lig. 11. il resolut de s'établir, *lis.* de demeurer. pag. 167. lig. 5. Ceux de Catie, *lis.* Carie. pag. 210. lig. 17. dal Castagno, *lis.* del Castagno. lig. 24. & qu'ainsi, *lis.* ainsi. pag. 238. lig. 14. Leonord, *lis.* Leonore. pag. 239. à la marge, âgé de 60. ans, *lis.* de 75. ans. pag. 262. lig. 11. la sœur du Roy, *lis.* la fille du Roy. pag. 281. lig. 12. Michel voyant, *lis.* Michel-Ange voyant. pag. 293. lig. 5. occhi di tragia, *lis.* di bragia. pag. 298. lig. 25. il y a, comme je vous ay dit, *lis.* il y a plusieurs choses. pag. 318. lig. 4. & lig. 17. Crimabué, *lis.* Cimabué. pag. 319. lig. 11. & dont nos couleurs, *lis.* & dont les couleurs. pap. 331. lig. 18. Syleme, *lis.* Sylene. pag. 339. à la marge M. Ballart, *lis.* M. Bullart. pap. 393. lig. 13. d'Architectures, *lis.* d'Architecture.

EXTRAIT DU PRIVILEGE du Roy.

PAr Lettres Patentes du Roy données à Paris le 9. Octobre 1663. signées HERVE', & scellées du grand Sceau de cire jaune, il est permis à ANDRE' FELIBIEN, sieur des Avaux, de faire imprimer par tel Imprimeur qu'il voudra, *vn Traité de l'origine de la Peinture, & des plus excellens Peintres Anciens & Modernes*, &c. & ce durant l'espace de vingt années. Avec défenses, &c.

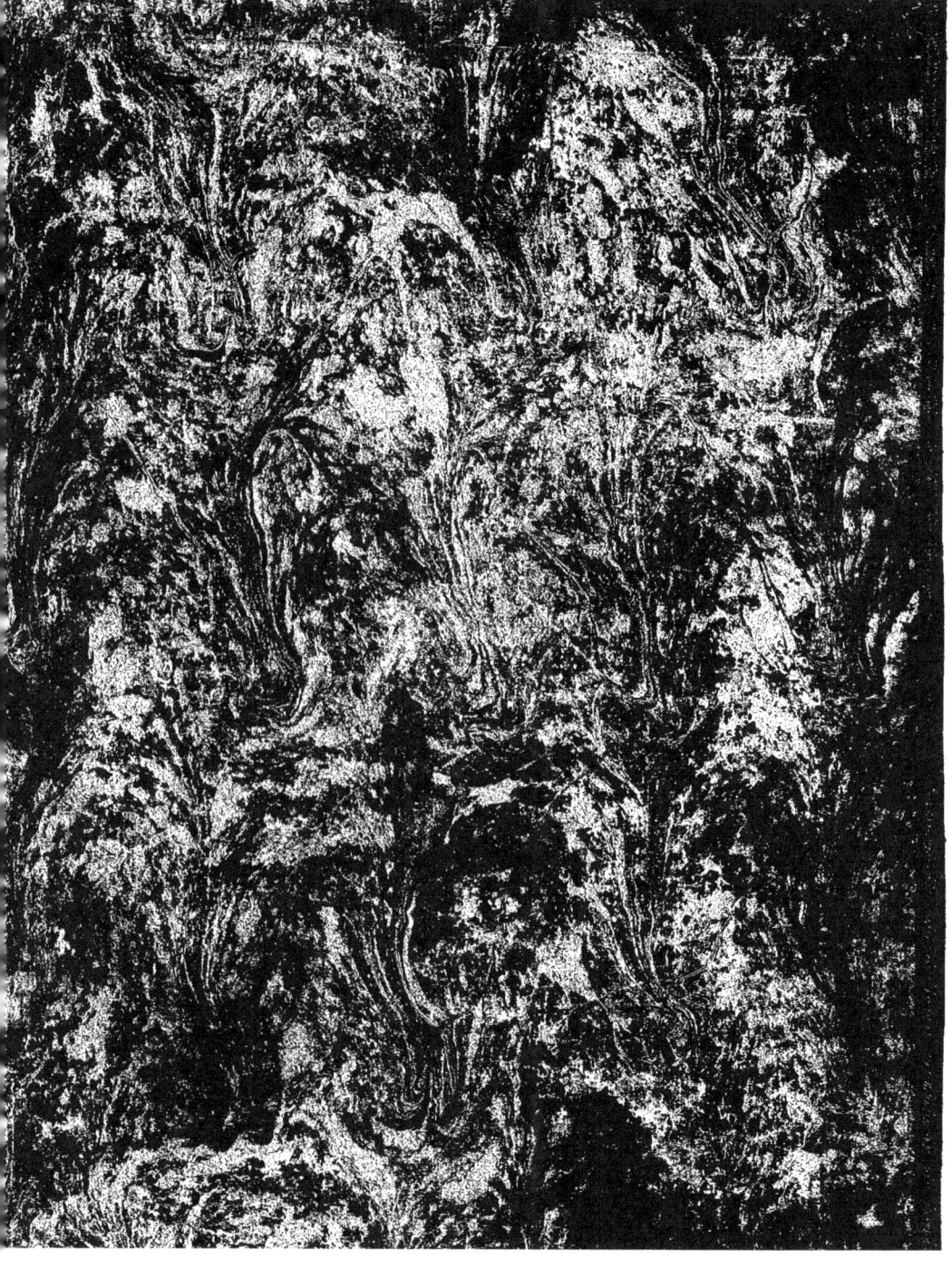

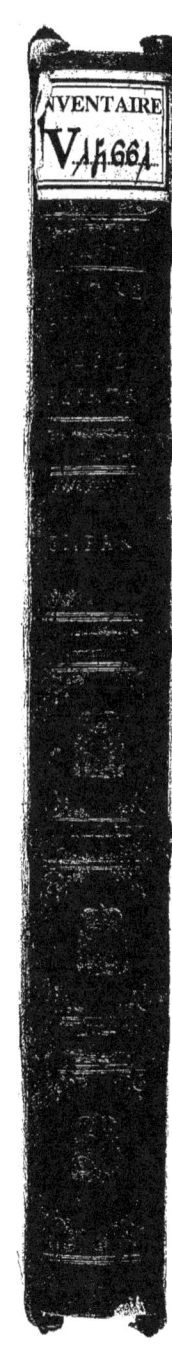

www.ingramcontent.com/pod-product-compliance
Lightning Source LLC
Chambersburg PA
CBHW052235220526
45471CB00001B/48